大 卖 家
(第二版)

海猫跨境编委会 著

华中科技大学出版社
中国·武汉

图书在版编目（CIP）数据

大卖家/海猫跨境编委会著.—2版.—武汉：华中科技大学出版社，2017.9（2021.4重印）
ISBN 978-7-5680-3207-0

Ⅰ.①大… Ⅱ.①海… Ⅲ.①电子商务-商业经营-研究 Ⅳ.①F713.36

中国版本图书馆CIP数据核字(2017)第181678号

大卖家（第二版）
Damaijia (Di-er Ban)
海猫跨境编委会 著

策划编辑：何臻卓 李国钦
责任编辑：周永华
封面设计：赵志敏
责任校对：刘 竣
责任监印：朱 玢
出版发行：华中科技大学出版社（中国•武汉） 电话：(027)81321913
　　　　　武汉市东湖新技术开发区华工科技园 邮编：430223
录　　排：华中科技大学惠友文印中心
印　　刷：湖北新华印务有限公司
开　　本：710mm×1000mm　1/16
印　　张：25
字　　数：429千字
版　　次：2021年4月第2版第8次印刷
定　　价：88.00元

本书若有印装质量问题，请向出版社营销中心调换
全国免费服务热线：400-6679-118　竭诚为您服务
版权所有　侵权必究

如果，

您第一次听说海猫，

您很难相信海猫是沙漠之猫，

和海没有任何关系。

但海猫到底会不会游泳？

恐怕海猫自己也不知道。

不过，

海猫始终坚信：

成功一定是留给敢于探索的追梦人。

——《大卖家》总策划：亮哥哥

序一

写给渴望在跨境电商领域有所作为的你

2010年,我发起成立了海贸会,这几年来,我们一直在做一件事,那就是为外贸电子商务行业提供一个沟通、合作、发展、多赢的平台。也因为这样的关系,我周围有太多的跨境电商从业者,他们或者是希望入行的"小白"卖家,或者是已经迈进门,但尚处于摸索阶段的初级卖家,当然,也有已经淘到金,成为令业内艳羡的大卖家。所谓"万丈高楼平地起",再伟大的成功也是从"0"开始,慢慢做到"1",进而摸爬滚打到更高层级。

不过,市场是残酷的,它并不会接纳所有的入场者,除非你是以下两者中的其中之一:其一,能够把握"势",领先入场;其二,能够挖掘市场痛点并能够专注打造极致产品。前者抢占了先机,自然有利;后者则可以硬生生地从红海中杀出一片蓝海来。

什么叫"势"?趋势!2015年,中国出口跨境电商交易额达4.5万亿元,同比增长26%,而与跨境电商逆势飘红形成鲜明对比的是,中国传统外贸增长日益疲软。传统工厂订单不断向跨境电商倾斜,传统贸易比重越来越低。互联网浪潮开始席卷传统外贸,电商全球化时代来临,"互联网+外贸"成为不争的事实。能够提早看到这股"势"的企业,例如百事泰,再比如通拓、傲基、Anker等先行企业,都已经成为跑在大军前面的佼佼者。百事泰,典型的传统工厂,2011年入场跨境电商,借势而为得以飞速发展,如今顺利登陆新三板,成为首家由传统工厂转型为跨境电商的上市公司。

但并不是所有的人都能把握"势",多数人是跟随入场。这个时候,常规的打法显然已经没有优势,精细化运作就显得尤为重要了,细分品牌,细分垂直领域,这也是我一直倡导的"小而美"的产品理念。"小"可以节约成本和资源,"美"可以成就追求和自由。在跨境电商日益红海化的情况下,特别是中小卖家,没有足够的资本来运作整个链条,所以必须先找到一个点,单点突破,将这个点做到极致,才有机会打造出一片蓝海来。

以上既是我对如何做好跨境电商的理解，也是我给予想做好跨境电商的中小卖家的建议。毕竟跨境电商行业尚未完全定型，还有很多的机会可以挖掘。何况，如今跨境物流、支付、资本、海外售后等行业配套产业链方面都更加完善，此时不入场，更待何时！

如何入场？这个问题现在并不算什么大的困扰。在跨境电商领域，比较知名的电商平台主要有亚马逊、Wish、eBay、Lazada 等，这其中，当属亚马逊最受中国卖家欢迎。拥有 3 亿多用户的亚马逊，在欧美中产阶层群体中形成了非常深厚的根基，较之于其他平台，客单利润更可观。此外，亚马逊规则透明公正，相对简单，完善的物流、仓储、售后服务，也更利于卖家将精力集中在打造产品上。因此，亚马逊成为众多中国卖家的首选。换言之，做跨境电商，就不能不了解亚马逊，不能不学习亚马逊，不能不利用亚马逊。

关于如何做好亚马逊，这本《大卖家》倒是给了我不小的惊喜。目前市面上可以说找不到这样的一本教程式的书籍，而多是从宏观角度论述跨境电商整个行业的书籍，议题太大，有些不落地，对于大多数中小卖家来说，因为高度没有达到，所以并不适用。相反，这本书将亚马逊操作的各个环节进行了详细讲解和罗列，从注册、选品、产品上传，到店铺运营推广，再到物流、支付和税收，可以说是面面俱到，可操作性极强。对新手"小白"来说，拿着这本书，运营亚马逊基本上没有任何困难，《大卖家》是一本由实实在在的"干货"汇集而成的书籍，值得推荐。

我希望此书可以帮助在跨境电商路上打拼的中国卖家更好地理解跨境电商，掌握亚马逊平台运营规则和技巧，更加高效、更有针对性地得到更令人满意的结果。我也相信，要想彻底摸透亚马逊规则，做好跨境电商，我们需要下更大的功夫，不断地在实际操作中学习和摸索，这本书，无疑为我们提供了一个良好的开端。希望你们可以喜欢此书，并从中受益。

最后，希望进入亚马逊的中国卖家都能够用心研究这本书，做好亚马逊，做好自己的跨境电商事业，大家一起努力，让更多的中国品牌可以出现在国际市场上，让"中国制造"能够真正变成"中国创造"，成为你渴望成为的"独角兽"！

海贸会会长　刘智勇
2016 年 9 月 1 日写于深圳

序二 这是一个人人都有可能成为大卖家的时代

百事泰做跨境电商其实也是形势所迫，可以说是想要突破困境的一种尝试，没想到一做亚马逊便一发不可收拾，还成为了这个圈子里比较知名的企业之一。现在经常有朋友到我这里参观、走访和学习，我也很乐意将我的经验分享给大家，而这一切都是我不曾想过的，从这个角度来看，跨境电商确实很神奇，它改变了我和百事泰的命运。

跨境电商改变的绝不只是我一个，千千万万的人和企业都被它改变了，这个行业的变化和发展很快，稍不留神就有可能掉队，所以，拥有快速的学习力以及保持一线的实操能力很重要，这可以避免自己与整个行业脱节。

现在也有很多有关亚马逊的论坛和峰会，里面的内容大多比较宏观，适合的是已经有一定积累的跨境电商和亚马逊从业者，对亚马逊新人或者想尝试做亚马逊的朋友而言，借鉴意义就不是那么强了，更多的是一种思维上的启发。

很高兴见到海猫跨境出版了这本针对亚马逊新人的实战教科书，此书内容严谨，逐层递进，逻辑性很强，可读性也好，让新人朋友能够快速入门，知道要按照怎样的思路和方法去做亚马逊，也了解哪些做法是亚马逊所禁止的。其实这些都是新人迫切想要知道的，只是过去一直没有人来做这件事，海猫跨境填补了这块空白。

刚开始的时候，我也是一个亚马逊"小白"，通过学习和摸索，才在亚马逊上做出了一点成绩，还需要向更高的目标冲刺。当然，我也并不是很精通亚马逊的每一个模块，只是对亚马逊的整体架构和主要模块有着比较深刻的把握，具体的实操还是由公司的运营人员来打理，我个人只抓公司主要的战略和方向。读了这本书以后，我认为书中的"干货"还是很多的，如果早几年就有这本书，可能我们公司会节省很多时间，按照书中的方法去做就好了。当然我们现在发展得也不错，在摸爬滚打的过程中，不但打造了一支富有战斗力的队伍，还培养了大家积极思考、勇于实践的能力，算是有得必有失吧。

不过我不建议现在的亚马逊新人也像我们一样去自我摸索，第一，资金消耗太多，对于中小型的团队或者个人而言成本比较高；第二，时间浪费不起，现在的竞争已经很激烈了，大家要尽可能地节约时间，抢在竞争对手的前面在亚马逊上做好布局，如果是一个人在那里摸索，可能等你摸索明白了，你的竞争对手早在亚马逊上做得风生水起了，反而没有了你的一席之地；第三，既然海猫跨境已经创作了这么好的一本书，新人只要将它读懂读透了，按照里面的策略和方法操作，可以少走很多弯路。

其实现阶段亚马逊还是一个蓝海市场，虽然和先前进入亚马逊的卖家相比，现在进入的新卖家面临的竞争会更激烈一些，但也多了很多行业的配套、学习资料和可参考的案例等，只要用心去做，也很容易成功，所以现在正是做亚马逊的好时机。新卖家只需要用1~2年的时间去夯实基础，摸透规则，做出好的产品，就能得到亚马逊官方的认可和支持。我个人体会最深的一点就是，在产品方面一定不要去抄袭，要走原创的道路，否则公司一旦形成了抄袭产品的体系和风气，就很难改过来了。百事泰就是一直在坚持自己的特色，坚持原创，所以才成功转型为F2C模式，成功在新三板上市。

因为我原本也是做传统工厂的，所以在这方面也有一些经验。对于中国的传统工厂而言，亚马逊能让你直接面对终端，帮你把供应链做短，让你知道市场真正的需求和痛点是什么，然后根据它们真正的需求和痛点去研发新的产品，或是将原有的产品进行简单的改造和升级，从而逐步增强品牌的影响力，而不是仅仅依靠代工赚取加工费。

对于贸易公司或者个人而言，做好亚马逊也有两条路径，一个是与工厂更加紧密地结合在一起，实现自我的转型和升级；另一个就是专注于营销，将亚马逊的营销方法吃透，工厂负责产品的生产，自己负责产品的销售，互补共赢，互利互惠。

最后让我们一起努力，在这个人人都有可能成为大卖家的时代，向着大卖家的方向去奋斗，让中国人自己的品牌扬名海外！

广东百事泰电子商务股份有限公司　徐新华

2016年9月6日写于美国

再版前言
FOREWORD

《大卖家》上市之后深受广大读者朋友的欢迎,读者朋友们也提出了许多宝贵的意见,不胜荣幸。同时,随着亚马逊平台政策的调整与变动,为保证书籍内容的准确性,特地进行增补修订。

本次修订中,除了对原有的一些过时内容做了必要的删减以外,我们在第三章、第五章新增了关于亚马逊后台的实操内容;在第八章新增了与亚马逊运营配套的商标、物流、税务方面更加专业、实用的内容;并且新增了一章内容,收录了两百多条亚马逊常见问题与解答,使《大卖家》一书内容更加全面丰富,对读者朋友做好亚马逊更有益处。

如有疏漏之处,欢迎广大读者提醒并反馈给我们。

再次感谢每一位读者。

海猫跨境编委会
2017 年 6 月

第一版前言
FOREWORD

随着跨境电商的快速发展,跨境电子商务已经成为外贸领域的新业态,在传统外贸年均增长日益疲软的情况下,跨境电子商务却保持着令人瞩目的增速,电商全球化浪潮正形成世界级旋风,呼啸而来。"互联网+外贸"成为不可逆转的趋势,越来越多的人开始加入到跨境电商。在这个过程中,凭借强大流量和客单等优势,亚马逊平台成为众多中国卖家的首选。但不同的规则、不同的语言、不同的市场,也为准备进入或刚刚进入的中小卖家带来了小小的困惑与不安。

鉴于此,海猫跨境根据自身操盘亚马逊的经验,以实操指导的方式,编写了《大卖家》一书,希望能够对跨境电商从业者有所帮助。本书从跨境电商行业发展态势、全平台特点解读、亚马逊开店实操、业内大咖访谈四个方面入手,全面、系统地深入解读亚马逊平台规则及操作技巧,重点阐述如何以亚马逊为主要跨境电商平台进行开店、选品、推广、物流、支付等,同时为拓展学习者视野,独家采访十余位业内大咖,分享他们的观点,以期让跨境新手也能快速了解跨境电商,快速上手亚马逊。

本书重点讲述以下三大模块的内容。

第一,全球跨境电商发展态势、跨境平台数据分析等。

第二,亚马逊基础知识,开店、选品、物流、支付、推广等实操性知识与技巧。

第三,十余位跨境电商行业大咖专访实录。

本书亮点主要体现在以下六个方面。

第一,对全球主流跨境电商平台进行汇总并制表、对比分析,旨在帮助学习者全面、客观了解全球跨境电商的格局与发展情况。

第二,以亚马逊为核心平台,全面系统地讲述有关开店、选品、物流、支付、推广、运营等各种实操知识和技巧,汇总了百余个实战技巧和常见问题。同时,本书已成为国内数十家培训机构的指定教材。

第三,独家专访业内十余位跨境电商大咖,包含百事泰、价之链等上市企业的掌舵人,并搭载二维码,扫码可直接观看专访视频。

第四,本书侧重实操,为方便学习者交流,搭建了读者交流平台,读者可随时随地与编委会沟通实战中遇到的问题。

第五,本书制作、设计精良,特邀书法家为本书题名。

第六,业内多位跨境上市公司董事长等大咖为本书做推荐。

本书旨在帮助新手卖家快速学习亚马逊,掌握运营店铺的技巧,提升销售业绩,为亚马逊店铺运营打好基础。同时,也非常适合外贸从业者、个人创业者、亚马逊新操盘手和所有想转型做跨境电商的人士阅读及使用。

在本书的编写过程中,我们参阅了大量的关于跨境电商的专业书籍、跨境电商行业资讯、亚马逊卖家后台资料,并向行业内亚马逊资深讲师、亚马逊资深操盘手咨询、请教,在此深表谢意。

电商发展速度之快,是以往任何行业都无法比拟的,同时平台规则亦处于不断调整之中,因此,本书内容仅以截稿日平台规则、行业信息为准。期待未来我们能有更多、更充分的交流。

同时,由于时间和水平有限,尽管我们竭力保证内容的准确性,并且经过了精心校对,但难免存在错误或遗漏之处,敬请广大读者批评指正。

编 者
2016 年 9 月 8 日

CONTENTS 目录

第一章 跨境电商全平台全面解读

Part 1 跨境电商入门到精通,新手卖家要先看看这篇文章 ——— 2

Part 2 全球跨境电商市场现状尽在这张地图中 ——— 6

第二章 亚马逊全球开店概述

Part 1 亚马逊的前世今生:赶超沃尔玛,成为全球最大零售商 ——— 12

Part 2 不能错过的拥有全球3亿多优质客户的亚马逊全球开店项目 ——— 13

Part 3 人在屋檐下,不懂贝佐斯运营核心思维基本上做不好亚马逊 ——— 14

Part 4 北美站、欧洲站固然给力,日本站也有可能让你赚到盆满钵满 ——— 17

第三章 亚马逊全球开店启航——注册

Part 1 亚马逊开店傻瓜式快速注册流程指导 ___ 22

Part 2 开店预算在这里:亚马逊全球开店到底需要投入多少钱? ___ 26

Part 3 一旦确认了亚马逊的账号类型,还可以更改或转换吗? ___ 30

Part 4 与在亚马逊欧洲站捞金的中国卖家息息相关的KYC审核 ___ 34

Part 5 亚马逊卖家如何"开case"找客服? ___ 38

第四章 亚马逊基础——产品

第一节 产品为王——亚马逊平台产品开发 ___ 42

Part 1 产品开发,如何找准3亿亚马逊用户最大的痛点? ___ 42

Part 2 初涉亚马逊,选品最关键,选对了就成功了一半! ___ 46

Part 3 亚马逊卖家品牌打造的高阶绝密:"小而美" ___ 48

Part 4	关于打造"小而美"的品牌，你还应该知道这些 ____ 51
Part 5	想做大卖家，不知道产品如何定价少赚多少钱你知道吗？ ____ 53
Part 6	这样进行产品定价可以让你的利润最大化！ ____ 56

第二节　产品上传也有大学问——产品刊登 ____ 59

Part 1	亚马逊上淘金的你，别因为不懂分类审核而耽误了产品上架 ____ 59
Part 2	亚马逊卖家如何赢在产品刊登，成为同行中的佼佼者？ ____ 64
Part 3	产品销量不太好？有可能是因为没有按要求上传图片 ____ 72
Part 4	亚马逊 UPC 码新政意欲何为？兼谈 EAN 商品码 ____ 75
Part 5	UPC 码、EAN 码、ASIN 码……一网打尽卖家所需的各种码！ ____ 78
Part 6	360°全方位解析亚马逊配送模式及运费设置！ ____ 82

第五章 亚马逊运营技巧

第一节　玩转亚马逊产品详情页面——产品详情页面打造　90

    Part 1　只有遵守了产品标题的这些规则，才能让买家眼前一亮！　90

    Part 2　一个好的标题，能让你的产品销量大幅提升　91

    Part 3　五行描述（Bullet Points）写不好，相当于把你一半的钱给了竞争对手　93

    Part 4　揭秘亚马逊搜索词（Search Terms）优化技巧，让曝光量飞起来　95

    Part 5　跟卖"攻防"有绝招，跟卖者如何打开局面，被跟卖者如何"赶尽杀绝"？　98

    Part 6　这些就是打造"爆款"的核心要素，不过听说很多人还不知道！　102

    Part 7　小心！提升产品类目排名路上的那些"坑"　106

Part 8　千防万防排名还是掉了,拯救排名秘籍哪家强?　　108

Part 9　产品搜索排名太落后,到底怎么找原因?　　111

Part 10　如何提高产品搜索排名,成功挖到第一桶金?　　115

Part 11　学会这几招,你的产品搜索排名可以甩其他卖家几条街!　　118

第二节　得"天下"者得黄金购物车——Buy Box　　119

Part 1　关于黄金购物车,你和百万级卖家的差别之所在!　　119

Part 2　做到这几点,黄金购物车即可被你长期占有!　　121

Part 3　想拿到万人垂涎的黄金购物车,4招即可!　　123

第三节　亚马逊信用评价——Review 与 Feedback　　124

Part 1　不要小看 Review,它的重要性能排进前三名　　124

Part 2　别做无用功,移除一二星 Review 的正确方法在这里　　126

Part 3　Review 好评率上升80%的诀窍　　128

Part 4　如何消灭零评论? 亚马逊"爆款"养成攻略　　130

CHAPTER

第四节　亚马逊后台数据指标详解 _____ 133

Part 1　退货也有潜规则，亚马逊卖家需要掌握的买家那些事 _____ 133

Part 2　只需用好这几招，亚马逊退货率至少降低一半 _____ 136

Part 3　卖家必须知道 A-to-Z 索赔的几个核心知识点 _____ 140

Part 4　如果不清楚 A-to-Z 索赔的这些内容，卖家关店概率将增加 80% _____ 142

Part 5　想要拥有一个健康的卖家账户，这些知识怎能不了解？ _____ 145

Part 6　这 9 大指标不合格，做好亚马逊根本就是一句空话 _____ 149

Part 7　一篇文章教你彻底读懂亚马逊后台业务报告（Business Report） _____ 155

第五节　亚马逊账号安全 _____ 164

Part 1　避免亚马逊店铺被关必须注意这几点 _____ 164

Part 2　亚马逊账号防关联的"铁律军规" _____ 166

Part 3　卖家哪些不经意的"小动作"会给账号带来风险？ _____ 167

Part 4　手把手教你玩转VPS多账户操作　171

Part 5　卖家账户被封原因大揭秘　175

Part 6　卖家账户被封（冻结）后的申诉教科书　176

Part 7　卖家账户被封（冻结）后的申诉实战案例　178

Part 8　亚马逊卖家需要做好品牌备案的重要原因　180

Part 9　顺利且快速通过亚马逊品牌备案的超级秘籍　181

Part 10　亚马逊中小卖家如何防止图片或商标侵权，保护账户安全？　187

第六章　亚马逊站内外引流

第一节　站内引流　192

Part 1　不想让60%的CPC广告浪费掉，这些必须了解　192

Part 2　让销量提升数倍的杀手锏：满减折扣（Money Off）　195

Part 3　促销代码设置不仔细，可能一夜亏掉几十万　202

Part 4　提高产品曝光量和转化率的灵丹妙药——详解亚马逊秒杀　205

Part 5　可以让产品销量暴涨的节日营销技巧　209

Part 6　如何利用 Prime Day 促销让产品卖出一个好价钱？　211

Part 7　不可小视的组合(Bundle)套装，提高客单价的竞争利器　213

第二节　亚马逊营销技巧之站外引流　217

Part 1　一本万利的站外引流永动机——Facebook　217

Part 2　Facebook 营销实战宝典，流量噌噌往上涨　220

Part 3　亚马逊站外引流的"网红"明星——Twitter　222

Part 4　如何将用户上亿的折扣网站打造成引流新渠道？　224

第三节　智者当借力而行——亚马逊运营工具　228

Part 1　用这些工具让他们成为超级大卖家　228

Part 2　亚马逊运营工具大盘点，其中至少 2/3 你用得上　231

第七章 亚马逊专属物流模式——FBA

Part 1　详解与亚马逊物流 FBA 有关的方方面面　　236

Part 2　只需通过这些渠道就可解决头程运输问题　　240

Part 3　龙舟计划将颠覆中国卖家的贸易模式　　241

Part 4　新手卖家不知道的 FBA 分仓合仓 "小猫腻"　　244

Part 5　FBA 合仓到底要花多少钱？揭秘 FBA 合仓收费标准　　245

Part 6　亚马逊 FBA 仓和第三方海外仓分别适合哪些中国卖家？　　246

Part 7　包装优化一点点，好评率提高一大截　　248

Part 8　想日出千单？先学会怎么操作转换 FBA 吧！　　252

第八章 周边配套

第一节　亚马逊收款方式　　264

CHAPTER

    Part 1   派安盈（Payoneer）：全能型亚马逊收款方式 ——— 264

    Part 2   若论国际知名性，只有WF卡才能与P卡相提并论 ——— 269

    Part 3   各路"豪侠"齐上阵，P卡、WF卡谁能拔得头筹？ ——— 272

第二节   跨境物流 ——— 275

    Part 1   一目了然！史上最全的跨境电商物流模式介绍 ——— 275

    Part 2   不同发货方式的时效和价格，读懂了才知道哪种适合现在的你 ——— 278

    Part 3   亚马逊新手初期可以使用的物流方式：邮政物流 ——— 281

    Part 4   并非人人都需要使用海外仓，它的优势和劣势有哪些？ ——— 285

    Part 5   远程运作海外仓，应学会这些技能和方法 ——— 286

    Part 6   门要当，户要对，哪些产品与海外仓最匹配？ ——— 287

第三节   税收与知识产权 ——— 289

    Part 1   绝对"干货"！此文包含了你最关心的增值税（VAT）的相关问题 ——— 289

CHAPTER

Part 2　误区太多！小心因不懂涉外知识产权让亚马逊店铺被封账号　293

Part 3　注册美国商标成功率90％以上的好方法　297

Part 4　一言不合就侵权？你需要了解商标侵权与专利侵权的自判技巧！　299

第九章　亚马逊常见问题解答

Part 1　亚马逊全球开店问题解答　312

Part 2　亚马逊后台操作问题解答　316

Part 3　亚马逊物流、仓储、售后问题解答　321

Part 4　亚马逊站内外引流问题解答　328

Part 5　亚马逊账号问题解答　330

Part 6　亚马逊商标注册、品牌备案问题解答　333

Part 7　运营工具、折扣网站问题解答　337

第十章　大咖聊跨境

Part 1　百事泰董事长徐新华：还没有转型的传统企业中，99％的会在未来3～5年活不下去　　340

Part 2　国人在线创始人刘海波：企业转型跨境电商"快字诀"的核心　　340

Part 3　海贸会会长刘智勇：企业转型跨境电商如何将产品做到极致　　341

Part 4　成者科技CEO周康：很多人并不是做不好海外众筹，而是不懂怎么做海外众筹　　341

Part 5　深圳千岸创始人何定：亚马逊运营的全部秘诀只有四个字——产品为王　　342

Part 6　傲基联合创始人胡瑞明：欧洲市场的产品开发及选择有哪些当地化特性　　342

Part 7　ThiEYE品牌创始人王燕斌：缔造"小而美"品牌的秘诀　　343

Part 8　丹宏昊天 CEO 王继宏：真心要做好跨境电商生意，海外售后这一步跳不过去 ——343

Part 9　俄优选创始人陈聪：俄罗斯是跨境电商的下一站，我们该如何进入这个新兴市场 ——344

Part 10　影歌科技创始人谢奕：跨境电商新趋势，分销助品牌快速打开局面 ——344

Part 11　价之链创始人甘情操：跨境电商还是蓝海，仍大有作为 ——345

Part 12　有棵树董事长肖四清：大卖家已占先机，小卖家路在何方 ——345

附录

Part 1　亚马逊北美站注册流程指南——招商经理通道 ——348

Part 2　亚马逊全球开店北美站点卖家自注册指南 ——354

Part 3　亚马逊全球开店欧洲站卖家注册指南 ——359

Part 4　亚马逊全球开店日本站卖家注册指南 ——368

第一章

跨境电商全平台全面解读

Part 1　跨境电商入门到精通，新手卖家要先看看这篇文章

跨境电商的发展如火如荼，各地跨境电商产业园纷纷建立，各种跨境电商峰会也方兴未艾。由此可见，跨境电商已进入一个高速发展期，出口跨境电商更是一片蓝海市场。近些年，国家与各地方政府都将跨境电商视为新的外贸增长点，出台了与跨境电商有关的一系列利好政策，因此很多企业也积极"触网"，从传统外贸向跨境电商转型。

一、跨境电商的定义

跨境电商是跨境贸易电子商务的简称，是电子商务发展过程中一种较为高级的形态，指的是不同国家或地区的交易主体（生产企业、贸易企业、个人等），通过互联网以及电子商务平台完成商品交易活动，通过线上支付媒介实现支付结算并由跨境物流妥投商品的一种国际性商业活动。跨境贸易电子商务一般包括海外市场开拓、进出口通关、国际货币结算、国际货运代理、货物保险索赔等内容。

二、跨境电商的特征

跨境电商是互联网时代的产物，与传统的出口贸易相比，跨境电子商务将使商家直接面对全世界 200 多个国家和地区的商家和消费者，市场潜力巨大，想象空间广阔。

与境内电子商务相比，跨境电子商务更为复杂，它涉及的环节较多，完成交易的时间较长，还蕴藏着不可控的风险。这更需要企业负责人以及跨境电子商务的相关从业者提高自身技能，预防和避免不必要的损失。

跨境电商出口模式主要有商家对商家（B2B）、商家对个人（B2C）、个人对个人（C2C）、生产厂家对个人（M2C）等。由此可见，跨境电商的商业模式更加灵活多样，更加适合多批次、小批量、多层次、差异化、个性化的新型外贸订单。

在跨境电商刚兴起的时候，其主要参与者为小微企业、个体商户及网商。2013 年以后，很多外贸公司、传统工厂和品牌商也参与进来，跨境电商开始逐渐走向专业化和

规模化的道路。

在"一带一路"的背景下,相关的政策性红利也不断释放,跨境电商有望形成一个巨大的经济生态链,带动国内的制造业、外贸业、运输业等产业一同转型升级。

目前,我国的跨境电商活跃的区域主要还是以美国、英国、德国、法国等成熟市场为主,正在向俄罗斯、巴西、印度等消费需求旺盛的新兴市场推进,东南亚、拉丁美洲、中东和非洲等地区也有一些中国的跨境商家在进行布局。

三、跨境电商的意义

对于传统的外贸型企业而言,原有的商业模式面临着诸多问题,比如市场订单不足、价值链低端、买卖双方信息不畅、订单完成周期长、双方沟通成本高等,这些问题制约了企业做大做强,跨境电商在一定程度上可以帮助企业解决这些问题。

跨境电商不但具有压缩中间环节、重塑贸易方式、提高企业利润、防止企业产能过剩、为企业发展提供帮助等优点,还能够帮助中国的企业提高国际竞争力、打造国际性品牌、提高国际话语权。具体来说,跨境电商拥有以下几方面的重要意义。

1. 重塑贸易方式,提高企业利润

跨境电商是对传统大型贸易模式和零售模式的颠覆,它将打破传统外贸模式下出口商、进口商、批发商、分销商甚至是零售商的垄断地位,使出口贸易的供应链更加扁平化。这可以有效减少国际贸易的中间环节,以及相应的商品流通成本,实现从工厂发货到消费者收货的最短路径,提高企业利润。

2. 助力中小企业,参与全球贸易

跨境电商降低了中小企业进入国际市场的门槛,对中小企业的成长有很大帮助,尤其是专注于"小而美"的企业。跨境电商让中小企业可以借助跨境电子商务平台,与大企业同台竞技,将产品以在线零售或者小额批发的方式卖给海外的客户。

因此,对于中小企业而言,出口跨境电商是"互联网+"趋势下不能错过的风口和机遇。只是这里的"互联网+",不是一种简单的加,也不是一种盲目的加,而是对整个产业的再造,对于整个行业的深挖,需要有拿得出手的产品,才能有漂亮的成绩。

3. 维持业绩增长,推动外贸转型

跨境电商可以让传统企业与终端消费者建立密切的联系,保持信息的畅通,有效推动传统企业的转型升级,在及时掌握市场趋势和动态的情况下,走向自主研发、自主设计、自主销售、自主品牌创建的路径,增加产品附加值,增强产品竞争力,从而实现企业的可持续发展。

另外,商家必须意识到,跨境电商,"电"只是渠道,"商"才是核心,只有把好海外市场的"脉",找到目标客户群的核心痛点,做到有的放矢,开发出有针对性的产品,才能转型成功。

4. 变革贸易格局,实现跨越发展

跨境电商有可能让中国诞生出一批被世界认可的国际化品牌,实现我国对外贸易的跨越式发展,变革国际贸易的固有格局,让中国企业在国际市场上拥有更多的话语权和定价权,从而引领国际贸易,主导对外合作。

四、跨境电商的痛点

与此同时,我们也必须正视跨境电商现阶段在产品、物流、通关、人才、本土化体验等方面尚未解决的一些行业性难题,这些难题是制约跨境电商进一步发展的主要因素。虽然目前在国内报关通关、检验检疫、出口退税、外汇结算等方面的政策性问题已基本解决,但想要实现全球化的无缝对接,仍需要一定的时间。

1. 产品同质化严重

随着近几年跨境电商行业的迅速发展,大量的中国商家涌入,这些商家各有优势,水平也参差不齐,使得行业竞争加剧。尤其是3C产品(指计算机通信和消费类电子产品)及附件、服装等热销产品,更是有不同的跨境电商公司在争抢市场,但它们的差异化并不明显,以至于只能在价格战中苦苦挣扎。因此跨境电商的转型升级和产品的差异化是必由之路,但目前大部分的跨境商家还没有做好这一点。

2. 物流时间长且波动较大

跨境电商由于涉及跨境产生了比较多的环节,这些环节只有少数几家公司能够全部独立完成,大部分只能通过外包或者合作的模式来操作,难以把控整体的服务质量和妥投的时效。另外,由于各国的政策差异,绝大多数企业也很难通过自建物流的方式来解决这个问题,以至于货物运到巴西、俄罗斯这些国家一般要25～35天。与此同时,物流还存在着投递不稳定的情况,收货时间波动比较大,有时甚至会相差几十天。

3. 通关障碍

跨境电商在货物投递的实际操作中,存在一定的通关障碍,因为它需要经过两道海关关卡——出口国海关和目的国海关,中国卖家在目的国海关面临的具体情况各有不同,在有些国家可能会出现海关扣货的情况,处理的结果一般有三种:没收、退回或要求补充文件。

通关障碍影响了跨境电商的交易效率,在某种意义上也增加了跨境贸易成交的难度。当然,像亚马逊这样的巨头已提供了 FBA(Fulfillment by Amazon,亚马逊提供的代发货业务)和"龙舟计划"服务,但如何更好地把控库存也是考验中国卖家的一个难题。尤其是到了圣诞节、黑色星期五,陡增的订单量会对现有的国际物流系统提出较大的挑战,爆仓现象特别普遍。

4. 跨境电商人才缺失

跨境电子商务综合型人才缺口极大,这是业内的共识和常态,这主要源于两个方面的原因,一个是语种,另一个是经验。首先说语种,目前跨境电商的大部分从业者还是从传统的外贸行业转型而来的,以英语人才居多,小语种(如俄语、印地语、葡萄牙语等)人才稀缺;除了语言方面的要求外,相关人才还需要熟悉各个平台的操作规则,目标国家的风土人情、购物喜好、市场需求、政策法规、支付方式、消费习惯等。

5. 本土化体验

卖家做跨境电商,如果对目标国家的当地语言不了解、当地风俗习惯不了解、当地支付方式不了解、当地市场不了解、当地营销方式也不了解,那么肯定会增加运营的难度。只有卖家了解了这些,并且使海外买家获得了本土化的购物体验,才能获得当地消费者的支持和认同,避免出现较高的退(换)货率及投诉率。即便是退(换)货的流程和制度,客户投诉的处理,也要尽量本土化,只有所有的环节都向本土化这个方向去调整,才能在残酷的跨境电商竞争中脱颖而出。针对这一点,能做到的中国卖家寥寥无几,大部分仍在努力着。

五、跨境电商总结

跨境电商是未来的方向,也是大势所趋,在这种趋势下,必然会有更多的资本和企业涌入,使跨境电商的竞争更加白热化。谁能更早地进入跨境电商,谁能更好地布局跨境电商,谁能更多地抢占高地,谁就能在这场竞赛中获得更多的优势。

Part 2　全球跨境电商市场现状尽在这张地图中

一、可选平台(见图1.1)

北美:Amazon、eBay、Wish、Newegg。

南美:eBay、Amazon、速卖通、MercadoLivre。

新西兰:Trade Me、Amazon。

非洲:Amazon、eBay、速卖通、Jumia、Kilimall。

英国:Amazon、eBay、Tesco。

法国:Amazon、eBay、Priceminister、Cdiscount。

德国:Amazon、Otto、eBay、Zalando。

俄罗斯:Amazon、Ulmart、Ozon、eBay、速卖通。

日本:Amazon、Rakuten、eBay。

韩国:Amazon、Gmarket、eBay、速卖通。

印度:Flipkart、Snapdeal、Amazon、eBay、速卖通。

东南亚:Lazada、Zalora、Amazon、eBay、速卖通、Qoo10。

中东:Souq、Amazon、eBay。

二、平台简介

1. Amazon

《财富》世界500强公司,目前市值超过沃尔玛,是世界上最大的网络零售商。

2. eBay

全球最大的线上拍卖及购物网站之一,人们可以在eBay上购买或出售商品。

3. Wish

北美最大的移动购物平台,能通过精确算法将商品推送给感兴趣的用户。

第一章 跨境电商全平台全面解读

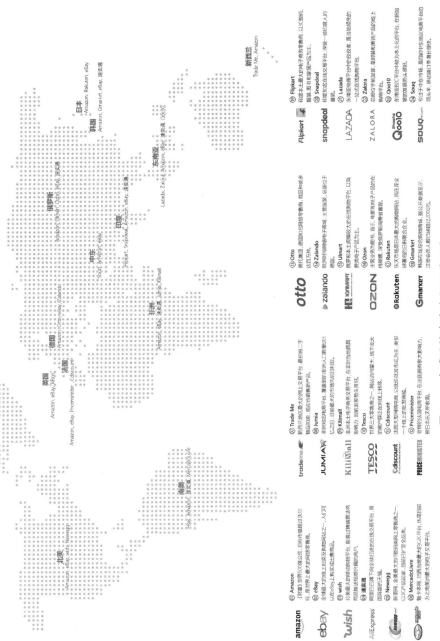

图1.1 全球跨境电商市场可选平台

4. 速卖通

阿里巴巴旗下面向全球打造的在线交易平台,是国际版的天猫。

5. Newegg

新蛋网,全美最大的IT数码类网上零售商之一,以3C产品起家,目前已扩至全品类。

6. MercadoLivre

魅卡多网,巴西当地最大的C2C平台,也是目前为止南美洲最大的电子交易平台。

7. Trade Me

新西兰地区最大的网上交易平台,最初做二手物品拍卖,现在也销售新产品。

8. Jumia

非洲知名电商平台,覆盖到的非洲人口数量达5亿之巨,目前最大的市场为尼日利亚。

9. Kilimall

非洲本土电子商务交易平台,在非洲当地颇具影响力,目前发展势头良好。

10. Tesco

世界三大零售商之一,网站访问量大,线下庞大的客户群正在向线上转移。

11. Cdiscount

法国大型网络电商,以低价批发形式为主,类似一个线上的批发商城。

12. Priceminister

老牌的法国电商平台,在法国拥有很大影响力,被日本乐天所收购。

13. Otto

奥托集团,德国知名网络零售商,商品种类多达百万种。

14. Zalando

欧洲时尚网络电子商城,主营服装,总部位于德国。

15. Ulmart

俄罗斯本土规模较大的在线购物平台,以消费类电子产品为主。

16. Ozon

主营业务为图书、音乐、电影和电子产品的在线销售,深受俄罗斯消费者喜爱。

17. Rakuten

乐天市场是日本最大的购物网站,现在是全球著名的日韩联合企业。

18. Gmarket

韩国在线综合购物商城,据公开数据显示,注册会员人数已经超过2000万。

19. Flipkart

印度本土最大的电子商务零售商,以3C数码、服装、图书和家居产品为主。

20. Snapdeal

印度知名在线交易平台,深受一些印度人的喜爱。

21. Lazada

东南亚电商平台中的佼佼者,是当地领先的一站式在线购物平台。

22. Zalora

总部位于新加坡,是时装和美容产品的线上购物平台。

23. Qoo10

东南亚B2C平台中较为本土化的平台,在新加坡的发展势头很好。

24. Souq

专注于中东市场,是目前中东地区电商平台的领头羊,移动端订单增长很快。

三、全球电商市场简析

根据网络数据显示,2015年全球十大电商市场依次为中国、美国、英国、日本、德国、法国、韩国、加拿大、俄罗斯和巴西。这些国家的网络购物环境较好,配套服务相对完善,是做跨境电商时必须考虑到的市场。

另外,东南亚、中东、非洲等地区,由于自身庞大的人口基数,加上本土B2C和C2C电商逐渐兴起,也成为非常具有诱惑力的市场。这对中国的跨境电商卖家而言,将是一个全新的挑战和机遇。

第二章

亚马逊全球开店概述

Part 1　亚马逊的前世今生：赶超沃尔玛，成为全球最大零售商

在"购物党"的观念中，亚马逊不是南美洲的那条流量最大、流域最广、支流最多的世界第二长河，而是那个可以让"剁手族"任性买货的购物网站。1995年7月，亚马逊（Amazon.com）正式上线。事实上，起初它并不叫Amazon，而是叫Cadabra。

关于为什么更名，这里面有个有趣的故事。当创始人杰夫·贝佐斯（Jeff Bezos）将公司名字告诉他的一位律师朋友后，这位律师朋友困惑了，反问道："Cadaver？"很明显，律师朋友听岔了，但并不能怪他，因为"Cadaver"与"Cadabra"读音太相近，但问题是"Cadaver"的意思是"死尸"。听到这个，杰夫·贝佐斯很快就将之前的"Cadabra"更换为"Amazon"。从此，这个以亚马逊河为名的网站诞生了。

亚马逊总部位于美国华盛顿州的西雅图。上线伊始，亚马逊只是一家网上书店，经营图书的网络销售业务。在之后的发展过程中，亚马逊通过收购慢慢促进业务的多元化。1999年，亚马逊推出了Amazon Marketplace平台业务，为小型零售商和个人提供在亚马逊出售商品的平台，商品不限于图书。

在2000年，亚马逊又往前迈进了一步，允许第三方零售商和卖家使用其他电子商务平台，数以万计的小企业和个体零售商选择亚马逊的Selling on Amazon、Fulfillment by Amazon等项目，希望借此获得亚马逊的庞大客户群。

如今，在亚马逊平台上，亚马逊及其他销售商为客户提供数百万种独特的全新、翻新及二手商品，品类包括图书、影视、音乐、游戏、数码下载、电子产品、家居园艺用品、食品杂货、健康美容、玩具、母婴用品、服装鞋帽、珠宝、运动户外、汽车配件等，超越沃尔玛成为全球最大零售商。2016年7月11日，亚马逊以约3560亿美元的市值超过伯克希尔，成为美国市值第五的上市公司。在2016年《财富》世界500强的榜单中，亚马逊也从2015年的第88名提升到2016年的第44名。

中国买家熟悉的"亚马逊中国"是亚马逊在中国的网站，为中国消费者提供便利、快捷的网购服务。亚马逊中国的前身为卓越网，2004年，卓越网被亚马逊收购，成为其子公司。收购之后，贝佐斯不为外界影响，不疯投广告，不打价格战，继续按照其全球理念与战略改造卓越，始终坚持以客户需求为中心，而不是像其他大多数企业那样，

以竞争对手为中心。经过三年的过渡,2007年,卓越才改名为"卓越亚马逊",2011年,再次更名为"亚马逊中国"。

亚马逊中国满足了中国买家的购物需求,在2012年,亚马逊启动亚马逊全球开店项目,正式开始向中国卖家抛出橄榄枝。在电商全球化浪潮的影响下,亚马逊开始对中国企业进行招商,扩充产品品类,开发中国制造的产品,吸引更多中国卖家进入,中国卖家通过亚马逊将中国产品卖向全球。

亚马逊全球开店项目一经推出,中国卖家数量及其销售额飙升。相较2012年,2015年借助该项目,走向国际市场的中国卖家数量增长了13倍。亚马逊平台之所以能够发展如此迅速,自然有其吸引卖家的优势。

1. 接触亚马逊全球3.04亿优质客户

海量购物会员:其中数以千万计的优质客户群体——Prime会员,具有忠实回头客、全年不停购、忠诚品牌粉、服务要求高等特点。他们是亚马逊的忠实拥趸,他们对亚马逊的信任将自然而然延伸到中国卖家身上。

2. 涉足覆盖北美、欧洲及日本三大销售区域的全球业务

拓展全球业务:三大站点,九个国家,人、店在中国,足不出户,也能迅速将业务拓展到国外,接触全球海量的亚马逊客户。

3. 在各国独特文化以及季节性消费趋势中,获得新的销售机遇

全年不停卖:全球多个地区客户源,意味着中国卖家可以在全年销售季节性产品,充分利用文化或产品的流行趋势,调整销售策略,获得更多商机。

4. 接触拥有强大消费能力的亚马逊Prime会员

超高重复购买率:亚马逊为Prime会员提供包邮服务及其他各种出色服务,让客户拥有极高的品牌忠诚度,形成超高重复购买率。

Part 2　不能错过的拥有全球3亿多优质客户的亚马逊全球开店项目

自2012年亚马逊全球开店项目在中国启动,中国成为亚马逊的重点战略市场,中国卖家数量强势增长,拓展全球市场。借助亚马逊平台,中国卖家可将商品销售给全球3亿多活跃用户,其中包括不断增长并具有较高消费能力的Prime优质会员群体。

亚马逊全球123个运营中心帮助中国卖家以更快的速度和更优惠的价格将商品送达消费者手中。

一、全球开店站点

目前,中国卖家可入驻亚马逊的三大站,共计9个站点,具体如下。

北美站:美国、加拿大、墨西哥。

欧洲站:英国、德国、法国、意大利、西班牙。

日本站:日本。

二、中国企业为何要选择全球开店

中国企业选择亚马逊全球开店有以下几个原因。

(1)亚马逊通过全球开店项目,可以筛选、培养优质的中国卖家,扩充平台产品种类,开发中国制造的优质产品。

(2)卖家借助亚马逊平台的优势,零距离接触亚马逊全球3.04亿优质买家,将产品销往全球,有助于卖家涉足全球业务,将企业产品卖到全世界。

(3)在所有的亚马逊买家中,亚马逊的Prime会员具有高消费能力,购买频率也最高,是全球卖家的业务发展主力市场。卖家借助亚马逊的智能物流体系,可以接触到成千上万的亚马逊Prime会员。

(4)通过全球开店项目注册卖家账号,对比自注册的普通卖家账号,具有起点高、安全性高、封店率较小、有客户经理指导等优势。

Part 3　人在屋檐下,不懂贝佐斯运营核心思维基本上做不好亚马逊

要想做好亚马逊,首先要了解它的规则,遵循它的规则,利用它的规则。亚马逊是一个以客户体验为中心的平台,事实上到目前为止,它仍在客户心中占据着重要位置,客户的满意度极高。

这一切都源于它提出和坚持实践着的四大商业理念,即重推荐,轻广告;重展示,轻客服;重产品,轻店铺;重客户,轻卖家。下面将分别对这四个理念进行阐述。

一、亚马逊的四大商业理念

1. 重推荐,轻广告

卖家可以发现亚马逊平台上的站内推广形式很少,基本上除了广告(产品广告(Sponsored Products)和展示广告(Display Advertising))就是促销活动(Promotion)了,实际上这些也不是亚马逊的关注点和盈利点,它始终都在以客户体验为导向,过多的广告会引发客户的反感。

客户登录亚马逊以后,系统会根据他的浏览习惯、搜索习惯、购物习惯、付款习惯等个性化数据,进行关联推荐和排行推荐,以拓展他的选择范围,增加他的访问深度。从结果上来看,这两种推荐方式的转化率也不错,有效地触发了客户的购买动作。

亚马逊上有一个推荐位"Frequently Bought Together",翻译为"经常一起购买的商品",比如有的客户在购买打印机时,会给他推荐墨水;在购买读卡器时,会给他推荐SD卡或TF卡。

另外,当客户再次登录亚马逊网站时,之前浏览过的产品仍会被展示,继续对他进行提醒和刺激,很多客户也在这样的刺激下做出了购买决定。凭借着这样的算法和技术,亚马逊在业内有着"推荐系统之王"的美称,据统计,亚马逊有35%的销售额都与推荐系统相关。

2. 重展示,轻客服

与其他电商平台不同的是,亚马逊没有即时在线客服。所以如果买家在购买产品前有疑问,只能通过邮件这种形式来咨询卖家,一来一回的时间成本很高,等到卖家回复时,买家可能已经离开了。

所以这就促使卖家必须在产品页面将所有的信息表达得尽量丰富、全面和完整,同时要不断地对产品进行优化,在标题、图片、五行描述、长描述等方面精心打磨,将买家想要了解的内容进行充分的展示。

这种邮件系统是亚马逊的特色,其目的是鼓励买家自助购物,尽可能简化整个交易流程,想买就下单等收货,不想买就换个产品继续了解,省心、省力、省时。

3. 重产品,轻店铺

有人说,想要做好亚马逊,选品是重中之重。想要成为亚马逊上的成功卖家,绝不能靠多店铺或者多SKU(库存进出计量的基本单元)来运作,因为在亚马逊进行关键词搜索时一般不会出现店铺,所以卖家只能靠不断优化产品,来让自己的产品排名靠前。

很多优秀的亚马逊卖家的经营策略都是"少做产品,做精产品",整个店铺可能只有十几款产品,少数几家的产品甚至在十款以内,仔细分析他们的产品会发现一个月内写好评的人数不少,说明了销量也确实不错。

这种经营策略会让卖家更有效地进行库存管理,集中精力做好产品,服务好买家。而在选品上,卖家要注意三个问题,一是要选择自己熟悉的,二是要选择有价格优势的,三是选择能满足市场需求的。

4. 重客户,轻卖家

亚马逊设计了两套评价体系,一个是商品评论(Review),另一个是卖家反馈(Feedback),前者针对的是卖家提供的产品,后者针对的是卖家提供的服务等综合因素,这表明亚马逊非常鼓励客户表达真实的购物感受。

这两套评价体系对卖家的影响都比较大,前者影响的是销量和转化率,后者影响的是卖家的排名和黄金购物车(Buy Box),如果评价星级非常低,不但没有什么曝光和流量,甚至会受到亚马逊的警告或者被移除销售权限。

不过卖家也不要认为自己一定会受到不公正的待遇,按照实际情况来看,亚马逊对买家和卖家之间的平衡点把握得比较好,它会根据实际情形来判断责任归属。如果确实是卖家的问题,严重的会被关闭账号;如果是买家无理取闹或是出于其他动机诬陷卖家,亚马逊也会做出公平的处理。

二、亚马逊卖家应该如何运营

知道了亚马逊的四大商业理念,卖家朋友如何用其指导自己的实际运营呢?卖家朋友要如何操作才能不违反亚马逊的商业理念,将生意做得风生水起呢?主要有以下几个方面。

1. 做好产品,深耕供应链

产品是做亚马逊的核心,而对供应链的把握则是核心中的核心。卖家需要找到品质非常好的产品,这是首要保障,否则很难成为"爆款",而在产品做起来以后,最怕的就是断货,因此在供应链上如果有优势对后期的成长帮助很大。

如果产品、供应链、服务和营销加一起共有十分,那么产品占五分,供应链占两分,服务占两分,营销只占了一分。有了好的产品并且拥有核心的技术,才能在亚马逊上越做越轻松,产品是与客户连接的最好媒介,更是一个活广告。

2. 服务至上,引导买家留好评

有了高质量的产品和优质的服务,同时配合一定的引导策略,就能让一些买家留好评。当产品的好评多了以后,亚马逊的推荐也会多起来,卖家的产品将在更多的买家面前予以展示,所以只要内功练好了,将流量转化成订单自然是非常容易的事。

3. 尽量做到专业化、本土化

卖家需要向专业化、本土化靠拢,进行全方位的包装,小到图片的拍摄、语言的表达、标点的使用,大到产品的包装、质检的标准、整体的定位,都要最大化地遵循买家的当地标准,比如说明书用当地语言撰写,客服用当地语言沟通,退货方式契合当地习惯等。当然,这不是一朝一夕能够做好的事情,要从容易实现的环节开始去做,一步步去做。

4. 要有整体运营思维

营销和运营是有差别的,刚开始的时候,卖家要做的就是营销,不断地营销,站内推广和站外引流主要的渠道和方法就那么几个,找到适合自己的那一个,找到差异化的手段和模式。等到销量有起色的时候,就要更侧重于运营了,让老客户再回来,让新客户沉淀下来,就能让自己在亚马逊上的生意滚动起来了。

5. 要不断试错

世界上唯一不变的就是变化,亚马逊的政策和规则也总是在调整,今天管用的经验明天可能就过时了,学习和成长变得尤为重要。而在学习和成长的过程中,犯错是在所难免的。一些卖家总是在找捷径,其实最好的捷径就是亲自去做,去尝试,去验证。等到犯的错多了,吃的苦多了,走的冤枉路也多了的时候,自然就收获到了别人没有的宝贵经验。

Part 4　北美站、欧洲站固然给力,日本站也有可能让你赚到盆满钵满

相比于北美站和欧洲站的红火热闹,日本站略显寂寞了一些。然而,日本站的能量其实是不可小觑的,何况大家都向着欧美市场蜂拥而去,如果一些卖家反其道而行之,是不是竞争压力也更小了呢?所以,如果一些卖家的产品适合日本市场,那么一定要关注亚马逊的日本站,说不定现在就是入场的最佳时机。

一、日本站有哪些优势

1. 卖家后台多语言服务

与英语的普及率相比,日语略显小众,所以很多卖家担心语言这个问题。其实很多卖家不知道的是,亚马逊针对中国卖家开通了全中文的注册界面和操作后台,语言问题是可以解决的。

2. 市场广阔

日本人口约1.3亿,大概等于德国和法国人口之和,互联网普及率高达81%,是中国的2倍,年均电商消费能力也高达中国的2倍。另据亚马逊官方统计,亚马逊的消费人群多是收入相对比较高的群体,年龄分布也是比较平均的,所以无论从哪个角度来说,日本都是有很强大的电商消费能力的。

3. 亚马逊平台流量排名靠前

在亚马逊的所有站点中,日本站的搜索流量排名靠前,且在日本电商平台中,亚马逊排名也很靠前。所以,在日本的所有零售网站中,亚马逊可以触及的受众是最多的。

4. 物流配送相对便利

对中国卖家而言,日本是一个相对来说比较近的市场,所以如果使用FBA,对风险和整个物流的管控是比较容易的,而且补货也相对较快。

二、如何快速开通日本站

1. 自行注册

新卖家可以直接进入亚马逊全球开店页面(https://gs.amazon.cn/japan.htm/ref=as_cn_ags_hnav_jp)进行注册,或者在日本站首页(https://www.amazon.co.jp/)点击页面最下方的"Amazonで売る"即可自行注册,可中英文切换。该种方式以个人或企业名义注册都可以,但没有招商经理的帮助。

2. 亚马逊全球开店注册

这种方式需要联系招商经理获取注册链接,接受以企业名义的注册,通过这种方式,可以获得招商经理的帮助。建议以第二种方式进行注册。

关于开通日本站所需资料及注册流程,请参见本书附录Part 4。

三、日本站运营技巧

关于常规的营销模式此处不再赘述,这里说说日本站运营的特别之处。亚马逊站点的运营一定要把握好两点,一个是产品,另一个是思维。我们需要根据市场的具体情况来进行选品、优化及运营。

1. 选品及优化技巧

(1) 查询相关数据,了解日本市场的资讯和导向,为选品提供参考。

(2) 找到熟悉日本市场的运营人才,更准确地进行产品优化,包括价格水平是否合理,产品描述是否符合日本当地的市场标准,产品款式是否适合日本市场等。

(3) 做关键词的优化。如果有可能,找到亚马逊的招商经理或者客户经理,让他们提供一些亚马逊内部的 A9 关键词和近一个月与卖家产品相关的热搜词。此外,如果产品卖得好,还可以申请秒杀,增加产品曝光率。

2. 运营技巧

(1) 把关产品品质,做好服务。日本人对于服务和品质的要求非常高,所以一方面产品品质必须严格把关,另一方面服务必须做好。不能把北美站或欧洲站的产品详情页面直接移到日本站,甚至连描述的语言都不改,试图希望每个日本人都懂英文。同时,客服很重要,虽然操作注册界面和后台可以不用懂日文,但是一定要找一个懂日文的人做客服,他最好能懂日本人的消费习惯、熟悉日本人的生活方式,这样才能更好地与客户沟通。

(2) 熟悉日本。比如因为国土面积的限制,日本的家庭普遍是一家人挤在一个小小的房子里,所以日本站在选品上会与北美站和欧洲站存在很大的差异。卖家如果卖非常大、非常重的桌子,在日本可能就行不通。但是非常小巧精致的毛巾挂钩可能就会很畅销。再比如,日本是一个非常爱过节的国家,一年之中有很多节日,如 1 月 1 日的新年、成人节、情人节、白色情人节、母亲节、父亲节和年底的勤劳感谢日等。此外,他们的学期制度也跟中国的不一样,他们四月开学,返校季跟美国的也会不一样。所以,熟悉日本,根据日本市场的情况进行产品调整或者营销,都将有利于整个店铺的运营。

第三章

亚马逊全球开店启航——注册

Part 1　亚马逊开店傻瓜式快速注册流程指导

一、亚马逊账号类型及特点

亚马逊的账号主要有两种,分别为专业销售计划(Professional Plan)和个人销售计划(Individual Plan),也就是我们常说的专业卖家和个人卖家。

个人卖家账号的特点是无月租,没有批量操作功能,没有订单数据报告,不能创建促销产品等。如果只是偶尔销售一些商品,可以选择注册个人卖家账号。

专业卖家账号则要支付月租费,各个站点的月租费有所差别,美国站 39.99 美元/月,欧洲站 25 英镑/月,日本站 4900 日元/月。专业卖家账号拥有很多个人卖家账号没有的功能和优势。建议卖家朋友们选择注册专业卖家账号。

二、全球开店的注册方式

企业进行全球开店注册有两种方式:自注册和联系招商经理注册。无论选择哪种方式注册账号都是免费的,目前来说,较多人偏向于通过招商经理通道注册账号。

1. 自注册

直接在亚马逊中国网站的"全球开店"入口进行注册。注册地址为 https://kaidian.amazon.cn/global-selling/introduction.htm?ld=SECNSOABAIDUUSNB7705。

2. 联系招商经理注册

联系亚马逊全球开店的招商经理,通过招商经理提供的注册链接进行注册。

通过招商经理注册账号,卖家注册全程有招商经理辅导,可以申请各个站点的秒杀活动,有助于卖家快速成长。如果是自注册的,则没有这些优势。

三、全球开店的注册流程

这里以通过招商经理通道注册账号为例,详解全球开店的注册流程。

1. 通过招商经理通道预登记

企业准备开店资料,使用招商经理专属链接进行开店预登记,企业预登记成功后,招商经理会以邮件形式联系企业,企业按照招商经理在邮件中的提示填写信息和提交资料,进行初步审核即可。

2. 获取注册链接,完成注册

企业通过初步审核后,招商经理会给企业下发注册链接,注册链接有效期一般不会超过 30 天。所以企业拿到注册链接后要尽快注册,注册过程最好一气呵成不要中断。注册成功后可以参加在线培训,可以在卖家后台了解与亚马逊平台有关的业务知识和规则政策。

3. 上架产品和获取销售权

通过招商经理通道注册的亚马逊账号,原来必须进行的考试环节已经改为了由审核团队抽查考试。亚马逊对卖家新店铺的产品上架数量无具体要求,但一旦注册成功后就需要扣月租,所以卖家可以尽早上架产品。

另外,亚马逊全球开店发布通知,从 2016 年 6 月 28 日起,新开店卖家不再有黄金购物车支持,改由系统根据产品表现自动分配。此政策适用于北美站、欧洲站和日本站。

亚马逊的全球开店招商政策会随平台政策而有所调整,一般在上半年比较容易加入,不同时间段对新卖家的注册资质、审核要求也有所不同。像近期在北美站注册后需要在后台的"问题日志"处提交资料进行卖家身份信息验证。只有通过了亚马逊的审核验证,店铺才有销售权。

四、全球开店的注册资料

1. 注册各站点所需的资料

(1)注册北美站所需资料。

①注册邮箱(建议使用 Hotmail、QQ 邮箱等,不建议使用网易邮箱)。

②三证合一的公司营业执照。

③店铺名称(英文名称,卖家自拟)。

④双币信用卡(带 Visa、MasterCard 标志,法人代表、股东或其他自然人的都可以)。

⑤收款账户(P 卡、WF 卡、当地银行收款账户等)。

⑥全新的手机号码(法人代表或者其他自然人的都可以)。

(2)注册欧洲站所需资料。

①注册邮箱(建议使用 Hotmail、QQ 邮箱等,不建议使用网易邮箱)。

②三证合一的公司营业执照。

③店铺名称(英文名称,卖家自拟)。

④法人代表身份证。

⑤占股 20％或以上的受益人信息(凡占股 20％或以上的受益人信息都需录入。录入的信息包括身份证号码(护照号码)、名字、邮箱、出生日期、电话、居住地址)。

⑥双币信用卡(带 Visa、MasterCard 标志,必须是法人代表或者股东的)。

⑦收款账户(必须是公司名下的收款账户,P 卡、WF 卡、当地银行收款账户等都可以)。

⑧全新的手机号码(法人代表或者其他自然人的都可以)。

(3)注册日本站所需资料。

①注册邮箱(建议使用 Hotmail、QQ 邮箱等,不建议使用网易邮箱)。

②三证合一的公司营业执照。

③店铺名称(英文名称,卖家自拟)。

④双币信用卡(带 Visa、MasterCard 标志,法人代表、股东或其他自然人的都可以)。

⑤收款账户(P 卡、WF 卡、当地银行收款账户等)。

⑥全新的手机号码(法人代表或者其他自然人的都可以)。

2. 注册资料有哪些注意事项

(1)注册邮箱。

不同站点的注册邮箱不能重复,新卖家需要开通几个站点就需要准备几个邮箱。注册邮箱最好不要使用网易邮箱,建议使用 QQ、Hotmail、Outlook、Gmail 邮箱。

(2)公司营业执照。

公司营业执照需要原件的彩色扫描件或者高清彩色照片。亚马逊全球开店只接受企业入驻,凡是注册公司都可以。

另外,企业可以先在信用网上查询自己的企业登记状态是否正常,如果是异常状态,比如说两三年没有做过年审,这种情况会影响到店铺的审核结果,建议先联系工商局处理营业执照状态。

(3)店铺名称。

卖家自拟,使用英文名称。如果卖家提供的店铺名称与已存在的亚马逊平台上其他卖家的店铺名称重复了,会被系统检测出来,那就需要重新拟定店铺名。店铺名称后期可修改。

(4)双币信用卡。

建议使用带 Visa 或者 MasterCard 标志的双币信用卡,不限银行,信用卡激活并能正常扣款。现在,欧洲站必须提供法人代表或股东的双币信用卡,北美站和日本站可以使用法人代表、股东以及其他自然人的双币信用卡。

双币信用卡申请所需时间:一般需要半个月时间,具体以每家银行的办理时间为准。

(5)收款账户。

收款账户可以是 P 卡、WF 卡、收款易 SKYEE,或者是美国、英国、日本等当地银行的账户收款卡,建议使用 P 卡。

欧洲站必须使用以公司名义注册的收款账户,不能使用以个人名义注册的收款账户。

北美站和日本站既可以使用以公司名义注册的收款账户,也能使用以个人名义注册的收款账户。

另外,如果从公司以后上市或被并购的角度考虑,建议绑定公司账户,从一开始就规范化操作;如果以省钱为目的,可绑定个人账户进行收款。关于收款账户,很多人会把它和双币信用卡混淆,以为有了双币信用卡就不用再提供收款账户了,这种认识是错误的。二者的功能是不同的,双币信用卡主要用来扣款,收款账户用来接收店铺货款,二者分工明确,不能相互代替。

收款账户注册所需时间如下。

P 卡:注册仅需半小时;P 卡账户审核需要 1~2 个工作日。

WF 卡:注册仅需半小时;注册成功后会有电话回访,要求客户提交资料,需要 1~2 个工作日。

(6)全新的手机号码。

手机号码也需要是全新的,从来没有在亚马逊上注册过卖家账号。

如果使用同一套公司资料注册不同站点,可以使用同一个手机号码;如果使用不同的公司资料注册同一个站点的多个店铺,需要使用不同的手机号码,以防关联。

为账号安全起见,建议卖家准备一个全新的手机号码,专门用作亚马逊注册及运营。另外不建议使用卖家的私人手机号码作为注册联系方式,以防关联及后期交由其他人员管理时造成不便。

3. 注册前需要哪些资料,提前做哪些准备工作

最安全和直接的方法:申请亚马逊账户的所有资料、网络以及硬件都是全新的。

(1)注册时使用的公司资料必须是"干净"的,从来没有在亚马逊上注册过卖家账号,以防关联。

(2)注册所使用的电脑及网络必须是"干净"的,从来没有注册或者登录过亚马逊卖家账号,以防关联。

4. 通过招商经理通道注册店铺的流程是怎么样的,需要多长时间

以北美站为例进行说明。

(1)第一步,联系招商经理,进行预登记。大概需要3~7个工作日收到招商经理发来的第一封联系邮件(了解公司基本信息),收到第一封邮件后需在24小时内按要求回复,回复后在1~3个工作日内招商经理会发来第二封邮件(带有注册链接的邮件)。

(2)第二步,点开注册链接(注册链接有效期为30天),完成注册,大概需要半小时。

(3)第三步,卖家身份信息验证,需2个工作日,主要看提交资料的准确度和审核团队的进度,目前北美站需要做卖家身份信息验证。

(4)第四步,销售权审核,需2个或2个以上工作日,主要看提交资料的准确度和审核团队的进度。目前北美站需要进行销售权审核。

Part 2　开店预算在这里:亚马逊全球开店到底需要投入多少钱?

做生意,怎能不关心成本?下面以北美站为例,来看看在亚马逊平台开店都涉及哪些基本费用。

一、月租费

1. 专业卖家

39.99美元/月。

2. 个人卖家

无月租费。

可以看出,月租费主要针对专业卖家,无月租费也是个人卖家的一个优势。

一般情况下,开通一个站点的账号,可以在该站点所包含的几个国家的市场同时进行销售,但月租费是不变的。

二、单件销售费用

1. 专业卖家

无须按件收费。

2. 个人卖家

每售出一件商品,亚马逊将收取 0.99 美元。

综合月租费来看,虽然个人卖家有无月租费的优势,但是每销售一件商品将会被收取 0.99 美元。对于新手卖家,订单量不大的时候,个人卖家是有优势的,但随着订单量越来越大,这个时候显然还是专业卖家更有优势。

这里需要注意的是,即便专业卖家在亚马逊扣月租的前一两天将账号类型转为个人卖家,希望省下一个月的月租费,下次将账号类型转回专业卖家的时候,这笔费用仍会被扣掉。

三、销售佣金

所有类型的卖家,都需要为售出的每件商品支付销售佣金。不同品类商品的销售佣金比例和按件最低佣金都有不同的规定,详情见表 3.1,亚马逊将收取这二者中的较高者。举个例子,一件体育用品的单价为 20 美元,其销售佣金百分比为 15%,其按件最低销售佣金为 1 美元,所以所需缴纳的销售佣金为 20×15%=3 美元,因为 3 美元高于 1 美元,所以此件体育用品的销售佣金为 3 美元。若该件体育用品的单价为 5 美元,经过计算其所需缴纳的销售佣金为 0.75 美元,小于 1 美元,此时亚马逊将收取此件体育用品 1 美元的销售佣金。

表 3.1　销售佣金

商品种类	销售佣金百分比	适用的最低销售佣金 (除非另有规定)
亚马逊设备配件	45%	1.00 美元

续表

商品种类	销售佣金百分比	适用的最低销售佣金（除非另有规定）
母婴（婴儿服饰除外）	15%	1.00 美元
图书	15%	—
摄像和摄影	8%	1.00 美元
手机设备	8%	1.00 美元
电视、音响	8%	1.00 美元
DVD	15%	—
电子配件	总售价中 100 美元以内的部分扣 15%	1.00 美元
电子配件	总售价中高于 100 美元的任何部分扣 8%	1.00 美元
家具和装饰	15%	1.00 美元
家居和园艺（包括宠物用品）	15%	1.00 美元
厨具	15%	1.00 美元
大型家电	总售价中 300 美元以内的部分扣 15%	1.00 美元
大型家电	总售价中高于 300 美元的任何部分扣 8%	1.00 美元
音乐	15%	—
乐器	15%	1.00 美元
办公用品	15%	1.00 美元
户外	15%	1.00 美元
个人电脑	6%	1.00 美元
软件和电脑、视频游戏	15%	—
体育用品（体育收藏品除外）	15%	1.00 美元
工具和家居装修	15%，但基础设备电动工具为 12%	1.00 美元
玩具	15%	1.00 美元
解锁手机	8%	1.00 美元
视频和 DVD	15%	—
视频游戏机	8%	—
所有其他分类	15%	—

续表

商品种类		销售佣金百分比	适用的最低销售佣金（除非另有规定）
需要批准的类别	3D 打印商品	12%	—
	汽车和户外动力设备	12%，但轮胎和车轮商品为 10%	1.00 美元
	美妆	15%	1.00 美元
	收藏类图书	15%	—
	硬币收藏品	需另外参阅分类要求了解销售佣金	—
	娱乐收藏品	需另外参阅分类要求了解销售佣金	—
	艺术品	需另外参阅分类要求了解销售佣金	—
	礼品卡	20%	—

其中，钟表类产品所适用的费用构成另有规定，包括每件商品总售价的 15%，外加每件商品最低 2 美元的销售佣金。

此外，对于每次出售的教科书租赁服务，卖家需支付 5 美元的租赁图书服务费。

四、交易手续费

对于售出的每件媒介类商品，个人卖家和专业卖家都需要支付交易手续费。具体见表 3.2。

表 3.2 交易手续费

商品类型	交易手续费
图书	1.35 美元
DVD	1.35 美元
音乐	1.35 美元
软件和电脑、视频游戏	1.35 美元
视频	1.35 美元
视频游戏机	1.35 美元

五、总结

总体来说，在亚马逊开店最主要的费用就是这些。当然，不仅仅只有这些，比如针对大批量商品所收取的大批量商品费,再比如还有退款管理费,即当已付款的买家要求退款,亚马逊会收取一定的退款管理费。如果后期做站内推广,广告费用也来了,如果再用FBA,仓储费、基础服务费(包括拣货、包装费等)以及配送费自然也少不了。这里暂且不表,先来看看最后入账到卖家账户的费用到底是怎么组成的。

1. 个人卖家

商品价格+由买家支付的运费-销售佣金-每件0.99美元=存入卖家账户的总额

2. 专业卖家

商品价格+由买家支付的运费+由买家支付的礼品包装费-销售佣金-月租39.99美元=存入卖家账户的总额

Part 3　一旦确认了亚马逊的账号类型,还可以更改或转换吗?

一、卖家账号类型相互转换的方法

(1)打开卖家后台,鼠标移到"设置"(Settings),点击"账户信息"(Account Info)(见图3.1)。

图3.1　账号类型转换(1)

(2)在"您的服务"(Your Services)点击"管理"(Manage)(见图3.2)。

图 3.2 账号类型转换(2)

(3)如果卖家原来注册的是专业卖家账号,找到"我的服务"中的"您已注册"栏,点击"降级"(Downgrade),转换为个人卖家账号(见图 3.3);如果是个人卖家账号要升级为专业卖家账号的,则点击"升级"(Upgrade)。

图 3.3 账号类型转换(3)

因为政策调整的原因,卖家账号类型降级存在一定的风险,见图 3.4。卖家如果把账号类型降级为个人卖家账号,以后不一定能升级回专业卖家账号。因此卖家在进行降级之前,可以先联系亚马逊客服了解降级的风险。

一般情况下,卖家的店铺一直一正常运营,没有特别的原因不要降级。如果确实是因为一些原因要降级的,比如因为某些原因需要注销账号的,则可以先将账号降级为个人卖家账号,然后再进行注销。

图 3.4 账号类型降级存在的风险

二、如何转换亚马逊卖家主体身份

如果卖家主体身份为个人，想转换为企业，或者本来是企业，现在想转换为个人，这就涉及卖家主体身份的转换。这时该怎么办呢？碍于亚马逊规定同一个身份不能注册两个或两个以上的账号，因此只能选择注销已注册的账号，再注册新账号。那注销账号又该如何操作呢？下面以美国站为例，演示注销流程。

第一步，卖家可以点击"联系我们"，找到"您的账户"中的"关闭您的账户"（见图3.5）。

图 3.5 注销账号(1)

第二步，点击"关闭您的账户"。跳转到图 3.6 所示页面后，卖家在"联系卖家支持"中填写邮箱、电话、备注信息，然后点击"提交申请"。

在注销之前，卖家需要知道以下内容。

1. 注销账户是一项永久性的操作

注销账户以后，产品将会从亚马逊网站删除，卖家将无法访问卖家后台。包括无法查看订单历史记录、无法处理退货、无法发放退款、无法回复亚马逊商城交易保障索赔(A-to-Z)邮件、无法与买家联系。不过，卖家仍需要负责处理关闭账户以后发生的所有亚马逊交易保障索赔和未结算的负余额。

2. 关闭账户所需要的条件

想要成功注销账户，卖家需要处理以下事宜。

(1)卖家要停止销售所有产品。

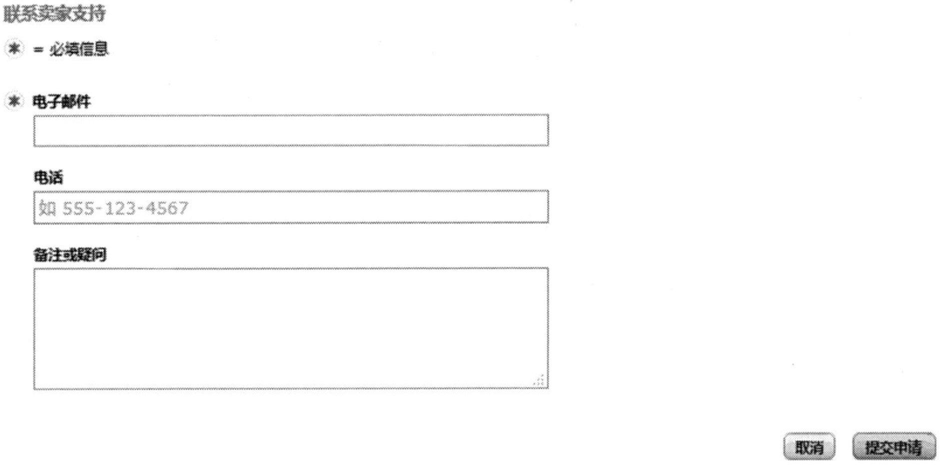

联系卖家支持

＊＝必填信息

＊电子邮件

电话

如 555-123-4567

备注或疑问

取消　提交申请

图 3.6　注销账号(2)

(2)如果使用 FBA,需要将 FBA 产品移除出仓或者销毁。

(3)完成所有与买家的交易。如果卖家还有尚未完成的交易,需要先处理未发货的订单,完成与买家的各项交易(包括发放所有必需的退款)。

(4)如果卖家的账户上还有余额,但没有绑定收款银行账户,卖家要添加有效的银行账户(P 卡或 WF 卡),方便亚马逊将货款打到卖家的账户上。

(5)缴纳相应的月租及其他扣费。为了避免不必要的扣费,卖家可以将账户类型降级为个人卖家后再注销账户,以防注销不成功可能会产生的扣费。如果卖家在成功注销账户之后发现还有别的扣费产生,可以联系亚马逊处理,必要时也可以选择将与原账户绑定的双币信用卡注销。

(6)注销前,如果卖家的账号处于冻结(被封)状态,卖家需要先进行申诉,申诉成功后店铺解封,才能注销账号。也就是说,只有在账号"健康"的前提下才能注销。

三、与注销账户相关的资料可以二次使用吗

提交注销申请后,亚马逊官方会发送邮件告知卖家账号已关闭成功。如果卖家没有收到邮件,可以尝试登录账号来检测是否注销成功,或者是向亚马逊官方确认。

卖家账号注销以后,账号的状态是不可能恢复的,如果想重新运营亚马逊店铺,需要重新注册新的账号。

一些卖家可能会问,正常注销亚马逊账号之后,所使用过的信息,比如 IP、电脑、

注册邮箱、公司资料等还可以再用来注册新的亚马逊账号吗？答案是，原来使用过的IP、电脑不可以再使用了，再次注册账号需要新网线和准备"干净"的电脑，原来的邮箱、手机号码也不可再用，营业执照、信用卡可以再次使用。

Part 4 与在亚马逊欧洲站捞金的中国卖家息息相关的 KYC 审核

先来看看这种情况，A 想以在内地及香港注册的两家公司的名义来注册两个欧洲站账户，但两家公司的法人代表均为 A，这种情况下，是否可以注册呢？很明显，这是行不通的，原因就在于欧洲站的 KYC 审核制度。审核时，必然会因为账户关联而无法通过审查。下面就来好好说说 KYC 审核。

一、什么是 KYC 审核

KYC，是 Know Your Customer 的缩写，译成中文就是"了解你的客户"。所谓的 KYC 审核本是指对账户持有人的强化审查，要求金融机构实行账户实名制，了解账户的实际控制人和交易的实际受益人，还要求对客户的身份、常住地址等进行充分了解。KYC 政策是反洗钱、预防腐败的基础，亚马逊的 KYC 审核是根据欧洲有关监管机构的要求，对在欧洲站上开店的卖家进行的身份审核。

二、亚马逊 KYC 审核相关规定

对于在欧洲站上进行销售的卖家来说，KYC 审核是必经的一个环节。一般情况下，当卖家的累计销售金额达到 5000 欧元及以上时，亚马逊会开始要求卖家进行审核。卖家账号只有在通过亚马逊欧洲站验证团队的审核之后，才能在欧洲站平台上继续进行销售。对于新卖家来说，累计销售金额达到平台要求的数额需要一段时间，但建议大家在账号注册之初，就着手准备 KYC 审核，可以通过卖家后台，如实填写有关信息并按照要求上传所需文件（见图 3.7、图 3.8）。

三、KYC 审核的资料及上传要求

KYC 审核条件：欧洲站销售额达 5000～15000 欧元，或者改动后台信息，有可能会提前触发 KYC 审核。

每个卖家根据在后台收到的"所需文件"里面的内容来提交资料，也就是说，针对

图 3.7　查看所需文件(1)

每个账号的注册信息的差异,所要求提供的资料是有区别的,具体请卖家登录后台查看 KYC 审核所需资料,准备上传(见图 3.9)。

1. 公司注册证明

公司注册证明为公司营业执照正本(副本)扫描件或公司注册证明书、商业登记条例(两个文件应合并成一个 PDF 文档)。

2. 公司账单

公司日常费用账单,包括水、电、燃气费账单,固定电话费用账单,网络费用账单,公司银行对账单,税务及社保缴费账单,房租发票(不接受私人房东)等。

账单要求:费用产生日期和开票日期都需在最近的 90 天以内,由正规机构出具,需印有公司名称和详细地址,公司名称需与公司注册证明文件上的名称保持一致,地址应为公司实际运营地址。

3. 银行账单

公司对公银行账户有效期在一年以内的开户许可证或对公银行对账单,不限银行。账单要求如下。

(1) 有公司名称,和公司注册证明文件上的公司名称一致。

(2) 要有清晰可见的银行名称或 Logo。

(3) 必须有该行的银行账户(可与添加的亚马逊收款账户不一致)。

(4) 账单开具日期:6 个月以内任一时段的银行对账单均可(若有开户许可证,发证日期需在 12 个月以内),无日期也可接受。

(5) 如需保密,可自行遮蔽往来记录。

图 3.8 查看所需文件(2)

4. 主要联系人证件

主要联系人护照,如无护照,可提供户口本本人页和身份证正反面文件,均为扫描件。

卖家根据在后台选择的证件类型来准备相应证件。如果提供的是户口本本人页和身份证正反面,身份证正反面和户口本本人页图片文件应合成一个文档,户口本本人页单独作为一个文档。

主要联系人是指代表公司操作该亚马逊卖家账户的人,可以是公司法人代表(股东),也可以是公司员工等。如果是公司员工,亚马逊会要求提供授权书。

5. 公司受益人证件

公司受益人护照,如无护照,可提供户口本本人页和身份证正反面扫描件(每个受益人都必须提供),要求同主要联系人的一样。

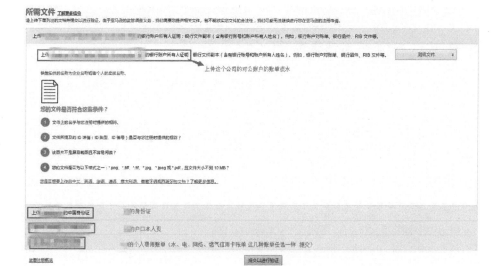

图 3.9 上传所需文件

受益人是指在公司中占有股份等于或超过 20% 的自然人或法人代表,需确保提供了所有受益人的必填信息,且提供的信息需要与公司章程或者注册认证文件上的一致。

6. 主要联系人个人费用账单

常见账单类型:水、电、燃气费账单,网络费用账单,个人信用卡账单等。

账单要求:费用产生日期和开票日期都需在 90 天以内,由正规机构出具,印有姓名和详细居住地址,应为主要联系人目前的实际居住地址。

7. 主要受益人个人费用账单

常见账单类型及要求同主要联系人的一样,要注意的是,每个受益人都需提供。

关于主要联系人和受益人的个人费用账单,如果账单在配偶名下,需同时提交结婚证,如果账单是在房东名下,必须有正规的房屋租赁合同(合同乙方不能为个人,必须为公司)来证明其中的关系。

8. 公司章程

能准确体现全部股东姓名和股权分配的文件。

要求:需要所有受益人签字,加盖公司公章。

9. 用于收款的境外银行账户

建议使用公司对公账户或者公司受益人的个人账户作为收款账户。

亚马逊接受开户地在美国、英国、欧盟各国、澳大利亚等地的银行账户作为收款账户,也接受像 Payoneer 账户或者 World First 账户这样代办的境外账户。

四、KYC 信息填写注意事项

(1)建议全部使用汉语拼音,以保证准确性,也可按照注册证书上的公司英文名称填写。

(2)公司有几个受益人就需真实填写几个受益人,再提交相应的个人账单和其他资料。

(3)注册时填写的居住地址,一定是和卖家的信用卡账单或者水、电、燃气费账单上的地址一致的实际居住地址。

(4)地址需要完全准确,精确至门牌号。

(5)公司注册地址填写每行不得超过 50 个字符,其他地址填写每行不得超过 60 个字符,包括空格及标点符号。

(6)先保存,确认无误后再提交。

(7)最重要的一点就是,资料一定要真实。不过万一在注册过程中填错了,只要能提交证明文件,也是可以修改的。

(8)关于收款账户信息。亚马逊欧洲站共分为 5 个站点,分别是英国、德国、法国、意大利、西班牙。建议确保卖家后台所有信息正确后再绑定收款账户。另外建议将 5 个站点的收款方式一并添加,以免日后添加时重新进入 KYC 审核流程。

总之,在进行 KYC 审核的过程中,务必真实填写公司和个人信息,并上传真实的单据材料,任何试图躲避、绕开亚马逊审核而填写不当信息或者提交伪造材料的都可能导致无法通过审核。

Part 5　亚马逊卖家如何"开 case"找客服?

卖家账号注册成功后,在运营亚马逊店铺过程中可能会遇到各种各样的问题,需要向亚马逊寻求帮助或者核实确认,这时可使用亚马逊的客服功能,即我们经常所说的"开 case"。如何使用客服功能? 现示范如下。

第一步,在卖家后台首页,点击右上角的"帮助",会弹出一个对话框,见图 3.10。

第二步,鼠标拖到这个对话框的最下端,点击"获得支持"(有些站点页面显示为

"联系我们"),见图3.11。

图3.10 寻求帮助

图3.11 获得支持

第三步,点击"联系我们"下方的"我要开店"按钮,会看到不同的问题分类。卖家根据自己想要问的问题进入相应的分类(见图3.12)。

图 3.12　选择问题类别

第四步,亚马逊客服功能有电子邮件、电话、聊天三种方式。卖家可根据自己的问题选择其中一种方式联系亚马逊。联系时描述清楚自己的问题,以及希望得到的解决方案。目前,美国站、英国站、日本站已经开通了中文在线聊天服务,卖家可以直接使用这项功能,见图3.13。

图 3.13　选择联系方式

第四章

亚马逊基础——产品

第一节　产品为王——亚马逊平台产品开发

 Part 1　产品开发，如何找准3亿亚马逊用户最大的痛点？

我们知道，亚马逊是个重产品、轻店铺的平台，该选什么样的产品销售是卖家们时常谈论的话题，如果选的产品没有市场，做再多的努力也不会有什么收获。所以，今天谈谈产品开发这个话题。主要包括产品的开发思路、摸清产品的市场容量和趋势、产品调研三块内容，在本节 Part 2 中，我们将讲到如何进行样品评估、解决选品货源、产品优化或开发的内容。需要说明的是，这里只针对没有工厂，需要开发产品的新卖家。

一、产品的开发思路

1. 从需求出发，跟着市场走

亚马逊是重产品的平台，有些卖家就会以为，既然强调产品，那么就选自己熟悉的、有资源的产品。不熟不做是有道理的，但卖家更加需要考虑自己手上的产品是否有足够大的市场空间，如果有，那就最好不过了。如果没有市场却还去开发的话，就会浪费时间与资源。此外，卖家要关注的并非是国内市场，而是国外市场。有些产品在国内不畅销，但可能会在国外卖得非常好。假如卖家想做亚马逊美国站，就应该去了解一下美国人民需要什么样的产品。

2. 以盈利为目标

亚马逊平台上不缺好产品，同时也挤满了中国卖家，不少卖家还建立了品牌进行保护，怎么看都是红海一片。有些人直接放弃，将目光瞄向蓝海。

其实，红海里也有商机。一个行业或一个类目之所以变成红海，是因为它的规模与市场需求足够大，卖家如果能在产品上做出细节上的差异化，肯定会有盈利的机会。

蓝海行业，竞争相对较小，但搜索量也比红海的少很多，如果进入蓝海，卖家需要进行更多的摸索，承担更多的开发工作，蓝海也不会永远存在。选红海还是蓝海，关键在于产品是否有盈利空间。

3. 专注于某一个类目

如果卖家已经有了开店的准备,下一步就会考虑要卖什么产品。我们知道,新卖家开店初期,资金、人力各个方面的资源都是有限的,不可能刚起步就上架海量的产品,所以卖家入行时需要先专注于某一个类目。如果不知市场如何,可以在亚马逊平台上浏览细分类目的销售情况,包括对运营状况较好的店铺和卖得比较好的产品做市场调研。

二、摸清产品的市场容量和趋势

产品开发的思路明确后,接下来卖家就要去了解亚马逊这个平台在热卖什么产品,并对产品进行周期性(周、月、季)的分析,分析后再确定是否可以开发。而这种观察、分析市场的活动,起码要一周的时间。卖家可以通过以下几种方式了解产品的市场容量和趋势。

1. 直接用关键词搜索

直接在亚马逊前端搜索框中输入关键词,搜索后会有这类产品的总数量和产品显示,总数量越大,证明这类产品的市场竞争越激烈,如图4.1所示。

图4.1 用关键词搜索

2. 查看排行榜

在亚马逊前端点击"Departments"(全部商品分类),点击目标产品所在的细分类目,直接点击"Best sellers",如图4.2所示。

通过以下排行榜,卖家可以知道产品的诸多信息。

(1)"Best sellers"(卖得最好的):卖家可以知道具体类目中,卖得最好的产品有哪些。

(2)"Hot new releases"(热门新品):卖家可以知道现在最新、最热的产品有哪些。在分析时结合季节、节日、推广等因素,可以对热卖品以及趋势有一个判断。

(3)"Top rated"(评价最高的):知道评价最高的产品都有哪些。

(4)"Most wished for"(愿望清单):知道大家都想要什么。

图 4.2　查看排行榜

三、产品调研

了解产品的市场容量和趋势后,接下来需要对产品的价格、排名、评论、库存、商标、图片、名称、描述、包装、链接、ASIN 码等信息进行调研,全面了解某个产品,看看它是否符合卖家的选品要求。其中,有几个要点是需要重点分析的。

1. 分析产品的价格(Price)

分析产品的价格包括抢到黄金购物车的产品的价格(见图 4.3)。价格直接关系到成本,只有产品单价符合卖家的店铺定位,才值得卖家花时间去进一步深入研究产品。另外,一些大件的商品可能很畅销,比如沙发,但它的体积大,相关成本如物流费用也会很高,一般的卖家是无法承担的,那么可以直接放弃。如果产品的市场价格过低,可能没有利润,这些商品也不需要深入研究。

图 4.3　分析产品价格

2. 分析产品排名(Best Sellers Rank)

产品排名是反映产品销量的最有效的参考指标,通过产品排名(见图4.4),卖家可以知道产品在某个产品类目中的位置,产品排名越靠前,证明它越有竞争力;可以评估整体市场容量;也可以判断出某一个类目的竞争程度。如果能把一个产品的排名做到在大类目下前十万、二级类目下前一万、三级类目下前一千、四级类目下前一百,那么卖家的获利空间是较大的。

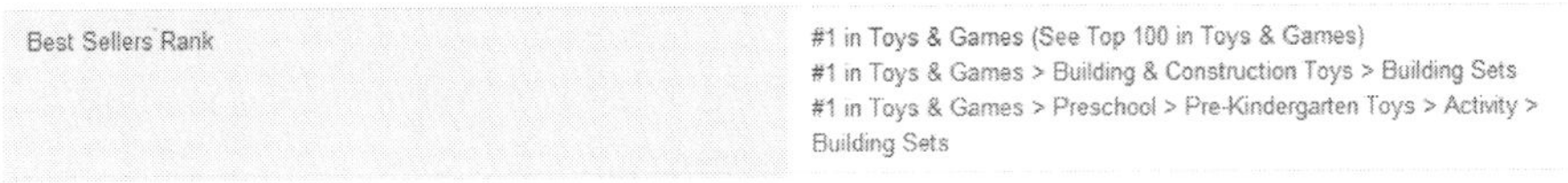

Best Sellers Rank
#1 in Toys & Games (See Top 100 in Toys & Games)
#1 in Toys & Games > Building & Construction Toys > Building Sets
#1 in Toys & Games > Preschool > Pre-Kindergarten Toys > Activity > Building Sets

图4.4 分析产品排名

3. 分析产品的评论(Customer Reviews)

评论的增长速度和内容有很大的参考价值(见图4.5)。当某个产品处在销售旺季或者是流行时段,它的销量会增加,相应的评论数量增长速度也会加快,通过分析竞品的评论内容,也有利于卖家发掘产品本身的品质状况、设计缺陷,从而了解客户深层次的诉求,在研发阶段对产品加以改进。但如果产品评论星级普遍低于4星,说明这款产品缺陷很多,就不用考虑作为选择的对象了。

Customer Reviews   992 customer reviews
4.7 out of 5 stars

图4.5 分析产品的评论

另外,可以综合产品排名和评论分析产品,如果两个数据一起增长,表示产品销量在增长,是个综合实力不错的热卖品。如果评论数量在上升,但产品排名却在下跌,有可能存在刷单情况,如遇到这样的情况,对这个产品,自然是保持观望的态度。

4. 分析竞争对手的库存来推测销量

亚马逊尊重卖家的隐私,是不会在网页前端公开某个产品的销量的。产品的销量与排名有很大的关系。新卖家想要了解某个产品的市场销量如何,可以将产品添加到购物车来推测出竞争对手的库存,从而评估这个产品的整体市场容量。

另外,如果一个产品在一段时间内销量比较高,但评论比较少,这种产品是值得关注的,因为它可能是一款很有潜力的还没有上升为"爆款"的产品。

5. 分析产品是否有注册品牌,可否跟卖

卖家需要注意产品是否为品牌产品,有无注册商标。如果有品牌保护,而卖家想要代理销售的话,可以跟在售的卖家进行沟通,看是否能拿到代理权或授权书。如果对方不肯授权的话,新卖家不一定非要选同款产品,可以找相似款的产品。这里所说的"找相似款",并非是让新卖家去找仿货,而是建议新卖家去开发外观不同,但功能一样或相类似的产品或升级产品。

6. 注意产品是否需要认证

一些类目是比较特别的,如某些母婴类用品,需要做强制性产品认证,如果卖家没有做认证的条件,也不做选品考虑。

通过分析竞争对手的产品的各种数据,卖家可以判断哪些产品刚上市,哪些产品处在成长期,以及哪些产品处于成熟期,哪些产品处于衰退期。如果发现某一个产品在某一个细分类目下有很多卖家,而且几乎被"垄断",不适合开发,那么我们可以绕开它,去研究别的产品市场。如果能对市场有很好的把握,对样品评估、采购、改进等后续开发环节将会有很大的帮助。

可能有一些卖家认为人工进行产品数据分析效率不高,那么可以用数据分析工具进行分析。如 Trendsamazon、Google(谷歌搜索)和 Google Trends(谷歌趋势)等。

Part 2 初涉亚马逊,选品最关键,选对了就成功了一半!

一、对样品进行评估,确定选品并解决货源

1. 进行样品分析

经过对目标产品的价格、排名、评论、销量、商标等信息进行了解后,卖家可以对产品进行下一步的评估了。必要时购买样品进行测试。比如,卖家看中了一个电路板,可以购买双面板与多层板的电路板,分别进行检测,看看两层的跟多层的构成零件有哪些差异,哪个产品的质量比较好。

2. 核算成本与利润,确定选品

一个产品经历了海选、调研、样品测试的历程之后,接下来,卖家应该核算它的成

本和毛利情况了,这是非常关键的一步。

产品的成本,包括采购产品的成本、平台佣金、物流运费等方面的费用。

毛利方面,应该这样算,单个产品毛利＝售价－采购成本价－运费－平台佣金费用－其他费用,其他费用包括推广费用、仓储费用、运营成本等。综合计算后,如果这款产品还有不小的盈利空间,那么这个产品就是可以开发的。

3. 解决货源

确定一个产品是可以盈利的,卖家就可以放心寻找货源了。找货源的方式有很多种,比如说卖家可以找到厂家或者品牌代理商,或者在一些 B2B 平台找货源。

关于 B2B 平台,如国内的阿里巴巴(https://www.1688.com/),也有国外的,如欧洲黄页(www.europages.cn)。但大多数卖家的货源都来自国内,这种直接采购的方式,无须卖家操心产品出厂及物流跟踪问题。但有一点需提醒,亚马逊平台很重视知识产权、专利保护,有时会对产品或店铺进行审核,需要卖家提供采购发票或者品牌授权书等,因此卖家在批量采购产品时要向源头供应商确认产品是否为原创,有无侵权风险,可否提供发票或采购单据,保障产品的真实性。

如果在网站上找不到好的货源,卖家可以考虑与工厂合作,直接生产产品。如果是这种形式,找一家可靠的工厂就非常重要了。卖家要对工厂进行考察,再综合交货期、付款方式、包装、运费成本、地理位置等因素进行考量。这是很花时间与精力的过程,找七八家做对比也是常事,同时还会涉及更多的成本,如零件费用、工厂的人工成本和利润、产品运费等。

二、进行产品优化或微创新

找不到货源,就无法将店开起来。如果通过各种渠道,卖家还是没有找到合适的货源,又或者是经过一段时间的销售后,发现当初看好的产品,其实并不是那么畅销,或者产品还存在着瑕疵。那么,卖家就可以对产品进行优化或者微创新了。

卖家进行产品优化或微创新,不是单靠个人的力量就能做到的,它需要很强大的团队和充足的资金。所以,卖家也需要先做好成本核算,开发的产品越精密,所需成本就越高。

三、选品的其他问题

1. 对产品做好提前规划

当卖家的产品卖得不错的时候,竞争对手就会增加,同时利润也会下降,可能需要想更多的办法来应对可能出现的价格战,或者需要打造有差异化的产品来提高利润。所以,在选品前期,卖家需要提前做一些规划,如注册商标,建立品牌保护。前期工作做足了,后期会轻松一些,也可以减少风险。

2. 选品是一个不断更替的过程

对于产品的开发,可能卖家一开始物色了上百种产品,但经过反复筛选与对比,最终确定下来上架销售的也就两三款。同时,市场也是在不断变化的。可能今年流行的产品,明年就不流行了,到时也要寻找其他的产品来替代,重新开始新一轮的选品。

只要店铺还在运营,选品的工作就不会停止,虽然选出来的产品未必都适合市场,但卖家会获得诸多经验。

Part 3　亚马逊卖家品牌打造的高阶绝密:"小而美"

很多消费者在想买一款智能手机时会马上联想到苹果(Apple)等知名品牌。苹果公司出品的 iPhone 系列手机,外形小巧功能却异常强大,这就是拥有极致用户体验的"小而美"产品的代表。在亚马逊平台上,不少卖家通过打造"小而美"的产品来吸引买家。

图 4.6 所示的产品是 Anker 打造的一款便携式移动电源,口红外形设计,采用优质的松下铝电芯,电芯规格为 3350mAh。这款移动电源外观迷你时尚,功能上安全实用,因此俘获了不少买家的心,在亚马逊平台上销量好,好评如潮,是当之无愧的"爆款"。

我们知道,充电器本身是一个红海类目,产品众多,竞争激烈。但是 Anker 却选择了充电器中的一个细分类目——移动电源,并在这个类目中杀出了一条血路。不难看出,Anker 除了很懂市场,很懂欧美消费者的审美与需求以外,对打造"小而美"产品的技巧,也是掌握得炉火纯青。

下面我们专门讲讲关于"小而美"的"干货"。

一、"小而美"的概念

什么是"小而美"?

关于"小而美",在一千个人心里,自然有一千种概念,我们对"小而美"的定义是这

图 4.6　Anker 打造的移动电源

样的。

"小",卖家专注于某个细分领域,可能只经营某一个单一的子类目产品,可能也只有几个、十几个或几十个产品。

"美",指打造产品的卖家拥有自己的核心技术,能做出"颜值"高、品质好、个性十足的产品,又或者有一流的客户服务和良好的盈利模式。

如果将"小"与"美"关联起来,那么"小而美"该有的特点如下。

(1)专注于细分领域,品牌调性鲜明,店铺定位、客户定位精准,但客户数量不少。

(2)专注于产品,打造的产品是为了满足某个客户群体深层次的需求。产品的款式、颜色、材质、工艺必然都有专业的研发团队进行把控,产品的综合竞争指数远超同行。

(3)专注于服务,在服务上做得很深入,给买家良好的购物体验,这种服务甚至能够改变消费者的观念与选择。

无论是产品还是服务,"小而美"都与细分、精准相关联。同时,"小而美"也是一种商业模式,是一种经营路线。

二、"小而美"商业模式的竞争力

在亚马逊平台上,卖家之间的竞争是十分激烈的,中小卖家想要存活,想要与各大品牌卖家争夺消费市场份额,一较高下,就要寻找适合自己发展的道路,"小而美"就是一条不错的出路。它有利于塑造品牌形象,提高销量。

(1)"小而美"是一条有利于塑造品牌形象的道路。"小而美"的产品,"小而美"的服务,有利于口碑的传播,尤其是社交平台的口碑传播。有了口碑传播,品牌或产品自然会被越来越多的买家所熟知,那么忠实的粉丝也会越来越多。随着市场的拓展,说不定有朝一日也会成为大品牌。

(2)"小而美"的产品,必然会有为数不少的忠实粉丝,依靠忠实粉丝的口碑推荐、复购率及自然流量,可以轻松提高产品的转化率,也能够减少付费广告的支出。就算是做付费推广营销,订单转化率肯定也会比普通产品的要高出很多。

(3)"小而美"的产品或服务,物超所值,比价功能弱化。卖家可以借此突破令人困扰的价格战,将市场风险控制在一定的范围之内,以最小的成本获得最大的利润。

三、哪些卖家适合走"小而美"路线

走"小而美"的路线,产品或服务的亮点多,竞争力强,店铺自然就不缺流量和转化率。那么,哪些卖家适合走这条路线呢?

(1)中小卖家。对于团队规模不大、投资规模有限、无法上架大量产品的中小企业(包括创业型的中小企业)来讲,如果"小而美"的路线走顺了,将来也可以往"大而美""大而全"的方向发展。当然,能不能成功走上"大而美"路线,很大程度上跟市场需求有关。

(2)"小而美"的路线同样也适合于大卖家。亚马逊的一些大卖家在有大量产品的同时也会专注于某个类目的产品,而且大卖家打造起"小而美"的产品,也会更加得心应手。

(3)有些卖家刊登大量产品,类目繁杂,什么都卖,店铺像个百货超市,但销量却不见提升,产品同质化严重,在与同行竞争时,价格与服务方面也不占优势。这种类型的卖家也不妨考虑砍掉没有竞争力的产品,专注于某个细分领域,将某个类目的产品做好。

Part 4　关于打造"小而美"的品牌,你还应该知道这些

跨境电商市场每天都在快速变化,新的品牌不断崛起。中小卖家如何站稳脚跟,如何与同行竞争呢？前文提到,"小而美"是一条有利于卖家塑造品牌形象的道路。"小而美"的模式,关键不在于"小",而是在于"美"。那么,在亚马逊平台,卖家适合走"小而美"的路线吗？

一、亚马逊卖家适合走"小而美"路线吗

首家由传统工厂转型跨境电商并成功新三板上市的百事泰集团的董事长徐新华先生曾表示:"F2C,'小而美'的模式在未来的发展是肯定不会错的。"无独有偶,海贸会会长刘智勇也提到:"'小而美'的商业模式,将会是中小企业发展跨境电商业务的选择。"不仅如此,深圳千岸科技 CEO 何定也建议:"大家做'小而美'的产品,不要把摊子铺得太大,不要做太多的产品线,因为专注才会领先,当你足够专注的时候,全世界都会为你让路。要从自己擅长的、喜欢的、有优势的产品入手,并且做到差异化。"所谓英雄所见略同,是英雄们能够从纷繁复杂的现象中看出事件本质来:"小而美"的模式是亚马逊中小卖家的取胜之道,是有效运营亚马逊店铺的方法。那么接下来,我们看看怎样才能走好"小而美"的路线吧！

二、亚马逊卖家怎样走好"小而美"的路线

1. 定位

卖家们要走好"小而美"这条路线,首先要明确定位。

(1)对群体的定位。

针对哪个区域的买家？想为哪类特定的人群服务？只要是做买卖的,卖家想要赚钱,想要抓住核心客户群体,就需要先分析消费者的喜好,然后用产品或服务满足他们的需求。

(2)产品或服务的定位。

确定了为某一类特定的人群服务,那么,为他们提供什么样的服务或产品？高端的还是低端的？高价的还是低价的？也需要卖家有清晰的定位。

(3)品牌的定位。

"小而美"的品牌定位为高端还是低端，是走高冷尊贵的路线，还是走小清新的路线，也只有当卖家对客户群体、产品和服务有了清晰的定位时，品牌的定位才会明确。

2. 打造差异化

(1)产品差异化。

如何打造差异化？以前是"人无我有"，现在是"人有我异"。卖家不妨先研究一下自己的产品，觉得品质够好吗？功能够强大吗？颜色够养眼吗？放在市场上，会有多少个买家会看上？同时不妨对比一下别家的产品，或者看看平台上买家留下的反馈，通过对消费市场深入的调查，发现产品功能有缺陷，就去改进产品的功能；外观不够完美，就调整颜色或形状。这样，产品不就有差异了吗？

(2)服务差异化。

走"小而美"的路线，除了在产品上可以做差异化以外，也可以在服务和体验上做差异化。客户购买的不仅是商品，也是一种独特的服务或体验，如果能在情感和精神上得到满足，那就更完美了。像亚马逊平台，奉行客户至上，将对Prime会员的服务做到了极致。

越是高端的产品，就越需要注重服务的差异化。不过，要真正做到服务的差异化，并不是一件简单的事情。亚马逊卖家的客户主要分布在海外，如果卖家有足够的资金，可以考虑在当地建立售后服务团队；如果没有，也可以选择部署海外仓或使用FBA发货，采用快捷物流、客服退换货这些手段来打造最佳客户体验。

另外，可能有些产品很难做到差异化，比如像坚果这类产品，但国内电商三只松鼠却将服务做到了极致，客户购买这些产品时会送果壳袋、小夹子、胸针、湿巾等，包装严实，物流快速，从包装到味道到售后都无可挑剔，卖家也不妨以此作为参考。

三、打造"小而美"的产品，需要注意有哪些

走"小而美"路线，卖家需要面对和尝试解决的问题还有很多。在打造产品时，有哪些需要注意的呢？

1. 保证资金

打造"小而美"的产品，需要足够的资金。如果连资金都无法保证，很有可能会中

途折戟,得不偿失。打个比方,卖家在进行产品改进时,如果需要对颜色或材质进行替换,可能需要另起炉灶,开发独家所有的模具,投入的生产成本一定会增加。所以,只有保证了资金,才能保证产品品质。

2. 有持续的创新研发能力

选择走"小而美"这条道路,必须坚持、专注。关键点在于卖家有没有持续的创新能力,有没有自己的独门技术,能不能制造出受众喜欢的产品。如果卖家的产能不高,技术创新不够,打造的产品差异化不明显,那么打造出的"小而不美"产品,是难以被目标群体接受的。

3. 有知识产权保护措施

如果没有良好的知识产权保护措施,卖家的产品上市后可能存在被复制、被抄袭、被跟卖的风险。所以卖家在打造"小而美"的产品的时候,不妨也同步申请专利和注册品牌。

4. 控制产品数量

走"小而美"的路线,产品不宜过多。同时产品也要有所区分,比如说一些产品专门用来盈利,一些专门用来引流量,一些专门用来作招牌形象。

5. 更精准地推广营销

"小而美"的路线可以使卖家更加专注于产品,可能会带来更高的转化率,但同时也面临着覆盖人群有限的问题,因此推广营销需要更加精准到位。"小而美"的产品也需要经历市场的考验,不排除有些"小而美"产品的群体定位非常小众,市场不温不火,没有渠道的主动优势,这种情况下,很难将"小而美"的产品养成"爆款"。

 Part 5　想做大卖家,不知道产品如何定价少赚多少钱你知道吗?

对于亚马逊卖家来说,都要费心思处理一件叫作"定价"的小事儿。定价过高,容易吓跑买家,无法提高销量;定价过低,又无法赚到足够的利润。那如何定价才是上策呢?

一、影响定价的因素

1. 市场因素

(1)市场供需。

市场供需对产品价格有很明显的影响。当市场追捧一个新品,容易造成供不应求的局面,物以稀为贵,价格也会跟着一路上涨。但当产品上市一段时间后,商家们线上线下大量铺货,买家的选择趋向多样化,卖家的利润被稀释,价格也会跟着下降。同时,各个行业研发新品的速度是非常快的,当功能类似的新产品出现,旧产品对买家的吸引力也会下降,降价是必然的。

(2)竞争对手的价格。

亚马逊平台上的卖家成千上万,卖家之间知己知彼,相互竞争,有时候竞争对手的价格,也会成为同行卖家进行产品定价的参考。

2. 产品成本

(1)平台月租和佣金。

如果是以专业卖家的名义在亚马逊平台上销售产品,除了要交月租以外,亚马逊会根据卖家销售的不同类目的产品,收取不同比例的佣金。这部分费用,精明的卖家肯定会计入产品定价中,转嫁给消费者。

(2)生产成本。

产品的生产成本包括原材料、研发、生产、人工等方方面面的成本。总体来说,生产高端的、品质好的产品要比生产低端的、品质一般的产品的成本要高出很多。如果卖家对产品进行改良或微创新,成本也会增加。

同时,并非所有的卖家都有工厂,可以控制生产成本。没有工厂的卖家们只能寻找代工工厂,或者在市场上进行产品开发和采购。采购成本对产品售价也有影响,如果产品的采购成本高,卖家为了保证利润,定价自然会高一些。

(3)运输费用。

产品从出厂到线上销售,运输成本也不小,也会影响产品的售价。如果卖家选择使用FBA发货,会产生FBA头程运输费用和FBA仓储费等。

3. 企业因素

(1)预期利润。

有些卖家在选品时或上架产品前会预估产品的市场前景和利润,有些卖家对自家产品很有信心,对利润的期望值就会高一些,可能是定价的几成,也有可能是成本的几倍、十几倍。

(2)品牌形象定位。

产品品牌定位不同,设的价格区间也不一样。走低端市场路线的品牌,价格会偏低;走中端市场路线的品牌,价格适中;走高端市场路线的品牌,价格偏高,但其产品与服务也都是高端的。

(3)营销推广费用。

卖家为了扩大销量,提升产品人气,会在亚马逊站内或站外的社交媒体平台做付费营销推广,这也会产生一笔不小的推广费用。

(4)资金周转。

有些企业为了减少风险,快速运转资金,会加快产品的销售周期,在定价方面,不会将价格设得太高。相反,有些企业为了冲销量,可能掀起价格战刺激市场。

(5)其他因素。

卖家在亚马逊不同站点开店,直面不同国家的消费者,而消费者的消费习惯也会影响卖家对产品的定价。

二、了解行情,进行比价

综上所述,影响产品定价的因素是多种多样的。卖家在定价之前往往都会先比价。

亚马逊平台很大,卖家的产品价格也很透明。只要动动手指,就能查到竞争对手的产品售价。在为自己的产品定价时,为了图方便,卖家是不是可以直接抄别家的价格呢?当然不可以这么盲目。每个店铺的盈利目标不一样,定价政策不一样。如果照搬别家的价格,将带来极大的风险,这一点卖家要切记。

另外,不同类目的产品,利润也是不一样的。如果卖家所选择的品类竞争十分激烈,那么利润可能会偏低。如果所选的产品是冷门的,竞争比较小,那利润可能会偏高。

三、价格与销量之间的秘密

当卖家透过价格研究竞争对手的销量时,可能会发现以下两种情况。

1. 买家偏向购买有品质保障的产品

同类的高价值产品,如珠宝首饰,有些店铺把价格定高了,销量反而比价格低的店铺要好。这是为什么?如果两家卖的产品类似,能左右买家在哪家购买的因素无非就是看哪家产品的评分、评论、排名这些数据更有说服力了。试想,如果卖家的产品刚上架,没什么评价,评分不高,排名不好,就算价格比较便宜,买家也很难判断这个产品是否值得购买。但如果产品上架时间比较久、评价数量多、排名靠前、评分高、有口碑,买家会觉得这个产品是经过市场考验的,虽然价格偏贵,但钱花得放心。

2. 较低的价格对销量具有拉升作用

买家如果看中一些热销类目里的产品,如服饰、箱包这些价值相对不是特别高的产品,购买时除了参考图文、详情描述以外,也会考虑价格。如果价格过高,超出买家的购买能力范围,买家会搜索别的店铺是否也在卖这个产品。如果别家也在卖这个产品,而且价格比较低的话,买家肯定会选择价格低的店铺进行购买,定价过高的卖家就错失商机了。

那么,卖家在什么情况下会设置低价呢?

(1)只做短期买卖想赚快钱的卖家,或者产品没有什么竞争力的卖家,为了销量拼命拉低价格,但产品质量不一定有保证。

(2)刚起步的卖家,为了积累人气,在产品刚上架时设的价格会偏低,以让利的形式吸引买家,等有一定销量,产品有一定的人气时再提价。

(3)有些卖家将低价销售作为营销策略,长期低价,或者经常做低价促销。不过这种卖家应该很有实力,对产品质量、产品成本、货源有很好的控制力,即使低价销售也有足够的盈利空间,同时在推广营销等方面也做得很成功。

Part 6 这样进行产品定价可以让你的利润最大化!

亚马逊卖家应该如何给产品定价呢?往下看,这里有最直接的办法。

一、亚马逊商品的一般定价公式

一提到定价,很多人会问,我使用了FBA发货,该怎么进行产品定价呢?

不妨参考以下公式(仅供参考)。

FBA产品售价=(产品成本+FBA头程费用+FBA费用)×(1+利润)/(1-佣金)

产品成本:包括生产、推广、税务、人工等方面的成本。

佣金：根据不同的品类，亚马逊收取不同比例的佣金，一般为8%～15%。

FBA 头程费用：包括物流运输费、清关费等；FBA 费用计算可参考本书第七章 Part 1 提到的计费公式。

在产品定价之前，卖家先确定产品的定位，决定是走高销量路线还是走高利润路线。走的路线不同，定价的策略也不一样。不过有一点要切记，产品售价不能引起买家的反感。

二、产品在不同阶段的定价方法

同一个产品，有竞争对手和没有竞争对手的定价策略是不一样的。同时产品在不同的阶段，定价思路也是不一样的。

1. 新品上架阶段

当卖家的产品刚上架时，没有好评，没有星级评分，没有忠实粉丝，产品处于无竞争力状态，如果产品价格设成跟成熟卖家的价格一样，试想下会有人买吗？

当然不会。所以，在新品上架之初，为了让买家有良好体验，让产品快速切入市场，卖家们不妨将价格设低一些。但是，也不能设得太低，那样非但赚不到应得的利润，反而会让买家低估商品的价值，甚至怀疑卖家在卖假货。

2. 产品成长阶段

当卖家产品的销量、好评、星级评分各项指标有了一定的基础，但忠实粉丝还是较少，处于成长阶段时，卖家可以稍微提一下价格，或者将价格控制在比竞争对手的价格稍低的范围。

3. 产品成熟阶段

当卖家的产品销量已经很稳定了，排名、流量、星级评分、销量各方面的指标都很不错，在市场上积累了不少的人气，表现已经远超一般卖家，从各方面的数据都能看出是"爆款"或"准爆款"。在这个层次的产品，比价功能已经弱化，更多的是代表了品牌形象与店铺定位。那么卖家可以放心地将价格调得比市场价高一些了，忠实的买家也不会因为卖家提价而离开。

4. 产品衰退阶段

当产品慢慢地进入衰退期时，市场会推出新的功能更加完善的产品取而代之，消费者的忠诚度也会下降，需求也会逐渐减弱，销量与利润都会大不如前。此时卖家也没必要继续强推这个产品,如果还有库存,可以进行清仓处理,如满减、打折、包邮等。

三、定价的小诀窍

1. 数字"9"的催眠作用

在各大电商平台上,很多产品的价格都以"9"为尾数。如 9.99 美元、49.99 美元、99.99 美元。在亚马逊上,一部儿童平板电脑售价 99.99 美元,有人可能会问,直接卖 100 美元不是更方便吗?为什么要设成 99.99 美元呢?

这就跟客户的心理因素有关了,相较定价为 100 美元的平板电脑,买家会更愿意去购买定价为 99.99 美元的产品,哪怕售价实际上只差了 0.01 美元,但在客户心理上的反馈却有着天壤之别。前者让客户认为价格只有两位数,不是很贵,后者让客户觉得是三位数的价格,还要再考虑。

卖家在定价时,除了考虑成本与利润外,还要顾及买家的心理因素。亚马逊平台上有很多产品的价格都以"9"为尾数,这招真的很有用。

2. 差别定价

卖家在定价的时候,可以把功能类似的同系列产品一起陈列标价,并试着推出价格较高的产品来影响价格较低的产品。举个简单的例子,逛街时看见的服装店,店家总是喜欢把 39 元、69 元、99 元三种价位有差别的衣服排列在一起。在 99 元产品的衬托下,消费者会觉得 39 元的衣服很便宜,从而刺激消费。在亚马逊平台上,定价也是如此。通过分等级定价,令产品之间存在价格差别,对销量有很大的刺激作用。

四、价格调整策略

合理的定价能让卖家获得更多的利润与市场份额,价格战略是卖家经营战略中的一部分,适时地调整价格,是很有必要的。

1. 按市场需求调整价格

产品的价格不会一成不变,当一个产品供不应求时,就算是价格调高了也会有人抢着要。所以当卖家的产品处于新品上架或成长阶段时,可以根据市场需求来灵活调整价格。

2. 在促销季、节假日调整价格

每个电商平台、店铺在不同时间都会有不同主题的促销活动。在亚马逊平台,除了有会员日以外,也会在欧美国家的重大节假日如情人节、万圣节、感恩节、圣诞节等进行促销。节假日作为营销的黄金时期,卖家一定要制定相应的促销策略,并进行大规模的价格调整。

3. 因其他情况调整价格

其他情况下也可以调整价格,比如说原材料成本上涨、运费成本上涨、人工成本上涨,都可以考虑调整价格。

不过需要注意的是,价格调高后排名会受到影响,销量也有可能因此而产生变化。没有特殊情况,建议不要频繁修改价格。

第二节 产品上传也有大学问——产品刊登

Part 1 亚马逊上淘金的你,别因为不懂分类审核而耽误了产品上架

为了给用户提供良好的购物体验,亚马逊可以说是下足了功夫,处处为用户考虑而对卖家进行指导和约束,比如产品审核就是如此。亚马逊官方规定,亚马逊卖家账户申请成功之后,需要选择销售产品的方向,其中有些品类的产品只有审核通过之后才可以在亚马逊平台上进行销售,这就是分类审核(Categories and Products Requiring Approval)制度。

一、分类审核的原因

亚马逊一方面需要通过网站产品数量的扩大和产品种类的增多,来为用户提供更多选择,但另一方面为了让用户买到放心的产品,亚马逊也必须确保卖家能提供高质量的购物体验。所以,亚马逊不仅对现有卖家进行严密的监控以确保其能提供高质量的商品,对新卖家所上传的产品也会进行严格的审核,以防止出现市场担忧的产品安全、质量缺陷或者进出口限制等问题。这反映出亚马逊对用户的重视和负责任的态度,也是亚马逊重用户、轻卖家的一个体现。

二、审核项目的相关规定

亚马逊官方规定了需要审核、不需要审核以及禁售商品的类目,在其官网可以查询(本书主要介绍美国站)。主要的几个产品类目(包括需要审核的和无须审核的两部分)如下所示。

1. 目前需要审核的类目

(1) Automotive and Powersports(汽车及机动车)。

(2) Clothing、Accessories and Luggage(服饰、饰品、箱包)。

(3) Collectible Books(书籍收藏)。

(4) Industrial and Scientific(工业、科学)。

(5) Jewelry(珠宝)。

(6) Shoes、Handbags and Sunglasses(鞋、手袋和太阳镜)。

(7) Sports Collectibles(体育收藏品)。

(8) Toys and Games(玩具、游戏)。

(9) Watches(手表)。

(10) Beauty Category;Requirement and Application(美容化妆)。

(11) Health and Personal Care(个人护理健康)。

2. 无须审核的类目

(1) Camera and Photo(照相机、摄像机、相片)。

(2) Electronics(电子产品)。

(3) Software(软件)。

(4) Toys and Games(Additional Holiday Approval May Apply)(玩具、游戏)。

(5) Video Games(视频游戏)。

需要说明的是,除了禁售商品外,以下类目的二手商品也不可以出售:Beauty(美妆)、Clothing(服饰)、Accessories and Luggage(饰品和箱包)、Jewelry(珠宝)、Shoes(鞋)、Toys and Games(玩具和游戏)、Watches(手表)。

三、卖家如何判断哪些类目需要做分类审核

1. 按照官方列举的产品类目进行判断

可以参考以上所列的分类审核类目进行判断。

2. 根据能否选择节点分类来判断

根据在创建新产品时能否选择节点分类来判断。如果产品类别未在下方列出,可能是因为需要批准、受到限制或分类申请正在审核中。只有通过了分类审核,才有节点可选,才能刊登产品(见图 4.7)。

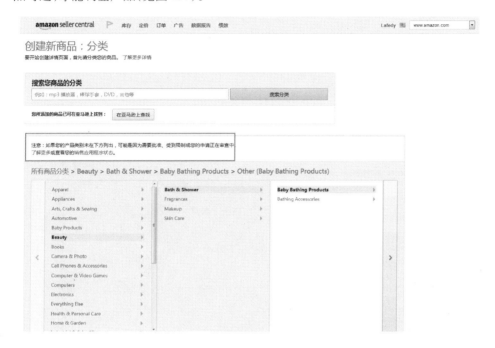

图 4.7　根据分类节点判断

3. 跟卖按钮检验

在亚马逊首页搜索同类产品看是否能够跟卖,若搜索出来的同类产品的详情页面没有"Sell on Amazon"或"Sell Yours"这样的跟卖按钮(见图 4.8),则说明这个产品所在的分类是需要通过亚马逊分类审核才能销售的。反之,则不需要审核。

四、卖家如何申请分类审核

以美国站为例。卖家登录后台,在搜索栏输入"category",进入图 4.9 所示页面。

再点击"Categories and products requiring approval",进入图 4.10 所示页面。

选择自己产品所在的类目,点击进入该类目的分类审核要求页面(以下以汽车配件类目为例)。建议先仔细阅读要求(见图 4.11),便于分类审核可以顺利通过。

看完要求后点击"Request approval"进入图 4.12 所示页面,正式开始申请。

图 4.8　检验跟卖按钮

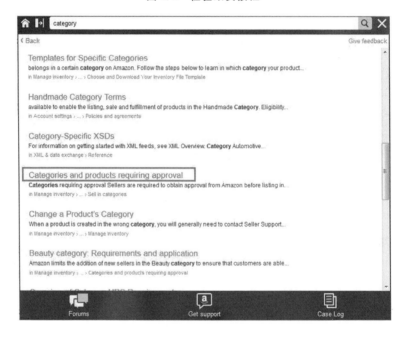

图 4.9　搜索 Catagory

填写完成图 4.12 所示栏目,点击"Submit"提交即可。需要说明的是,每个类目的申请页面是不太相同的,以上为汽车配件类产品的审核申请页面。

提交了申请之后亚马逊将会向卖家的注册邮箱里发送一封邮件,告知卖家申请已收到,会在 24 小时内回复。此外,卖家的后台也将会产生一个汽车配件分类审核的提示。卖家要做的就是跟踪并及时回复,按照亚马逊的要求进行就可以了。

第四章 亚马逊基础——产品

图 4.10 进入分类审核页面

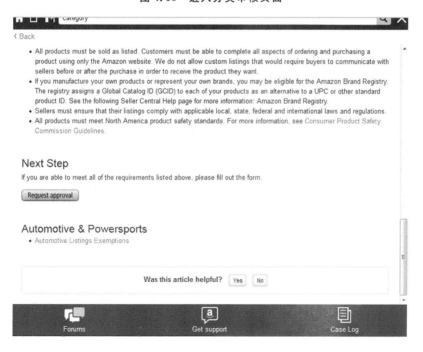

图 4.11 审核要求

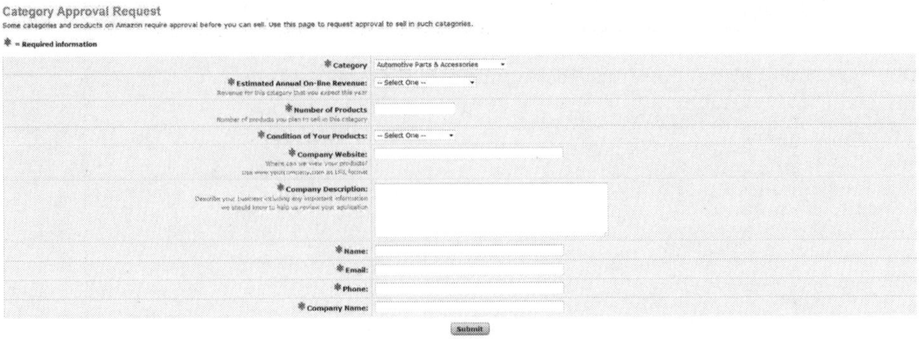

图 4.12　填写相关栏目

需要提醒的是,申请分类审核前,需要准备好之后用来添加产品的 UPC 或者 EAN 码。另外,所准备销售的产品的图片必须是白色背景的。

Part 2　亚马逊卖家如何赢在产品刊登,成为同行中的佼佼者?

想要运营好亚马逊,刊登产品是一项基本功,那么如何练好这项基本功呢?

所谓的刊登,也就是我们所说的上传产品,对于卖家自建产品页面的,亚马逊提供 2 种上传方式:单个上传和批量上传。下面专讲单个上传产品的方法,不过还是先提醒一下,卖家要遵守亚马逊的销售政策,不得上传涉嫌侵权、假冒伪劣的产品,某些类目的产品,上架前需要预先审核。

(1)进入卖家后台,鼠标移动到"INVENTORY"(库存),点击"Add a Product"(添加新产品),见图 4.13。

(2)在"Add a Product"页面点击"Create a new project listing"(创建一个新的项目清单)。

卖家要正确选择产品所归属的类目,点击"Select"(选择)按钮,如果无法确认产品具体属于哪个类目,可以在顶端的"Search for your product's category"中输入关键词(见图 4.14),点击"Find category",能搜索到该产品所属的类目。

(3)输入上传产品的基本信息,带"＊"号的是必填项。

亚马逊平台上的产品上传需要填写较多的信息,如"Vital Info"(重要信息)、"Var-

第四章　亚马逊基础——产品

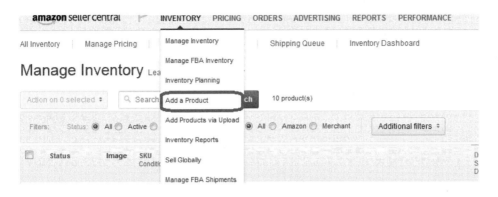

图 4.13　添加产品

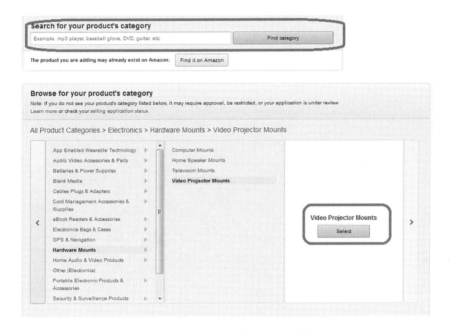

图 4.14　搜索产品所属类目

iations"(变体信息)、"Offer"(提供)、"Images"(图片)、"Description"(描述)、"Keywords"(关键词)、"More Details"(更多参数),见图 4.15。

(4)"Vital Info"(重要信息)栏目必填的内容如下。

"Title":标题。需要填写与产品有关的要素(如品牌、产品描述、产品系列或型号、材料或主要成分、颜色、尺寸、数量等)。亚马逊规定标题不能超过 200 个字符,要短小精悍,切忌堆砌重叠。同时也尽量不要使用买家无法理解的缩写,不要有中文式的英文拼写。不然无法通过审核,容易影响买家的购买体验。

"Manufacturer":制造商。必须填写制造商名称,如果没有制造商名称,则填写品牌名称。

"Brand":品牌。产品上传时填写品牌,能在前端以品牌的分类存在,相同产品填写同一个品牌名称,那么买家就能在前端搜到这个品牌所有的产品。所以卖家需要将品牌名称填写正确,方便买家搜索。

"Product ID":产品 ID。亚马逊规定要有 UPC 码才能上传产品。一个 UPC 码对应一个产品,为了防范风险,建议卖家通过正规渠道购买 UPC 码(北美站要提供 UPC 码,欧洲站需提供 EAN 码)。

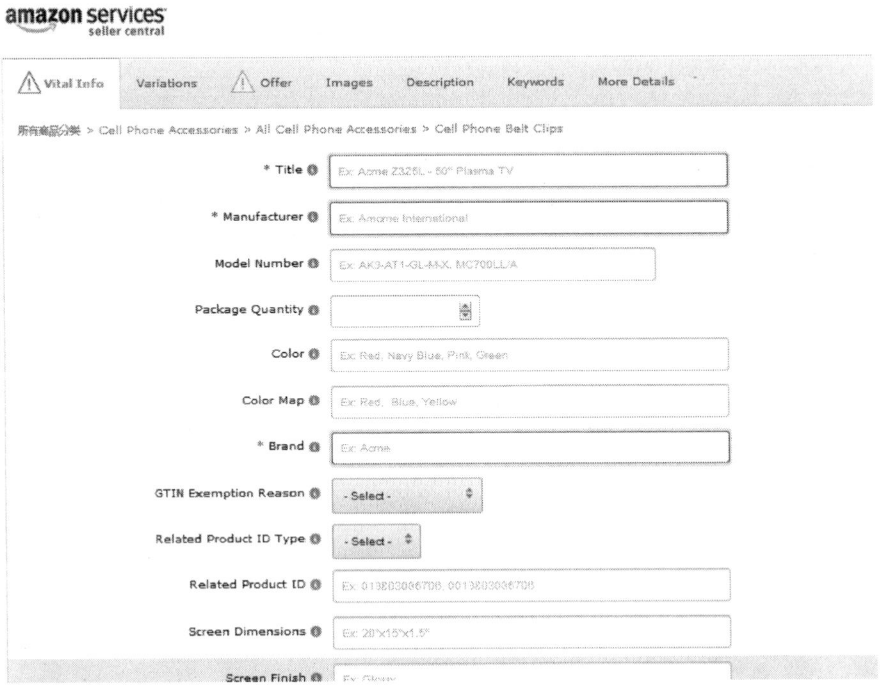

图 4.15　输入产品信息

(5)"Variations"(变体信息)栏目,非必填项目(见图 4.16)。

如果卖家在上传产品时出现了"Variations"这个栏目,那么表明这个类目支持变体,所传的产品是变体产品。所谓变体产品,是指产品有颜色(Colors)、尺寸(Sizes)的属性。产品有颜色或者尺寸的单一变体,或者是颜色+尺寸的组合双变体。变体后,当卖家在浏览产品页面,选择不同颜色或尺寸时,产品的图片会随之变化。

第四章 亚马逊基础——产品

图 4.16 变体信息

但并不是所有类目都支持变体,一般是服饰、鞋、珠宝这些产品可以填写变体信息。

在填写变体信息时,完善每个子体的"SKU""Product ID"(UPC 码或 EAN 码)、"Your price"(售价)、"Condition"(新品选"New")、"Quantity"(数量)等信息(见图4.17)。

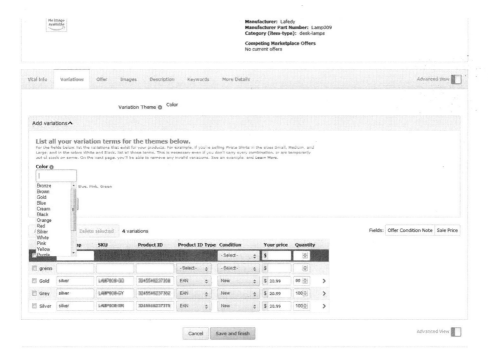

图 4.17 完善子体信息

接下来,跳到下一步填写"Offer"(提供)栏目的信息。如果是填写了三个颜色的产品信息,待刊登毕再返回产品列表,找到变体产品,可以看到变体中的父体会分出多个独立的子体(见图 4.18)。

图 4.18 父体分成多个子体

变体后,卖家可以对子体进行编辑。由于父体没有实际销售意义,所以,如果卖家日后要将自发货要转换为 FBA 配送,则勾选子体进行转换。

(6)填写"Offer"(提供)栏目信息,必填项如下。

"Quantity":库存数量,尽量如实填写,避免日后出现买家下单后无货可发的尴尬情况。

"Condition":产品状态,新品选"New"。

"Your price":产品的出售价格。

与价格相关的,还有"Sale Price",即产品的促销价,非必填项,卖家做促销时可以设置,且必须设置促销起始时间。在促销时段内,产品以促销价出售,而"Your price"则以灰色删除线呈删除状态,见图 4.19。

(7)"Images":图片上传。

第一张是主图,主图必须是纯白色背景。其他为辅图,最多可以上传 8 张辅图,见图 4.20。图片对买家有很强的视觉冲击力,卖家需要保证图片的质量。在首次上传产品图片时,图片不会立刻上传成功,需要等产品信息都填写完毕,点击"Save and finish"按钮后,图片才会上传成功。

(8)"Description"(描述)栏目里需填写产品的特性、吸引点,增加买家对产品的了解。在"Description"栏目里"Bullet Point"和 "Description"中填写的内容,会在前端显示,见图 4.21。

"Bullet Point"(卖点)。此处填写产品的主要功能和亮点或与众不同之处。有些类别的产品可以填写 5 个要点,每行 100~500 个字符。

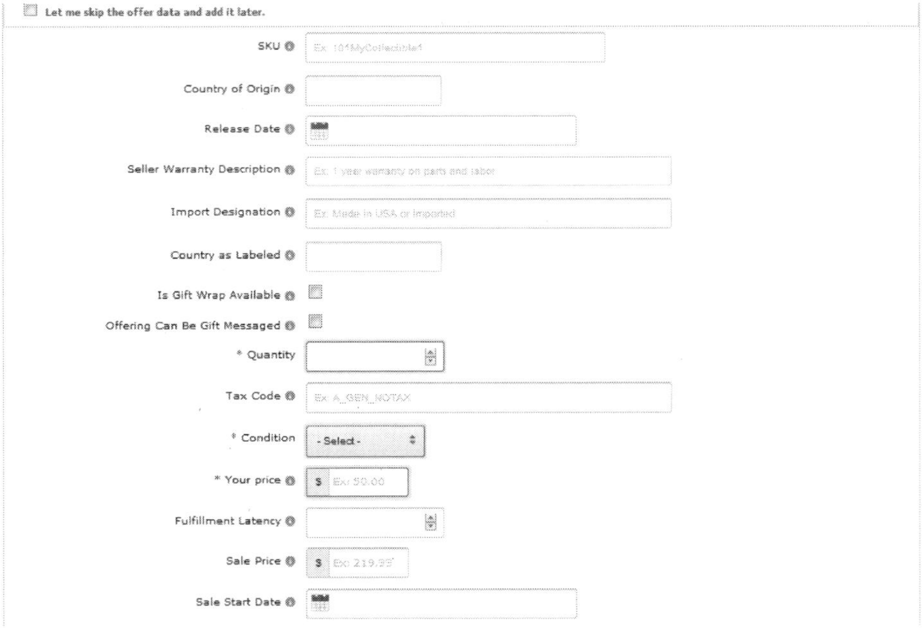

图 4.19　填写"Offer"栏目信息

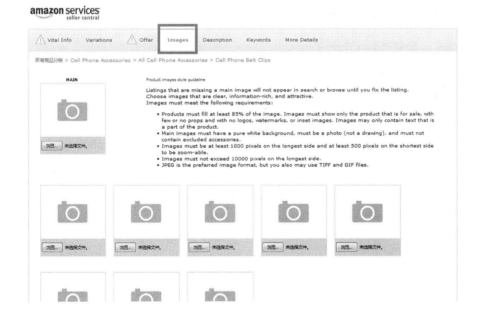

图 4.20　图片上传

"Description"(产品描述)。如果在"Description"框里直接输入文本,文本会没有空格、加粗的变化,所以卖家需要使用代码。

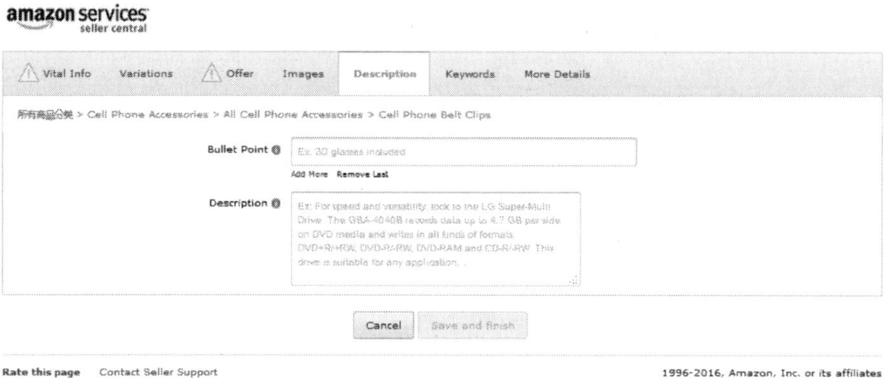

图 4.21　填写描述信息

需要换行的代码如下。

第一行内容< br>

第二行内容< br>

第三行内容< br>

以此类推。

需要加粗的代码如下。

< b>需要加粗的内容

(9)"Keywords"(关键词)栏目,非必填项。

在有些类目也叫"Search Terms"(搜索词)(见图4.22),此栏可以输入与产品有关的关键字,但注意不要有重复及拼写错误,也不建议为了蹭热销产品的搜索排名而刻意写一些与产品无关的关键词。

(10)"More Details"(更多参数)栏目,非必填项,卖家选择性填写。

可进一步补充产品的参数,比如"Weight"(重量)之类的信息(见图4.23)。

所有信息填写完成之后,点击"Save and finish"完成产品上传。因为亚马逊平台的系统原因,往往需要等待5分钟左右,产品才会在后台显示。

其实,单个上传产品的过程并不复杂,为了提高效率,卖家也可以提前整理好产品的图文详情。在上传完毕后,如有需要,卖家可以再进行编辑或者优化。

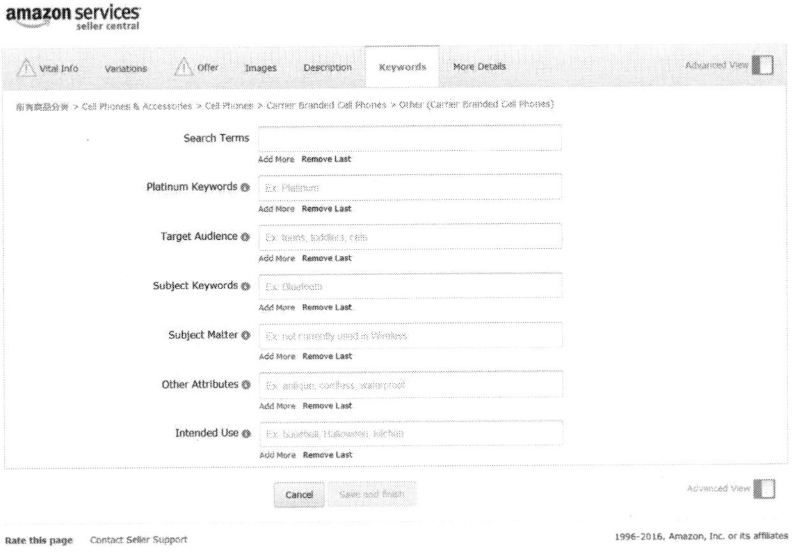

图 4.22 填写关键词

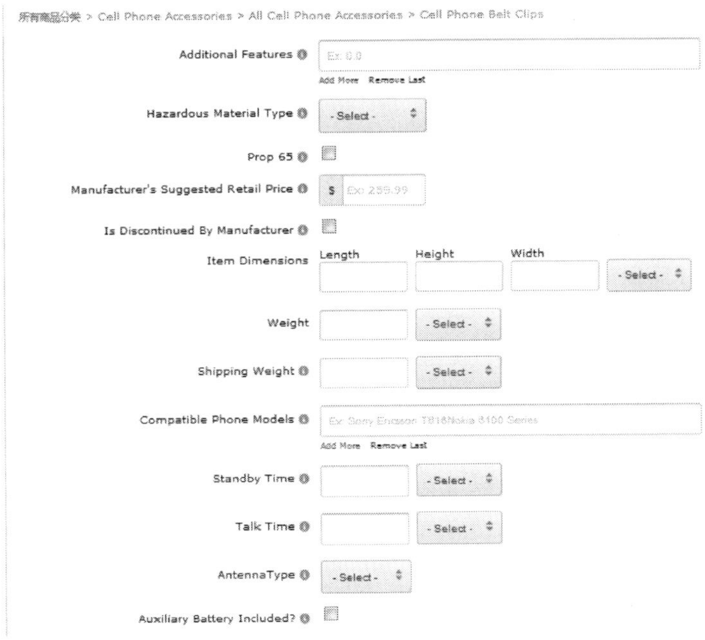

图 4.23 补充更多参数

Part 3 产品销量不太好？有可能是因为没有按要求上传图片

逛过亚马逊的买家们都知道，亚马逊网站上的商品图都是非常简洁的，跟很多其他购物网站不是同一个风格。下面我们来了解一下亚马逊平台对产品图片的要求。

一、亚马逊的商品主图、辅图、详情

商品主图：是亚马逊商品的第一张图片，其他的为辅图。商品主图必须是纯白色背景，展示单一商品，见图4.24。

图 4.24 商品主图

商品辅图：对商品做不同侧面的展示，对无法在主图中凸显的商品特性、形状做补充，亚马逊商品中最多可以配8张辅图。建议也和主图一样，用纯白色背景。

商品详情：除亚马逊中国站以外，只有大卖家才可以在详情里放置图片。普通卖家只能在商品详情中录入文本，介绍商品。

二、亚马逊对商品图片的要求

亚马逊对商品图片的要求比较高，以下是从卖家后台下载的图片标准，本文将对这个标准进行解读，以方便大家理解。

(1)图片必须准确展示商品，且仅显示用于销售的商品，尽量少使用或不使用展示模特。

解读：图片中要展示单一商品，商品要明显，图片需有真实性，不宜过度修图。保持图片真实、保证质量的商品才能吸引买家下单。有些类型的商品是不能用真人模特或模型模特来展示的，而有些类目的产品则尽量少用。

鞋子：主图必须是纯白底，不能出现模特，展示单只左脚鞋，鞋尖朝向左下角。

服装：主图必须是纯白底，服装只能是平铺或者穿戴在模特身上，不能用模型模特。

(2)主图必须具有纯白色背景（纯白色可以与亚马逊搜索页面和商品详情页面相融合，RGB值都为255、255、255）。

解读：亚马逊的搜索页面和商品详情页面都是纯白色的，卖家也要符合其规定，主图的背景必须是纯白色的，RGB值为255、255、255。纯白色的背景标准虽然要求高些，但能给买家留下想象的空间。此外，主图也要求无边框，图片内容必须是彩色的。

辅图图片虽然没有强制要求，但建议与主图的背景色一致，使用纯白色背景。

(3)主图必须展示实际商品（不能是图片或插图），且不得显示无关配件，可能令买家产生困惑的支撑物，不属于商品一部分的文字或徽标、水印、嵌入图片。

解读：这句话有以下四个要点（见图4.25）。

①商品图片最好是实物实拍，不能是盗来的假图片或者是手绘的插图，强调展示商品的真实性。

②图片除展示出售的商品以外，不能有其他装饰物出现，不然很容易让买家误以为是赠品或附属品。比如一件衣服要放在网上出售，按照某些购物网站卖家的做法，为了更容易吸引买家购买商品，在拍摄商品图时会加入手链或者眼镜等小物品作为装饰，这样很容易让买家误以为是附属品或是赠品，亚马逊是不允许的。

③主图不能带Logo标记和水印，除非商品本身自带Logo（卖家的商品也不能侵权）。在某些电商平台，卖家为了防止别家盗图，往往会在图片背景打上"版权"的烙印，但在亚马逊是恰恰相反的，图片上是不能出现Logo水印的。

图 4.25　主图要求

④亚马逊的商品图片上不能出现有关商品的任何描述性文字,比如这件衣服是什么材质的、产自哪里、码数多大等,除非商品或外包装本身有文字。

(4)商品必须占据图片区域中 85% 或以上的面积。

纯白色的背景之下,商品要占据图片 85%~100%的面积,重点突出商品。

(5)图片的高度或宽度应至少为 1000 像素。最小尺寸要求可在网站上实现缩放效果。事实证明缩放功能可以提高销量。在缩放到最小时,文件在最长边可以具有 500 像素。建议使用尺寸一致的图片。

解读:对商品图片尺寸的要求如下。

①产品图片最长边必须至少为 1000 像素。当图片的高度或宽度至少为 1000 像

素时,该图片具有缩放功能,卖家能放大图片局部查看商品细节,这个功能具有增加销售量的作用。

②图片最短边的边长不能低于500像素,否则无法上传到亚马逊后台。图片太小了,也不方便买家查看商品,建议卖家在上传商品图片时,边长设为1001像素以上。

③在上传主图与辅图时,建议尺寸一致,这样会比较美观。

(6)亚马逊接受JPEG(.jpg)、TIFF(.tif)或GIF(.gif)格式的文件(首选JPEG)。

解读:商品图片格式可为JPEG(.jpg)、TIFF(.tif)、GIF(.gif)。不过推荐卖家选用JPEG格式的图片,在上传时速度会快些。

(7)商品不得置于人体模型上。

解读:商品不能放置在人体模型上,但是可以穿戴在真人模特身上。比如鞋类商品,但穿在模特脚上的图片只能作为副图,不能作为主图。

(8)商品必须具有良好景深,即图片完全聚焦。

解读:强调商品图片要抓住买家的视线,要突出商品,弱化背景。

(9)商品必须在图片中清晰可见(例如,如果穿在模特身上,则模特不可采取坐姿)。

解读:再次强调图片要完整、清晰。如果商品穿戴在模特身上,如服装模特应站立,正面朝前,不能侧身或者坐着,要完整地展示商品。

(10)图片不得包含裸体。

 Part 4 亚马逊UPC码新政意欲何为?兼谈EAN商品码

近期,亚马逊出台了新政策来规范产品标识码,UPC码不符合国际物品编码协会(Global Standards 1,GS1)的要求将被视为无效,相关的产品将被亚马逊下架,而且有可能暂时或永久性限制卖家创建ASIN并冻结销售权。下面借着亚马逊的新规来谈谈商品标识码的问题。

一、商品标识码 UPC 和 EAN 的基础知识

采用商品标识码的意义在于方便管理、存取方便、提高效率。UPC 码就是商品标识码中的一种,美国统一代码委员会于 1973 年建立了 UPC 代码系统,并全面实现了该码的标准化。它是商品信息的符号,通过电子扫描可以读取该商品的产地和其他相关信息,除 UPC 码外还有 EAN 码,中国取用的是 EAN 码。

EAN 码(European Article Number)是国际物品编码协会制定的一种商用条码,全球通用,分配给中国物品编码中心的前缀区间为 690~699,再由中国物品编码中心统一分配企业代码,产品代码则由制造商根据规定自己编制。

EAN 码是在 UPC 码的基础上确立的商品标识符号,并根据 UPC 码的相关经验进行了发展和创新,它们都被 GS1 所承认,但在技术层面上,EAN 系统的光电阅读器可以识别出 UPC 码,而 UPC 系统的光电阅读器相对落后一些,无法识别出 EAN 码。这也是在亚马逊上 UPC 码可以被 EAN 码所替代的原因,EAN 码可以用来在北美站上传产品,而 UPC 码却不能上传到欧洲站。

虽然国际组织多年前就希望在全球范围内统一采用 EAN/UCC-13 代码标识系统,但由于很多北美地区的用户使用的数据文件仍不能与之兼容,所以目前仍需要采用以 UPC-A 或 UPC-E 表示的 UCC-12 编码结构。

由于国际上存在着这两套主流的编码系统,我国商品在出口时,销往美国和加拿大的要使用 UPC 码,销往其他国家和地区的则需使用 EAN 码。

标准 EAN 码和标准 UPC 码的结构如下。

标准 EAN 码:国家码(2 位或 3 位)+厂商码(5 位或 4 位)+商品码(5 位)+校检码(1 位)。

标准 UPC 码:系统码(1 位)+厂商码(5 位)+商品码(5 位)+校检码(1 位),需要注意的是在 UPC 码前面加 0,UPC 码就变成了 EAN 码。

二、如何在亚马逊上使用 UPC 码和 EAN 码

商品标识码 UPC 码和 EAN 码,具有永久性和唯一性,所谓永久性就是指产品代码一经分配就是终生的,哪怕该产品不再生产和销售了,其 UPC 或 EAN 码也只能留起来,不可以再分配给另外的产品使用,唯一性是指产品在价格、名称、码数、材质、包

装等方面如果有不同,不能使用同一个 UPC 或 EAN 码,必须重新进行编码。

比如一款背包,有 1 个尺码,5 种颜色,那就要用 5 个 UPC 或 EAN 码;如果有 3 个尺码,5 种颜色,就需要 15(3×5=15)个 UPC 或 EAN 码;如果有 3 个尺码,5 种颜色,2 种包装,就需要 30(3×5×2=30)个 UPC 或 EAN 码。

三、亚马逊推行 UPC 码新政的目的

目前亚马逊上的商品实在是太多了,产品的质量变得良莠不齐,而且有着上百万雷同的产品,这给买家带来了糟糕的购物体验。长此以往不但买家会流失掉,对塑造亚马逊这个品牌也没有任何益处,尤其是一些卖家为了降低产品的成本,选用某些第三方平台低价售卖的没有审核证书的 UPC 码,更降低了买家对亚马逊平台的信任度。

亚马逊表示会严厉打击使用伪造或者错误 UPC 码的卖家,对已入驻的卖家进行一次筛选,亚马逊希望借助 GS1 的数据库信息来净化自己的产品库,保证每个产品只刊登一次,减少卖家重复铺货的机会。

一些卖家的产品,虽然和亚马逊上已在出售的产品相同,但却选择了自建产品页面,通过上传不同角度拍摄的产品照片,上传购买的 UPC 码,得到更多的曝光和展示。这一次亚马逊审查 UPC 码,会对不合格的卖家和产品进行处罚,促使卖家输入商品真正的 UPC 码,再将同一 UPC 码的商品合并到相同的页面,即同一个 ASIN 上,最大限度地限制重复刊登。

与此同时,此举还在侧面对传统外贸品牌商和外贸工厂的入驻起到了促进作用,实现良币驱逐劣币,向优质的卖家抛出橄榄枝,让他们来服务亚马逊优质的买家。那么何谓优质的卖家呢?即卖家的产品质量好,产品微创新,产品做品牌。

四、UPC 码新政下如何得到 UPC 码

(1)如果是品牌商,可以在亚马逊上申请品牌保护,成功申请后亚马逊会给到卖家一个 GCID 码,可用 GCID 码代替 UPC 码,不但免去了上传 UPC 码的烦恼,也能省下购买 UPC 码的费用。从这一点也可以看出,亚马逊是鼓励品牌商入驻,鼓励卖家申请商标建立品牌的。

(2)如果是生产商,建议直接通过 GS1 购买属于自己的 UPC 码,中国卖家向中国物品编码中心进行申请,其官方网站是 http://www.ancc.org.cn/。申请时需要提供

营业执照和组织机构代码,根据企业类型的不同缴纳不同的费用。

(3)如果不是工厂或生产商,没有资格去申请属于自己的 UPC 码,目前来说最好让关系不错的供应商去申请,申请下来后授权给自己使用,每年可以交给他一定的使用费,同时拿着授权去投诉冒用自己 UPC 码的竞争对手。其实,想要做好亚马逊,要么有自有品牌和工厂,要么有自有品牌然后和工厂良性合作,要么就是拿到品牌在某个站点的销售授权书(比如美国站或者日本站的,最好是独家授权)。

(4)如果在冒用别人的 UPC 码,或者 UPC 码是属于自己的,但是用产品 A 的 UPC 码来上传产品 B,以达到多创建产品的目的,那么一定要及时转型。因为知识产权越来越受到重视,如果不改正这些不良行为,比如侵权、刷评、剽窃等,最终的结果一定是被下架产品和封账号。

(5)当然,亚马逊的整治和清理速度或许没有那么快,对于一些中国卖家而言,还有调整和转型的机会。如果不得不购买 UPC 码,最好不要通过非正式渠道购买,也不要使用由自动生成器生成的 UPC 码,现在亚马逊对以 5 或 05 开头的 UPC 或 EAN 码审查得较为严格,一定不要购买这样的 UPC 或 EAN 码。

Part 5　UPC 码、EAN 码、ASIN 码……一网打尽卖家所需的各种码!

在本节 Part 4 中,我们介绍了什么是 EAN 码和 UPC 码。在亚马逊平台上,除了经常听到这两个编码以外,还有一些编码也是我们经常要用到的。比如说 SKU、ASIN 码、ISBN 码。那哪些码是卖家可以自己编制的,哪些又是需要购买的呢?

1. SKU(Stock Keeping Unit)

SKU 是商品库存进出计量的基本单元,由数字或字母组成,也可以由两者混合搭配组成。SKU 一般可以由卖家自行编写。当一个产品有不同的颜色、尺寸等,就有多个 SKU。比如一款鞋,有红、白 2 种颜色,每种颜色都有 S、M、L、XL 4 种码数,那么这款鞋就有 8 个 SKU。

关于 SKU 的编写规则,亚马逊并没有严格要求,卖家在刊登产品时,"SKU"一栏可由卖家自己填写,如果不填写的话,亚马逊系统会自动分配。不过,为了方便日后管理产品,卖家最好还是根据自己的管理习惯或者商品特性来进行 SKU 的编写。

接下来,再简要回顾一下 UPC 码和 EAN 码。

2. UPC 码

UPC 码是美国统一代码委员会制定的一种商品用条码,主要用于美国和加拿大。标准版的 UPC 码的结构为:系统码(1 位)+厂商码(5 位)+商品码(5 位)+校检码(1 位)。

3. EAN 码

EAN 码是在 UPC 码的基础上确立的商品标识符号。标准 EAN 码的结构为:国家码(2 位或 3 位)+厂商码(5 位或 4 位)+商品码(5 位)+校检码(1 位)。

因为 EAN 码是在 UPC 码的基础上形成的,所以,在技术上 EAN 系统的光电阅读器可以阅读 UPC 系统的条码,而 UPC 系统的光电阅读器却不能阅读 EAN 系统的条码。

4. GCID 码

如果亚马逊卖家在亚马逊平台进行品牌备案,亚马逊会自动为商品分配一个被称作全球目录编码(GCID)的唯一商品编码。

在亚马逊平台上传产品,卖家就必须提供 UPC 码或 EAN 码,但如果卖家品牌备案成功分配到 GCID 码,则无须再购买 UPC 码或 EAN 码。

5. ASIN 码

ASIN 码是亚马逊系统自动生成的,不需要卖家自行添加。ASIN 码相当于一个独特的产品 ID,在亚马逊平台上具有唯一性,一个 ASIN 码对应一个 SKU。在平台前端和卖家店铺后台都可以使用 ASIN 码来查询到产品。

ASIN 码显示在产品详情页面里面,一般位于"Product Details"中或者"Product Information"中(见图 4.26)。

那么 ASIN 码会有变化吗?一般情况下,卖家刊登了产品详情页面,就算后期调整修改过产品详情页面,ASIN 码也不会改变。但当卖家创建的产品详情页面跟平台上其他卖家的是一样的,而且描述也相似,那么产品详情页面可能会被亚马逊自动合并,ASIN 码也会跟着改变。

6. ISBN 码

国际标准书号(International Standard Book Number,ISBN),是专门为识别图书等文献而设计的国际编号,采用 ISBN 编码系统的出版物有图书、小册子、缩微出版物、

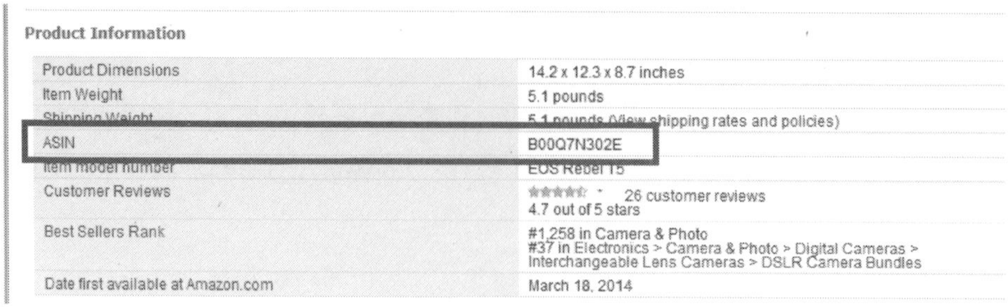

图 4.26 ASIN 码

盲文印刷品等。也就是说卖家在亚马逊刊登出版物类产品,需要向亚马逊提供 ISBN 码。

每一种图书都有唯一的 ISBN 码。有了 ISBN 码的图书,代表着这种图书是正式出版的。目前,有新版 ISBN 码和旧版 ISBN 码。

旧版 ISBN 码由 10 位数字组成,分为 4 段,分别为国家代码、出版社代码、书序码和检验码。

新版 ISBN 码由 13 位数字组成,分为 5 段,即在原来的 10 位数字前加上 3 位图书产品代码"978"或"979"。

如图 4.27 所示,*Harry Potter and the Cursed Child* 这本书存在新旧两个 ISBN 码(用线框出的部分)。

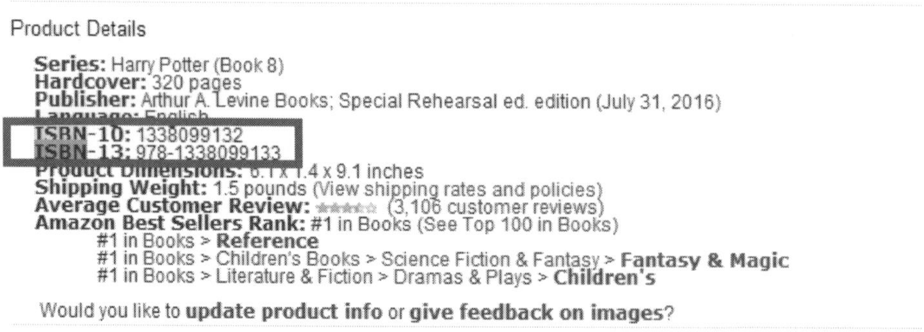

图 4.27 ISBN 码

新旧两种格式的 ISBN 码都有效。在联机书目中可以作为检索字段,从而为用户增加了一种检索途径。在亚马逊平台,也可以用 ISBN 码来检索图书。

7. ISSN 码

国际标准连续出版物编号(International Standard Serial Number, ISSN)是根据国际标准 ISO 3297 制定的连续出版物(如连载杂志)国际标准编码。设立该编码的目的是使世界上每一种不同题名、不同版本的连续出版物都有一个国际性的唯一代码标识。该编号以"ISSN"为前缀加 8 位数字组成,8 位数字分为前后 2 段各 4 位,中间用连接号"-"相连,格式为 ISSN"××××-××××"。ISSN 码有效序号是前 7 位,最后一位是检验码,是根据前 7 位数字按公式计算得出的。ISSN 码通常都印在期刊的封面或版权页上,见图 4.28。

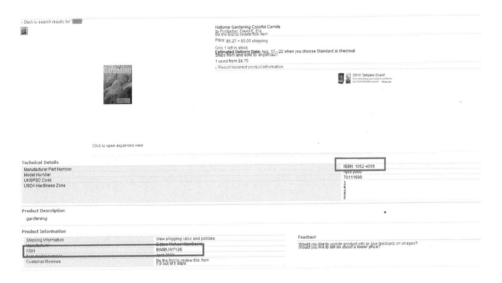

图 4.28　ISSN 码

8. 其他编码

在亚马逊平台上,一些产品的标题或者长描述里面,也有可能会有一些其他的编码,如"Manufacturer Part Number"(生产商编号号码)、"MODEL NO."(产品型号),见图 4.29。

总体来讲,使用编码有助于数据归类、校对、合计和检索。

图 4.29　其他编码

Part 6　360°全方位解析亚马逊配送模式及运费设置!

对于亚马逊的卖家而言,采用合适的配送模式是很重要的。目前,亚马逊卖家在配送方式上,除了可以选择 FBA 配送外,也可以选择自发货模式。FBA 的配送相信很多人已经很熟悉了,后台设置也是驾轻就熟,但是对于自发货模式却有些一知半解,所以,本文将重点讲述自发货模式下,如何在亚马逊后台进行运费计算方法的设置。

在自发货之前,需要设置运费计算方法,而亚马逊提供三种标准运费计算模式,具体如下。

(1)"按订单金额"计算运费。"按订单金额"的方式需要卖家创建订单价格分段,每个价格分段对应不同的运费设置。

(2)"按商品/重量"计算运费。这种模式是基于商品或重量的计算方式,即按每件商品收费,或者是按重量(磅)收费。

(3)图书、音乐及影视类商品的配送设置。如果卖家销售的是图书、音乐、视频和DVD,那运费将由亚马逊设定。

那卖家到底该如何在后台设置配送运费呢?以下以北美站为例进行示范讲解。

(1)登录后台,点击"设置"(Setting)→"配送设置"(Shipping Setting),见图 4.30。

(2)选择发货地址。设置"发货地点",如果是从中国发货的,在"国家/地区"栏中选择"中国";如果不想显示地点或者从多个地点发货,选择"无",见图 4.31。

第四章 亚马逊基础——产品

图 4.30 进行配送设置

图 4.31 选择发货地址

(3)选择运费计算方式,分为两种:"按订单金额"(Price Banded)和"按商品/重量"(Per Item/Weight-Based),见图 4.32。

图 4.32 选择运费计算方式

在这里,卖家可以根据自己产品的情况选择一种。接下来我们继续分别示范"按订单金额""按商品/重量"这两种运费计算模式的设置。

1."按订单金额"运费计算模式

(1)第一步,选择标准配送地区和服务级别,见图 4.33。

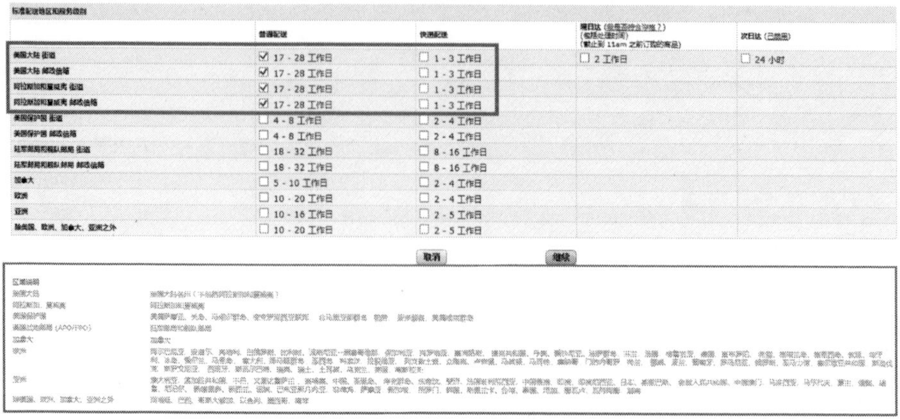

图 4.33 选择标准配送地区和服务级别

标准配送地区：包括美国大陆街道、阿拉斯加和夏威夷街道、美国保护国等地区，在此页面下方有区域说明，此区域说明详细解释了美国每一个地区所包括的范围。卖家在进行地区勾选之前，可以先向自己选择的物流公司确认配送地区和配送收费标准。一般来说，中国卖家只要勾选"标准配送地区和服务级别"的前四项就可以了。

服务级别：也就是派送时效，分为"普通配送"（17～28 工作日）、"快递配送"（1～3 工作日）、"隔日达"（2 工作日）、"次日达"（24 小时），中国卖家如果从国内发货，建议选择"普通配送"。

（2）第二步，"按订单金额"的设置相对而言更简单，运费是以订单总金额（包含配送运费）来决定的。

如果选择分区间来收运费，则点击"添加更多区间"来设置，然后对每个分段进行运费设置（见图 4.34）。

（3）第三步，设置好之后，点击"继续"按钮会跳到下一页，检查后没问题就点击"确认"（见图 4.35），设置成功后会跳回运费设置页面。

（4）第四步，如果需要对运费进行修改，可以点击"编辑"按钮。如果需要更改配送方式，则点击"更改运费计算方法"（见图 4.36）。

2."按商品/重量"运费计算模式

（1）第一步，如果选择"按商品/重量"运费计算模式，第一步需选标准配送地区和服务级别，操作方法和"按订单金额"模式一样，选择后点击"继续"（见图 4.37）。

第四章 亚马逊基础——产品

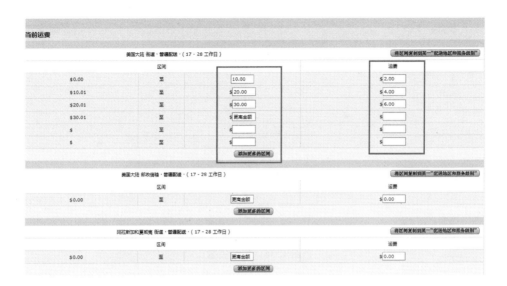

图 4.34 分区间收费

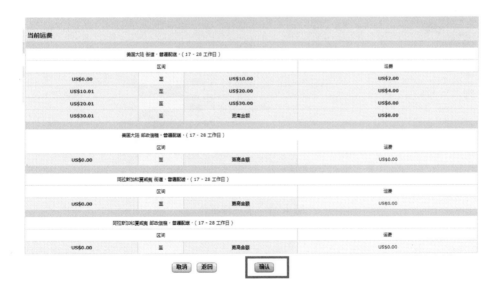

图 4.35 完成设置

(2)第二步,"按商品/重量"运费模式的计费公式:运费＝单次配送金额＋产品件数(产品重量)金额。

①按商品收费:也就是按每件商品来收运费。举个例子,如果卖家在此设置每件商品收 1 美元,单次配送金额为 4.99 美元,客户下了一个订单购买了一个产品,那么

图 4.36 更改设置

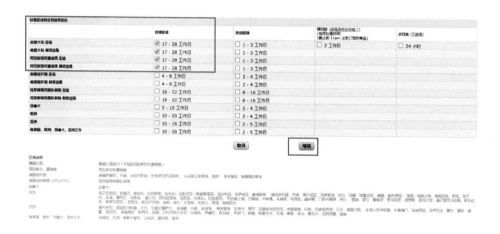

图 4.37 第一步操作

客户需要支付的运费为 4.99＋1＝5.99 美元。设置见图 4.38、图 4.39。

②按重量收费：也就是按商品的重量来收取运费。举个例子，如果客户购买的产品包裹总重为 2 磅，每磅收 1 美元，根据计费公式，客户需要支付的运费为 4.99＋2×1＝6.99 美元。设置见图 4.40、图 4.41。

运费设置成功后检查一下，确认没问题后，点击"确认"，保存成功后会跳回运费设置页面。这样就完成了自发货模式下运费的设置。

如果选择的配送区域全部免运费，也就是包邮，那就把所有的区域运费都设置为"0"。

需提醒的是，以上的运费设置方式是针对店铺所有的商品设置的。

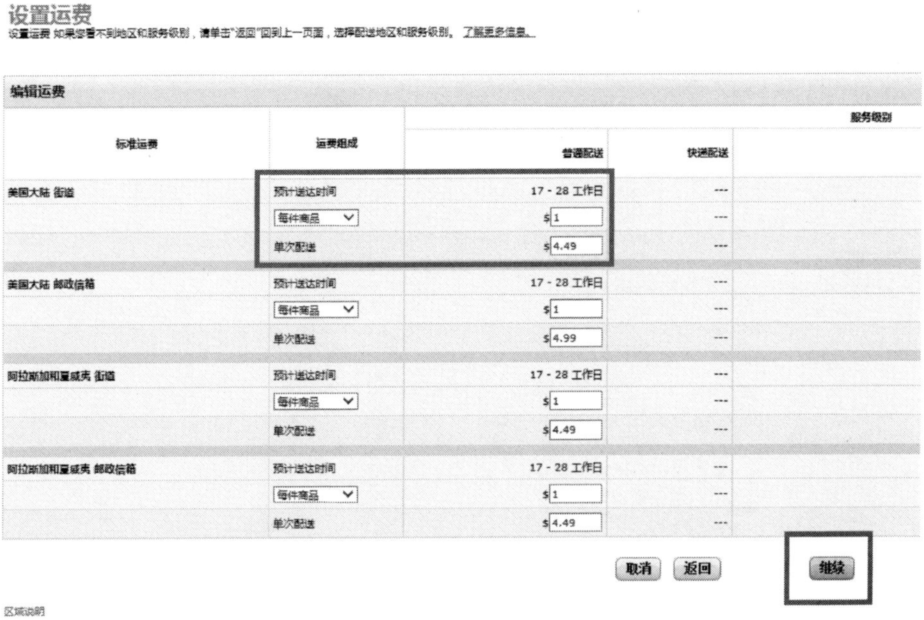

设置运费

设置运费。如果您看不到地区和服务级别，请单击"返回"回到上一页面，选择配送地区和服务级别。了解更多信息。

图 4.38 按商品收费(1)

确认运费

请认运费。褐色为黄色，字体为灰色的文本是当前您对设置所做的更改。新运费会在您确认后约 4 小时生效。了解更多信息。

图 4.39 按商品收费(2)

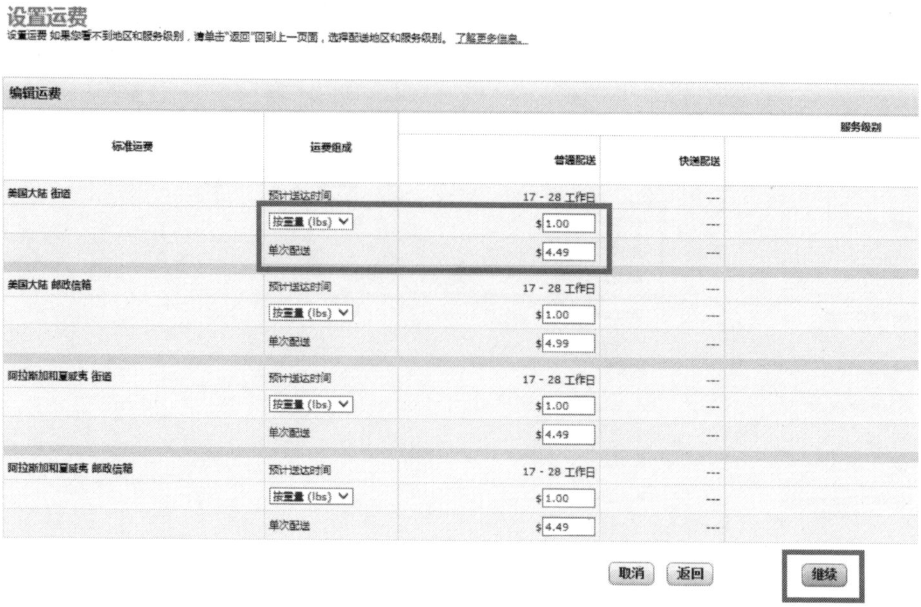

图 4.40　按重量收费(1)

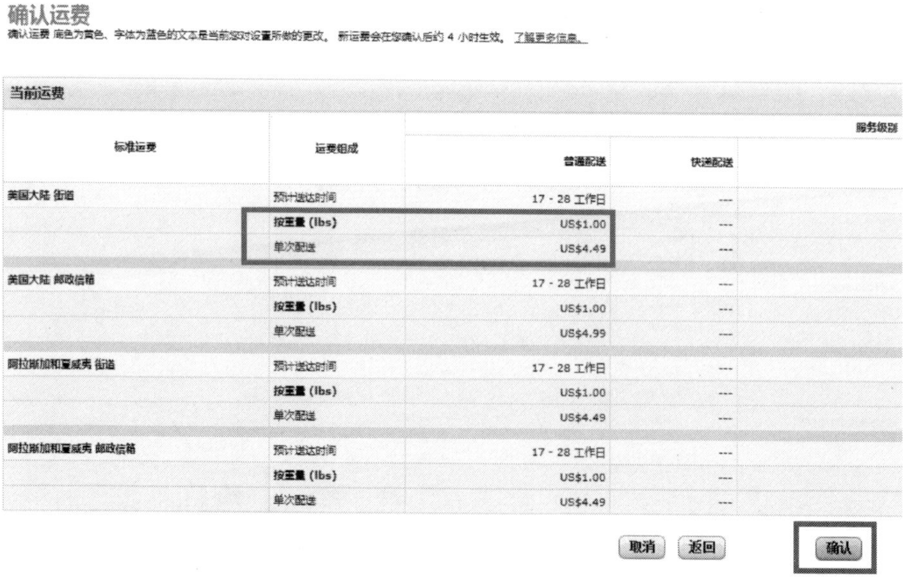

图 4.41　按重量收费(2)

第五章

亚马逊运营技巧

第一节 玩转亚马逊产品详情页面——产品详情页面打造

Part 1 只有遵守了产品标题的这些规则,才能让买家眼前一亮!

在亚马逊的搜索排名中,产品标题是非常重要的一个因素,它是吸引顾客上门的第一要素,更是后续营销、推广、引流的基础。做好产品标题,就能大大提高成功销售的概率。那该如何拟定标题,什么样的标题才算是好标题?又该如何准确地找到产品的核心关键词呢?下面就来说说产品标题的自建技巧。

一、产品标题的七大必要因素

一般来说,亚马逊上的产品标题主要包括以下七大要素:品牌、产品名称、商品系列或型号、材料或主要成分、颜色、尺寸及数量。

这里提醒一下,在拟标题时,要将这些要素清楚准确地表达出来,尽量让标题中的每一个词都可以正确地被搜寻,提高出现在搜索结果内的概率。

二、亚马逊产品标题规则

(1)为了改善买家的购物体验,亚马逊规定,从2015年7月15日之后,亚马逊卖家所创建的产品标题不能超过200个字符。

(2)每个单词的首字母必须大写(a, an, and, or, for, on, the 之类的词除外)。

(3)不能有特殊字符,如$、*等,不能使用中文输入法输入任何内容。否则,标题里可能会出现乱码。

(4)商品标题中不能有商标符号。

(5)不能有公司、促销、物流、运费或其他任何与商品本身无关的信息。

(6)商品名称不能有自己的SKU号码或者其他编码。

(7)如包含批量销售,要在商品名称后面添加"pack of ×"。

(8)如果产品有多种用途,只能写一种用途或兼容信息,其他的在"Bullet Points"

(五行描述)或"Description"(长描述)里填写。例如某电池适用于某电脑的各种机型，不能写超过2款机型。

(9)珠宝类商品的名称中要有材质信息(Metal Type、Material Type)，德国站需要额外填写此类商品的出品季和年份款式(Season、Model Year)。

(10)非服饰类商品有不同颜色的，要单独创建一个新变体，品名里面写清楚颜色，不能把几个颜色混写在一起，不能随机发货。

(11)服饰类商品命名规则如下。

父商品命名规则：Brand＋Department/Target audience＋Product name/Style。

子商品命名规则：Brand＋Department/Target audience＋Product name/Style＋Size/style＋Color。

(12)鞋类商品命名规则(包括手包、钱包、皮带、眼镜等商品)。

父商品命名规则：Brand＋Gender/Age Group＋Product Line＋Material＋Shoe Type。

子商品命名规则：Brand＋Gender/Age Group＋Product Line＋Color＋Material＋Shoe Type＋Size。

Part 2　一个好的标题，能让你的产品销量大幅提升

一、什么样的标题才是好标题

一般来说，一个好的标题，应该包含品牌名(也就是商标，防止被别人跟卖)、核心关键词(最直接的搜索流量来源)、适用范围(准确引导目标客户的正确购买行为)、产品特性(材质、尺码、颜色、特点等)。除此之外，好的产品标题还具备以下几点特点。

(1)好标题必须符合产品所面对的消费群体以及受众的搜索习惯和语法习惯，因为投其所好方能收获"芳心"。

(2)好标题的主体部分，一定是简洁清晰地表达了"我要销售什么"，让消费者一眼看去就有很清晰的认知，知道该产品是什么产品。这样的标题，消费者进入店铺的转化率也就会更高。

(3)好标题中的关键词一定是和产品紧密相关的,这样的标题可以最大限度地为卖家的产品吸引流量和曝光。

(4)好标题里的关键词还必须有利于搜索引擎的抓取,能够进入到搜索结果。

(5)在满足亚马逊规则的前提下,能够激发买家点击欲望的标题、能打消买家购买顾虑促使买家购买的标题、能迎合亚马逊算法促进曝光率提升的标题都是好标题。

二、注意事项

(1)切记不要放不实的产品标题来提升搜索率,因为就算客户搜到了,这些点击也不会转化成销售。即便运气好转化成了购买行为,消费者在收到货后发现和标题描述不符,也会发生退货情况,甚至可能会被投诉,这样对卖家有百害而无一利。

(2)关于品牌名,万不可想着"借势"而去拿别人的来用。因为这种行为构成了侵权,随时可能会被投诉而导致账号被封。

(3)不可在标题内放卖家邮箱、电话号码等私人信息。

(4)关键词是产品的最直接体现,所以,一定要把产品最核心、最精准的关键词体现在标题中。

(5)标题不能完全由关键词堆砌,除了关键词,还要考虑产品的特性词,这样能够让自己的产品和别人的产品有明显的区隔,吸引客户的注意。

三、找到核心关键词的方法

文中不断地提到关键词,那既然关键词这么重要,这里就来谈谈关于找到产品核心关键词的方法。

(1)在亚马逊搜索框内输入关键词,系统即时提示的关键词就是核心关键词。用这些关键词再搜一下,在搜索结果前2页,如果都能看到同类产品的"Best seller",就可确认这些词就是核心关键词了。

(2)如果觉得还不够,还可以利用 Google Trend 或 Google Adwords 等关键字规划工具再次确认。

需要提醒的是,当产品的核心关键词能显示在搜索结果首页了,卖家一定要保证自己的产品在同类产品中有极具竞争力的价格,质量也要做好,这样配合上到首页后产生大量流量,卖家产品的销量就会大幅提升。

Part 3　五行描述(Bullet Points)写不好,相当于把你一半的钱给了竞争对手

亚马逊中所说的"Bullet Points",中文译作"要点",是卖家所销售的产品的关键特性,也就是产品的卖点,能够让买家一眼看去就被吸引,从而决定进一步浏览和了解卖家的产品。

一、Bullet Points 真身

如图5.1所示框线内,即为该产品的Bullet Points,每行内容以"·"来区分。主要用来罗列产品的主要卖点,可以包括以下内容。

图5.1　Bullet Points

(1)产品:具体是什么产品,加关键词。

(2)尺寸。

(3)产品功能。

(4)产品特点及优势。

(5)运输时间(当然是在有时效优势的情况下才可以写)。

(6)用途,比如可以作为某个节日的礼物等。

总之,要将买家可能会关心的问题以及产品与众不同的卖点罗列出来,一定要注意扬长避短。

二、Bullet Points 优化的好处

(1) Bullet Points 字数不多,阅读非常方便,而且简单易懂,方便买家快速了解产品。

(2) Bullet Points 更像是一个摘要,方便买家快速浏览,迅速地知道这个产品的功能、用处及特别之处。

(3) Bullet Points 就是产品的卖点,让顾客一眼看去就被吸引,是促进销售的关键。

(4) Bullet Points 具有以条款解释产品详情的性能。

(5) Bullet Points 可以展示客户有可能会产生疑惑的重要部分。

三、亚马逊关于 Bullet Points 的规定

首先,卖家可以在产品标题下列出产品的 Bullet Points,向买家展示产品的主要性能和优点。

其次,在亚马逊后台填写 Bullet Points 处,可以看到有 5 行位置,这是亚马逊允许卖家填写的 Bullet Points 的数量,共计 5 条。当然,某些特殊类目可能会有其他数量要求。

最后,"Bullet Points"栏目中可以填写 100～500 个字符。

四、如何优化 Bullet Points

在产品页面中,标题也是表现产品相关性能的要素,但是标题可表达的内容毕竟有限,卖家需要更充足的空间来展示产品的好。而这正是 Bullet Points 的用处之所在。既然这么重要,那该如何优化产品的 Bullet Points 呢?

1. 优化思路

总体来说,就是看怎么写 Bullet Points 可以迅速抓住买家的眼球,让买家快速阅读和理解卖家的产品,从而达到吸引买家,并继续浏览进而购买的目的。

2."黄金位"不可浪费

不浪费,这是优化的前提条件。亚马逊既然给了我们机会,那就好好利用,更何况它还处于"黄金地段"。为什么要强调这一点呢,因为大多数消费者在购买产品时看重的就是产品本身的用处、性能、优点、材料等,但是有些卖家直接将这些信息塞到了产

品描述(Product Description)里。然而,产品描述藏在产品页面下方。所以,能够第一时间传递给消费者这些信息的,不是 Bullet Points,又是哪里呢?

3. 注意格式,整洁清晰

在亚马逊上做产品优化其实是很受限的,所以只能尽最大可能地利用亚马逊提供的相关权限,来让产品脱颖而出,帮助买家迅速了解产品的优点。这就要求在写 Bullet Points 时,一定要整洁清晰。

(1)每条 Bullet Points 的首字母大写。

(2)可以标注①、②、③等序号,增加条理性。

(3)注意内容的主次顺序,一般由主到次,由简到繁。

4. Bullet Points 最大数

既然亚马逊这么"大发慈悲"地给了推销产品的权利,那作为卖家就一定要充分、明智地利用。比如,可以写 5 条 Bullet Points,那就不要只写 3 条。再比如,可以写 500 个字符,就不要随便写写应付了事,尽可能多地去展示产品的有用信息。

5. 尝试多写一些关键字,吸引买家

可以将它看作是产品标题的补充,这样可以最大限度地展示产品特点。但是,这里也并不是一个堆砌关键字的地方,否则买家不知道卖家想表达什么,所以一般要求使用简单的描述和术语。

不同于很多其他电商平台,买家需要翻到页面的下方才能查看产品的详情,了解产品的性能,亚马逊则是通过设置 Bullet Points,买家不用滚动鼠标就可以看到简短的介绍。最重要的是,Bullet Points 在很大程度上决定了买家是否愿意继续阅读页面上的其他信息。所以,亚马逊卖家朋友们一定不要轻视 Bullet Points!

 Part 4 揭秘亚马逊搜索词(Search Terms)优化技巧,让曝光量飞起来

当买家在亚马逊平台的搜索框里输入关键词进行商品搜索时,平台与之相关的 Title(标题)和 Search Terms(搜索词)都会计入搜索权重。也就是说,除了 Title 以外,Search Terms 也是优化产品搜索排名的重要因素,Search Terms 设置得好坏也会影响到搜索流量的高低。因此,本文特地详细讲一讲关于 Search Terms 的优化技巧。

一、如何填写"Search Terms"里面的关键词

Search Terms,在有些类别也叫 Keywords,位于产品刊登界面"Keywords"一栏,见图 5.2,点击"Add More"可以看到有 5 行位置,主要填写与产品相关的关键词,每行最多可以填写 1000 个字符。

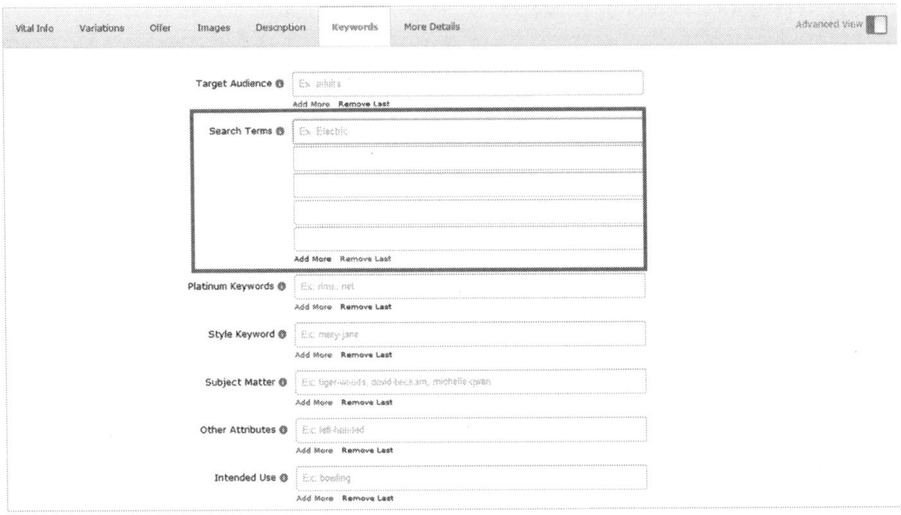

图 5.2 填写搜索词

虽然"Search Terms"是非必填项,但却是唯一一项不在亚马逊平台前端公开显示,却可以影响产品搜索排名的因素,其重要性是毋庸置疑的。所以,卖家填写 Search Terms 也要像写标题那样用心。那么,填写关键词时有哪些要注意的呢,不妨往下看。

1. 填写关键词的基本要求

首先,放在"Search Terms"中的关键词的英文拼写一定要正确无误。这是一项很基本的要求。

关键词可以用单词、词组(短词)、长尾词、热词填充,不要与标题重复。至于用单词、词组还是长尾词来填充关键词,就看哪一个与产品更符合,哪一个的效果会更好。卖家可以根据产品的特性和行业竞争情况来选择,也可以混合使用。

2. 关键词填写方法

卖家常用的 Search Terms 写法有如下两种。

第一种写法是"Search Terms"中的每一行都只填写一个单词或一个长尾词。加起来一共只填写5个关键词。采用这种写法,填写的关键词要很精准,关键词肯定要经过层层筛选,并且与搜索词完全匹配。

第二种写法是使用词海战术,在"Search Terms"里面填写上大量的关键词,甚至是填满,来增加被搜索到的概率。

对于采用哪一种写法,卖家要根据产品的实际情况而定。如果产品是比较特别的或者是比较冷门的,在细分类目里占有优势,用某个关键词检索时就能在首页或前几页出现,可以采用第一种写法。

但如果卖家售卖的是很普通的产品,类似或相同的产品在平台上成千上万,竞争激烈,卖家无法保证自己的产品能在海量产品之中被买家找到,那就要采用第二种写法。

3. 隔开符号

填写的关键词之间要用符号隔开,对于隔开符号的使用,存在比较大的争议,有人建议使用半角逗号隔开,也有人说一定要用空格隔开。而实际上,这两种方法都是可以的。

此外,在写关键词时,除了使用以上两种符号以外,无须再用别的符号。

4. 哪些关键词可以写入"Search Terms"

与产品相关性高的关键词,可以填写到"Search Terms"里面。

如果产品描述中带有很关键的元素(标签),或者有描述产品独特性质的关键词,也可以放入"Search Terms"里面。

但无论如何填写Search Terms,关键词都不能重复堆砌,可以用同义词表达,或者用意思相近的其他关键词来表达。如果实在没有好的关键词可用,相关度低的关键词也可以写入其中。

当卖家要将几个单词作为一个关键词时,要把它们放在最合乎逻辑的位置,也就是要注意语法。比如"红色长裙",英文的书写方式是"long red dress",而不是"red long dress"。

5. 哪些内容不宜写入"Search Terms"

卖家不宜写入与自己的产品没有相关性的关键词,尽管用到某些关键词可能会蹭到更多的曝光率,但匹配度低,并不是买家需要搜寻的产品,也不会有流量和转化率。

卖家不宜将别人的品牌名称写进"Search Terms"里,尤其是大品牌的名称,否则容易被人警告或投诉。比如说,如果卖的是汽配用品,卖家可以在标题或者描述中备注产品适合哪种汽车车型,但"Search Terms"里面是不能填写汽车品牌名称的。

总体来说,Search Terms 的优化是一个需要卖家不断尝试、不断摸索、不断调整的过程。卖家需要不断地积累经验。如果卖家的试错经验多了,慢慢地掌握到了 Search Terms 的填写技巧,那么就无须再填写作用不大的关键词了。毕竟,关键词的填写在精不在量。

Part 5　跟卖"攻防"有绝招,跟卖者如何打开局面,被跟卖者如何"赶尽杀绝"?

亚马逊平台的卖家,需要了解一下跟卖。什么是跟卖?跟卖有什么好处?怎么样进行跟卖?当然,如果卖家跟卖了别人的产品,反过来,卖家的产品也有可能被别人跟卖,那么又该如何防跟卖呢?下面我们就来聊一聊亚马逊平台的特色之一——跟卖。

一、什么是跟卖

举个例子,当卖家 A 创建了一个产品页面,其他卖家发现这个产品销量很好,于是也跟着卖这个产品。于是出现了不同卖家之间的同款产品共用同一个详情页面的情况,这就是跟卖。它要求跟卖方的跟卖产品必须与被跟卖方的产品一模一样,包括产品的品牌、外观、包装、功能、颜色、大小等。

在图 5.3 中,亚马逊出售的办公用品位于黄金购物车,而在右下角出现的"Other Sellers on Amazon"就是其他跟卖的卖家,他们也在出售同款产品,如果点击"45 new",可以看到所有的跟卖卖家,以及各个跟卖卖家的产品价格、运费、配送物流等信息。

亚马逊设定跟卖这个游戏规则,与它重产品、轻店铺的运营理念有关。不同卖家之间的同款产品共用同一个详情页面,可以避免出现大量重复的商品和页面,给买家带来良好的购物体验,也促成卖家彼此之间的良性竞争。

图 5.3 跟卖

二、跟卖的好处与风险

(1)被跟卖的产品一般都是比较畅销的,跟卖能快速截获流量,最直接的效果就是增加订单量,提升店铺的流量和带动店铺里其他产品的销量。对于新卖家来说,是一条不错的捷径。

(2)跟卖方直接利用被跟卖方建好的产品页面,无须再次创建页面,上下架也很方便,想卖就卖,不想卖时就下架,省时省力。

(3)跟卖是一种高风险高收益行为,其中,最大的风险莫过于被有授权的卖家或品牌商以及买家投诉,导致账户受限或被封。

三、参与和取消跟卖的方法

1. 参与跟卖的方法

卖家可以用以下两种方法进行跟卖。

(1)找到需要跟卖的产品,在产品购物车的下方有一个"Sell on Amazon"按钮(见图 5.4),点击该按钮,填写相关信息即可跟卖。

(2)进入亚马逊后台,找到"Add a Product"按钮,然后在搜索框输入 UPC 码(或 EAN 码、ASIN 码)或产品标题,找到需要跟卖的产品(见图 5.5),点击"Sell Yours"按钮即可跟卖。

2. 取消跟卖的方法

如果卖家不小心跟卖了有品牌保护的产品,又或者中途不想再跟卖了,可以直接

图 5.4 跟卖的方法(1)

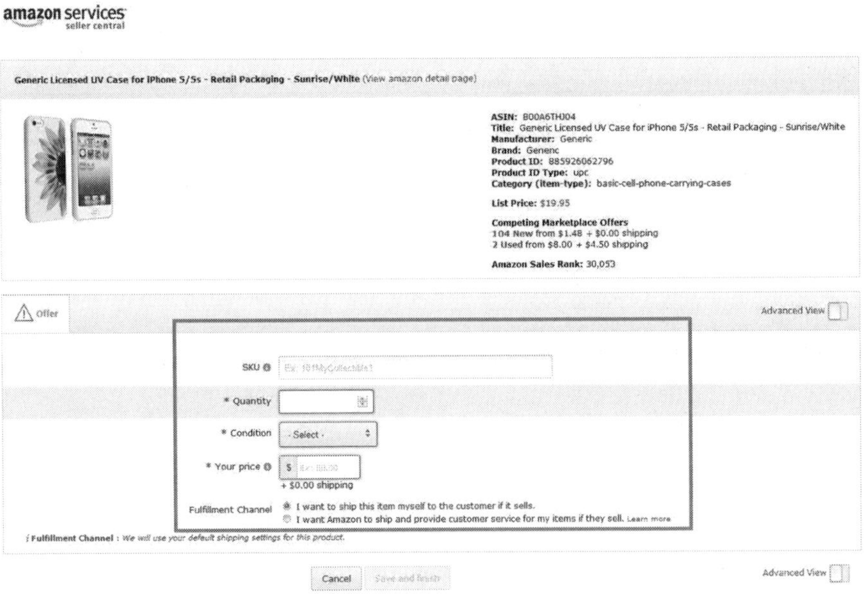

图 5.5 跟卖的方法(2)

停售跟卖产品,又或者通过以下两种方式在后台"INVENTORY"(库存)中取消跟卖。

(1)点击"Close the listing",把跟卖产品的库存改为"0"。

(2)点击"Delete the product and listing",删除跟卖产品。

另外，如果被有品牌授权的卖家发通知要求下架，否则会向亚马逊投诉，建议卖家最好做删除处理。

四、跟卖时关于产品详情页面的编辑权限

(1)当卖家在亚马逊后台创建好产品详情页面(Listing)后，原则上来讲，只有亚马逊平台和创建者具有产品详情页面的编辑权限。但是当这个产品被跟卖后，也就是说，当不同卖家之间的同款产品共用这个详情页面后，除了亚马逊平台具有绝对的修改权限以外，也就只有综合指数最好的那一位卖家有产品详情页面的编辑权限，其他卖家是没有的(其他卖家只具有编辑跟卖产品价格的权限)，甚至是最初创建产品详情页面的那一位卖家，也不一定有。

(2)如果创建产品详情页面的卖家发现自己的产品被人跟卖了，而自己还有产品详情页面的编辑权限，那么卖家可酌情通过修改产品详情页面的参数防止被跟卖(因为修改产品详情页面会影响产品排名)。

五、如何安全跟卖

(1)卖家首先要保证跟卖的产品有充足的货源且保证产品质量，不要为了跟卖而跟卖，如果不能保证产品的质与量，那么跟卖不是明智的选择。

(2)亚马逊允许跟卖，但也注重品牌保护。所以卖家在进行跟卖前要详细查看产品详情页面，包括产品图片、Logo细节与文字描述，更需要仔细查询被跟卖的卖家的商标注册和备案情况，卖家可在Google或美国商标网(http://tmsearch.uspto.gov)查询，防止出现侵权的情况，如果查询到对方没有注册品牌，则可以跟卖。

(3)像Apple、Cannon这些世界知名品牌的产品，没有授权的话千万不要跟卖。

(4)在跟卖期间要留意其他跟卖方的价格变动，适时调整跟卖产品的价格，但价格也不宜设得太低，要确保有盈利的空间。像一些结构简单、利润低的产品，则没必要跟卖。

(5)时刻关注产品详情页面的变化，不要信息已由A改成B还不知情，发错货容易被买家投诉。

跟卖的卖家容易赚到意外的订单和流量，是好事一桩，但是对于那些被跟卖的成熟卖家来说，则有害无益，不仅销量、利润会有明显下降，可能还会卷入价格战。

六、如何防止跟卖

1. 在产品或包装上做防伪标记

如果没有进行品牌保护,卖家可以将不同的产品组合在一起,进行搭配销售。又或者将 Logo 印在产品或者包装上,让别的卖家无法跟卖。

2. 向亚马逊举报跟卖的卖家

如果卖家手握品牌代理权或商标权却遇到跟卖,可以第一时间与跟卖卖家沟通。告诉对方自己的产品是受品牌保护的,要求其移除跟卖,如果对方很自觉下架产品,那么就不用再追究了,但如果对方不听劝,那么被跟卖的卖家可以再给对方发送警告邮件,若多次警告依然无效,就可以直接向亚马逊投诉跟卖的卖家。投诉这一招是很有效的。

3. 注册商标、申请品牌备案来维护自身利益

卖家可以申请注册当地商标,然后在亚马逊平台上申请品牌备案,通过打造自主品牌来防止别人跟卖。同时,为防患于未然,卖家可以在产品研制和开发时就申请专利保护。当然,这只是起到保护的作用,想成为真正的知名品牌,需要很长的时间来沉淀。

最后我们总结一下,跟卖确实是涨销量、涨流量的有效手段,但如果新卖家想在亚马逊安安稳稳地赚到更多,单单靠跟卖是不可能的,还需要自己创建产品,以及打造好自己的产品和品牌,踏踏实实地做好该做的事情。

 Part 6　这些就是打造"爆款"的核心要素,不过听说很多人还不知道!

无数的亚马逊卖家都希望能够打造出"爆款",让产品在官方首页上得以展示,这不但意味着能够得到更多的订单,赚取更多的利润,同时还有可能远超竞争对手,拥有进入壁垒,保持市场占有率上的优势。既然打造亚马逊"爆款"如此重要,那么需要卖家做些什么呢?

一、亚马逊对于卖家的要求

亚马逊作为知名的国际性电商平台,目前不但对申请入驻的新卖家的审核标准越来越高,同时对已入驻的老卖家的考核指标也越来越高。非常明显的一个趋势,就是要卖家实现品牌化,要卖家精细化运营"小而美"的店铺,卖家要想在亚马逊上打造"爆款"就必须迎合这种游戏规则,少而精的"爆款"思维才能走得更远。

二、买家对于卖家的要求

亚马逊上的买家对于卖家的要求很简单:如实拍摄和描述产品,让我更准确地判断它到底是不是我想要的;物流和服务都能够让我满意;我有需要会联系你,没有需要你不要时不时来打扰我。

这些要求,亚马逊的机制已经帮助卖家满足了。买家之所以选择亚马逊这个购物平台,就是基于对亚马逊的信任,相信亚马逊会为他们推荐具有高性价比的商品,他们并不关心买到的商品是哪个厂家生产的,是从哪个国家运来的,甚至记不住它的商标,除非质量特别好。

世界上的品牌那么多,亚马逊的买家不会费力气一个个甄别,亚马逊的规则已经帮他们做好了这一点,产品质量有问题或者描述夸大其词,没关系,申请退款和发起投诉就好了。如果卖家给买家(尤其是给了差评的买家)打电话或者发邮件进行骚扰,亚马逊会给卖家一定的处罚,严重时可以封店。

亚马逊也可以借助这些买家的客观评价,有效地筛选出最具性价比的商品,品质不好的会被淘汰掉,价格和同行相比太离谱的会被淘汰掉,物流不及时的会被淘汰掉,服务态度不好的也会被淘汰掉,最终形成一个良性闭环。

三、打造"爆款"要素之一:产品

知道了亚马逊和买家对于卖家的要求,基本上我们也就知道了如何去打造"爆款",按照这样的思路去做好每一项,成功的概率就会大一些。

其实,想要打造"爆款",首先要重视的就是产品,可以说"爆款"的根本就在于产品,只有贴近市场、符合潮流、满足消费者需求的产品才有成为"爆款"的潜质,而不是卖家自己认为好的产品。

"爆款"的打造，是一个系统性的工程，不是拍脑袋的决定，也不是一时兴起的灵感，它需要对市场进行调研，对产品进行完善，对产品详情页面进行优化，对营销进行创新，对售后进行把控，还需要时刻关注亚马逊的最新政策，以免不小心踩了雷区。

开发或者选择产品的时候，一定要将市场上已有的痛点一一列出来，通过对行业的认知和对好评、中评、差评的整理分析，找到好的解决方案，挖掘或者创造出比市场上已有产品更具性价比和更能解决消费者实际问题的产品，同时在功能、外观、材质、包装方面也适当用一些心。只要产品更好地满足了买家的需要，他们不但会留下好评，还会在他们的人际交往圈传播良好的口碑。

四、打造"爆款"要素之二：产品详情页面优化

定价、标题、图片、长描述、五行描述、评论都是产品详情页面优化需要注意的，虽然亚马逊买家对价格不太敏感，但与同行相比也不能太离谱了；标题务必要清晰准确，不要造成歧义和误解；图片需符合亚马逊官方的要求，不要打擦边球；描述要简洁明了，直截了当，让消费者一看就明白；对于中差评一定要及时跟踪处理，以免影响产品的曝光和排名。

上面讲的是产品详情页面优化中的几个比较大的板块，实际上每一个板块还有很多细节要注意，现在亚马逊上的产品太多了，竞争特别激烈，因此卖家必须在细节上比同行更加用心和细心，才能和他们去竞争。即便在这几个方面做得都很不错，卖家也要定期研究同行的产品详情页面，看看他们在类似的产品上是如何拟标题，如何写描述的，有没有可以借鉴的经验。

一个好的产品详情页面一定是要经过多次修改，不断打磨的，只有像艺术家雕刻艺术品一样，用精益求精的态度去做，去斟字酌句，才能取得令人满意的成果。如果只是随便填个标题、写个描述，上传几张毫无亮点的图片，是很难脱颖而出的。实际上每一个标点、每一个句子、每一张图的选择，都要经过深思熟虑。

另外，如果卖家所销售的产品在亚马逊上已经有很多卖家在卖了，销量前五名的评价（Review）也已经很多了，想占据一席之地，就必须在评价方面超出他们一大截。比如排名第四的亚马逊同行的评价是 700 条，你的评价必须是 750～800 条才有可能把他挤下去。需要注意的是，如果想在评价上赶超排名靠前的大卖家，就必须做好打

硬仗的准备,因为你在追赶他的同时,他也在巩固着自己的地位并增加着评价,你只有比他更强,才有翻盘的可能性。

五、打造"爆款"要素之三:推广

在做好产品详情页面优化的基本功后,就可以进行推广了。推广分为站内推广和站外推广,站内有 CPC 点击付费、满减、促销以及节日营销等方法,站外则是通过知名的视频网站、社交网站、促销网站来对产品进行曝光和推广,比如 Facebook、Twitter 等。

关于推广的技巧和途径,在本书"不想让 60% 的 CPC 广告浪费掉,这些必须了解""可以让产品销量暴涨的节日营销技巧""促销代码设置不仔细,可能一夜亏掉几十万""亚马逊站外引流的'网红'明星——Twitter"中都有介绍。

需要卖家朋友思考的是,推广和引流的方法和手段或许不少,但一定要根据自己的产品和资源选择最具性价比的推广渠道。在实力还不是很雄厚的时候,切忌广撒网,否则既分散了时间,也分散了资金,把一种推广形式做深、做精、做透即可。

六、打造"爆款"要素之四:FBA

打造一款可以上亚马逊首页的"爆款",不用 FBA 基本上是做不起来的,这是做"爆款"的标配。FBA 的发货速度是自主发货所无法比拟的,同等条件下亚马逊官方也会给到使用 FBA 的卖家更多的展示机会和更好的排名,买家尤其是亚马逊 Prime 会员也更青睐于选择 FBA 的卖家。这一点就不多说了,只是需要注意 FBA 库存一定要充足,不要断货。

七、打造"爆款"要素之五:买家体验

其实亚马逊卖家要做的一切,都是围绕着良好的买家购物体验来进行的。产品好了买家才满意,物流快了买家才开心,产品详情页面既完整又精简,才能节省买家的时间。所以要想打造"爆款",或打造了"爆款"想让它是持续的"爆款",而非昙花一现,就要做好有关买家体验的每一个细节,并且不断深入和优化,与时俱进。服务不只局限于售前和售中,售后也要重视起来,促使买家二次购买或留下好评。

以上这些内容,读一遍可能只需要十几分钟,但要真正做到,绝不是一朝一夕的事情。既需要将亚马逊的后台操作掌握熟练,还需要对亚马逊的规则了如指掌,既要有

全局思维,还要将上面提到的要点逐一落实。只有这样才能打造出"爆款",才能让产品上首页,才能让产品不被同行的产品所超越。

Part 7 小心!提升产品类目排名路上的那些"坑"

我们知道,亚马逊是一个重产品、轻店铺的平台,因此也不存在什么店铺排名。但产品成千上万,为了更好地将产品推荐给买家,亚马逊对产品进行了排名——类目排名(Best Sellers Rank)。

一、关于类目排名的详解

卖家在上传产品时,都需要将产品分到大类和大类下面的子类里面。因此,产品被分到不同的类目,竞争环境不一样,所占的排名位置自然也不一样。

1. 一个产品在不同类目,排名不一样

每个产品的表现都不一样,因此排名自然也是不一样的。下面,我们来看一下某个产品的类目排名情况(见图5.6)。

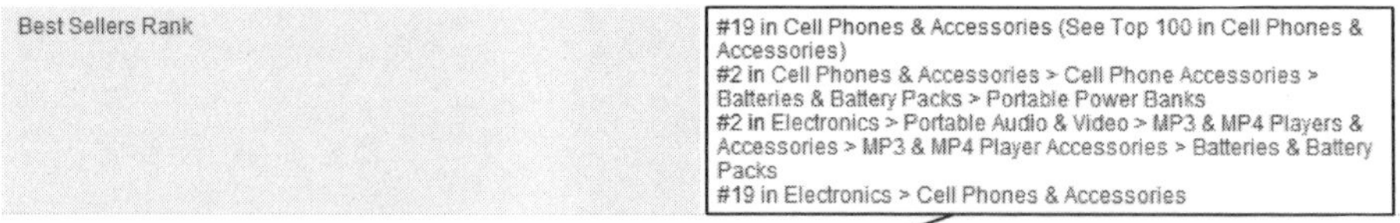

Best Sellers Rank
#19 in Cell Phones & Accessories (See Top 100 in Cell Phones & Accessories)
#2 in Cell Phones & Accessories > Cell Phone Accessories > Batteries & Battery Packs > Portable Power Banks
#2 in Electronics > Portable Audio & Video > MP3 & MP4 Players & Accessories > MP3 & MP4 Player Accessories > Batteries & Battery Packs
#19 in Electronics > Cell Phones & Accessories

图 5.6 某产品的类目排名情况

这个产品在"Cell Phones & Accessories"(手机及配件)这个大类的排名是第19名,在子类"Portable Power Banks"(便携式电源银行)的排名为第2名,在另外一个子类"Batteries & Battery Packs"(电池及电池组)的排名也是第2名。

卖家们可能会心存疑惑,它怎么会有这么多不同类目的排名?这是亚马逊系统匹配的呢,还是卖家将产品上传到了不同的子类目上,从而可以在多个子类目占有排名?

实际上，这是亚马逊系统匹配的。亚马逊会综合卖家的销量、转化率、绩效指标、是否选择 FBA 发货等因素，来决定该产品在大、小类目中的排名。如果卖家的产品卖得不错，又可以放在其他的相关类目里面，那么亚马逊就会将这个产品放在其他类目，并进行排名。

2. 类目排名是动态的

(1)产品上架之后，没有出单是不会有排名的，当出了一两个订单后，一般只有一个类目的排名，后期的销量慢慢提升上去了，在其他类目的排名也自然就有了。

(2)一些产品存在变体，有不同的子体。有些类目的子体的排名是分开的，而有些则是共用一个排名。

(3)卖家的产品如果原本只有一个类目排名，但销量很不错，排名也很靠前，也想在其他类目或相关子类目占有排名的话，卖家可以发邮件向亚马逊申请。

(4)产品的类目排名随时都在变动，早上排第 10 名，也许下午就排在第 15 名或者第 7 名。那么排在哪个范围内算是比较理想的呢？答案是在大类目下前十万、二级类目下前一万、三级类目下前一千、四级类目下前一百。

二、影响类目排名的因素

1. 销量

高销量一直是卖家们追求的目标，对于产品的类目排名而言，销量好比是分数，分数越高，排名就越靠前。但是，很显然，销售数据是卖家的商业机密，亚马逊是不会在前端公布卖家们的历史销售数据或者近期销售数据的。所以会有以下两个结果。

(1)卖家无法知道自己在意的竞争对手的某个产品有多少销量。

(2)对于某个产品的销量，卖家可以在后台统计，但有些产品的销量却是无法统计的。这是为什么呢？原因就是这个产品被其他卖家跟卖了，并且在其他店铺产生了销量。这部分销量卖家是无法知晓的，除非跟卖的卖家够大方愿意告诉你。

总体来讲，当一个产品的销量高，近期的销量也在上涨，那么对于类目排名的提升，是非常有利的。

2. 转化率

转化率，是指卖家后台的订单数量转化率。即已订购商品数量与所有的买家访问数量(点击量)的百分比。计算公式如下。

订单数量转化率＝订单数量/买家访问次数×100％

转化率越高,就意味着销量越好,对排名就越有利。

举个例子,一个卖家的产品新上架不久,买家访问次数是119,下了2个订单。

那么,商品订单数量转化率是2/119×100％＝1.68％。

3. 绩效指标

卖家的绩效指标也是影响产品类目排名的一个因素。在"想要拥有一个健康的卖家账户,这些知识怎能不了解"中有提到,亚马逊给卖家账户设置了各项绩效指标,包括订单缺陷率＜1％、配送前取消率＜2.5％、迟发率＜4％、有效追踪率＞95％、准时到达率(针对卖家自配送)＞97％等。如果卖家的各指标都控制得很好,那证明卖家在产品、服务方面都做得不错。对于绩效优秀的卖家,亚马逊自然很愿意将他们推荐给买家。

4. 好评(Feedback、Review)

买家给予的好评也是影响产品排名的一个重要因素。卖家在产品、物流与客服等方面的服务都做到位,买家满意了,会给卖家打高分和留5星Feedback(反馈)。关于Review的获得技巧,可以参看"Review好评率上升80％的诀窍"。

5. 是否发FBA

亚马逊FBA发货速度快、服务好、效率高,亚马逊也鼓励卖家使用FBA。而当卖家发了FBA,抢占到了黄金购物车,产品的曝光量和流量也会随之增大,也能提高销量和转化率。

Part 8 千防万防排名还是掉了,拯救排名秘籍哪家强?

很多卖家会很关注产品的类目排名,但在查看自家产品的排名成绩时,总感觉排名变化十分不科学。那到底是不是真的不科学呢?接着往下看。

一、产品的搜索排名下降了,什么原因

1. 销量不好

销量是影响产品类目排名的一个重要因素。今天没有出单、今天出的比昨天的少,都有可能导致排名下降。

2. 卖家"手痒",改坏了产品详情页面

卖家的产品销量还算稳定,也有增长,排名也在上升,但是卖家"手痒",或者急功近利,频繁地修改产品标题、关键词、描述等。这些行为,极有可能导致排名下降。因为大幅度地修改产品详情页面,会严重影响到它的稳定性。

那怎么办？什么时候能改产品详情页面？一般情况下,当产品出现销量下滑或者产品信息需要更新的时候,才去做优化调整,而不是频繁地改来改去。当然,如果产品还没有什么销量,排名也靠后的话,是可以进行更改的。这个时候的更改可以看作是优化产品详情页面,所以不仅不会掉排名,说不定还有可能提升排名。

3. 卖家收到差评

卖家没有服务好客户,一不小心导致买家留了差评。就是这么一个差评,可能就会导致卖家的排名大幅倒退。也可能因为这么一个差评,吓跑了一批有意向购买的潜在买家,降低了转化率,这样的话,销量要想涨上去比较困难。怎么办？

首先就是要减少差评,甚至是消灭差评。具体该怎么做,可以参阅"如何消灭零评论？亚马逊'爆款'养成攻略""不要小看 Review,它的重要性能排进前三名""Review 好评率上升 80%的诀窍"。

4. 断货

卖家的产品表现不错,排名也很不错,也使用了官方推荐的涨销量的标配——FBA,且亚马逊也给卖家提供了流量占优势的展示位置,比如黄金购物车。在这种关键时刻,卖家千万不要断货,否则排名也会掉得非常严重。一旦掉下去,再想爬上来,就难多了。而且就算补了货,亚马逊也不一定会再分配黄金购物车,排名也不一定能恢复到以前的水平。所以,卖家一定要注意自己的库存,尽早、及时、快速补货。如果实在是无法及时补货,可以选择将价格调高,或者改为自发货,减少损失。

5. 价格不合理

每个卖家都很想自己的产品排名靠前。有些卖家为了提高产品排名,索性就将价格设低,以为降价了可以提高排名。不可否认,降价确实对买家有吸引力,但假如降价不合理,买家恐怕也不敢买单。相应的,抬高价格也同样并不一定就是好的选择。所以,定价一定要合理,该降的时候降,该涨的时候涨,控制在合理的范围之内即可。关于定价的策略,可以参阅"这样进行产品定价可以让你的利润最大化"。

6. 同行的竞争能力超越了卖家

有时候,卖家可能什么都做了,但排名还是往后退了。这种情况,很大的可能是别的卖家的销量快速上涨,排名很快超越了你,导致你的产品排名下降。

二、产品的排名不稳定,我要在意它吗

产品的排名不稳定,忽高忽低,需要在意吗?

其实在一些竞争激烈的类目下,卖家在一天之内多出一两个订单,排名有可能往上涨许多;但也有可能因为收到一个差评,排名掉很多,这都是很正常的。再加上亚马逊的各种指标考量,所以排名的事情有时候无法把控,只要不是过于异常,卖家朋友们无须过于在意。

三、提高产品类目排名的方法

卖家想要稳定产品的排名,不妨看看以下方法。

1. 保证产品的质量

想涨销量打造"爆款",想日出千单,保证产品质量是最基础的。而产品详情页面的优化、站内外推广等都建立在产品品质有保障的基础之上。如果连产品质量都无法保障,还谈什么排名呢?

2. 优化产品详情页面

优化产品详情页面是基本的运营工作,包括图片、标题、变体、关键词、详情描述这些内容的优化。

3. 发 FBA

选择发 FBA 是推广新品的标配之一,也有利于抢夺黄金购物车,有利于提升用户体验,同时有助于增加曝光度,提高产品的转化率。选择发 FBA 好处有很多,对排名绝对是有帮助的。

4. 做 CPC 站内广告

要做好 CPC(Cost Per Click,按点击付费)广告,需要在关键词投放方面下功夫。不过在做 CPC 站内推广之前,卖家要先确认产品是否有做 CPC 站内推广的条件与优势,比如是否有黄金购物车,是否是专业卖家,如果没有黄金购物车或者不是专业卖家,是无法做 CPC 站内推广的。此外,需要注意的是,做 CPC 广告投放,并不是出价越

高,排名就越靠前。这个排名依然要看卖家账户表现,毕竟亚马逊希望把最好的产品展示给消费者从而给平台带来更大的销售额。所以,还是那句话,无论做什么,还是要整体考量,让卖家账户可以有个比较好的表现。

5. 定期做促销活动

定期做促销,比如平常做满减促销,每逢节假日做节日促销,以此吸引买家,进而提高买家的黏性。

讲到这里,拯救排名的"干货"也讲得差不多了。大家不妨去看看"这些就是打造'爆款'的核心要素,不过听说很多人还不知道",也对产品排名的提高有帮助。

Part 9 产品搜索排名太落后,到底怎么找原因?

在亚马逊平台上,每天都有成千上万的"剁手党"在用关键词搜索产品,当他们产生搜索这个行为时,必然是有购买产品的强烈意愿,也意味着卖家的商机来了,那如何使自己家的产品更加容易被买家搜索出来呢?这是卖家们很关心的一个问题,所以下面特地来讨论一下。

一、什么是搜索排名

1. 搜索排名

我们知道,亚马逊使用的是 A9 搜索引擎技术。当买家在平台搜索框中输入某个关键词进行产品搜索,就代表他使用了亚马逊的 A9 搜索引擎技术,搜索引擎会根据与买家所使用的关键词的匹配程度,对平台的产品信息展开搜索并进行排序显示,这就叫作搜索排名。

举个简单的例子,如果买家想要买一台冰箱,按照一般人的习惯,买家会直接使用关键词"Refrigerator"(冰箱)进行搜索,平台上所有与"Refrigerator"这个关键词相关的产品都会被搜索出来(见图 5.7),而且,与买家使用的关键词匹配程度越高的产品,就会排在越靠前的位置。

买家想要搜得再准确一些,可以选择在指定的"Appliances"(电器)大类里进行搜索,见图 5.8。

图 5.7　直接使用关键词搜索

图 5.8　在大类中进行搜索

又或者,买家可按照不同的排序类型进一步查找产品,可点击"Sort by"（排序）（见图 5.9）。

在"Sort by"里面,有不同的排序类型,具体如下。

"Relevance",相关度,与关键词匹配程度最高的,排在首页。

图 5.9 据排名查找

"Price:Low to High""Price:High to Low",按价格从低到高或从高到低来排序。

"Avg. Customer Review",客户打分,星级评分最高的产品排在首页。

"Review",评论,搜索时买家评论数量最多的排在首页。

"Newest Arrivals",最新上架的排在首页。

不同类目的产品搜索类型会有所不同,有的产品也可以按"Featured"(有特色的)、"Publication Date"(出版日期)的排序条件来搜索。

通过不同的搜索条件,买家搜索到不同的产品并点击进行浏览,再经过仔细挑选,最后买到满意的产品。

二、哪些产品的搜索排名比较靠前

按照用户的搜索习惯和浏览习惯,当使用一个关键词搜索后,一般会重点浏览排在前几页的产品信息。那么,哪些产品的搜索排名会比较靠前呢?为此,我们特地使用关键词"Ceramic Knife"(陶瓷刀)进行搜索,见图 5.10。

大家可以看到排名靠前的产品都是比较有特色的,比如,选择发 FBA 的产品的搜索排名会比自发货的靠前;做了付费广告带有"Sponsored"标志的产品总会显示在搜索页面的右方或者下方;带有"Best Seller"标志的产品会经常在前几页显示,也有一些评价数量较多、价格比较优惠的产品排在前面。不难看出,亚马逊喜欢将使用 FBA 物流的、做了广告的、热门的产品放在靠前的位置展示。所以,如果卖家要提高搜索排名,不妨从这几点入手。

图 5.10　搜索陶瓷刀

三、为什么刚上架的产品搜索不到

一般情况下，卖家的产品关键词设置得越好，被曝光被搜索到的机会就越多。可能有一些卖家也会注意到，自己刚上架了新产品，而且很用心地刊登了产品，无论是标题、描述还是图片等，都做得不错，但在用关键词进行搜索时，却发现自家的产品犹如石沉大海一般，翻了几十页也找不到踪影，这又是什么原因呢？

如果有这种搜索不到产品的情况，主要原因可能是这个产品在平台上是比较热门的，销售的卖家很多，产品之间存在很激烈的竞争，但是因为卖家新刊登的产品的浏览量、销量、转化率、评价的数据还没有累积起来，因此新产品的权重不高，那么亚马逊也不会将这个产品放在流量好的展示位置，因此，用关键词搜索不出自己家的产品，或者是排在几十页之后，也是很正常的。

四、搜索排名与类目排名的区别

1. 两者概念有区别

亚马逊平台存在搜索排名和类目排名这两种排名。有些卖家可能会以为这两个排名是同一回事，以为类目排名高了，搜索排名就一定靠前。而实际上并不是这样。搜索排名与类目排名是两个不同的概念，影响二者的因素以及各因素的权重是不一样的，卖家们需要将它们区分开来。

为了更好区别二者,下面简要地总结一下有哪些因素会影响搜索排名与类目排名。

搜索排名:产品与关键词的匹配程度(即相关性)、销量与转化率、账号权重及账号表现。

类目排名:销量、转化率、绩效指标、是否发FBA、好评。

不难看出,影响搜索排名的因素主要是产品与关键词的匹配度,而影响产品类目排名的主要是销量和转化率。因此,就算某个产品在某个类目排第一名,也不代表它的所有关键词的搜索排名都会显示为第一名。

2. 类目排名与搜索排名的相互作用

搜索排名与类目排名既然有区别,那么二者的关系如何呢?

二者是相互促进的。类目排名的提高有助于搜索排名的提高,当一个产品的销量越好,类目排名就会越靠前,积累的粉丝越多,口碑会越好,自然会产生不可小觑的品牌效应,知道某个产品或者某个品牌的人多了,自然而然就会刺激到买家进行精准搜索,包括用店铺名称、品牌名称或者ASIN码搜索。而搜索的买家多了,也会给产品带来更多的流量,从而提高销量与转化率,也有助于类目排名的提升。

Part 10 如何提高产品搜索排名,成功挖到第一桶金?

在本节"Part 9 产品搜索排名太落后,到底怎么找原因"中,我们提到,一些卖家对刚刚上架的新产品进行搜索时,难以搜到,原因在于新产品的权重不大,所以搜索排名滞后。

卖家如何提高新产品的排名呢?不妨阅读一下下面的内容。先来了解一下产品的搜索排名受到哪些主要因素的影响。

一、影响产品搜索排名的主要因素

影响产品搜索排名的主要因素,大致上可以分为以下三个方面。

1. 关键词的相关性

与关键词的相关性是影响搜索排名的基本因素,即产品被搜索到的前提是产品与买家搜索所用的关键词相关,比如买家输入的是"Refrigerator"这个关键词,如果卖家A卖的是电脑,就算A是大卖家,亚马逊也不会将A的电脑推送给买家。假如A卖的是冰箱,B卖的也是冰箱,那么就看A和B谁家的产品与买家使用的关键词比较匹配了,匹配程度越高的产品,在搜索页面上也就在越靠前的位置显示。

2. 销量与转化率

每个产品的销量不一样,转化率也各有不同,销量与转化率也会影响商品的搜索排名。

3. 账号权重及表现

亚马逊平台的理念之一是重产品、轻店铺,并且极为重视买家的购买体验,如果卖家店铺的绩效指标表现很出色,在产品或服务方面做得也非常好,那么亚马逊也会相应提高这家店铺产品的权重。

但新卖家怎么样提高产品的搜索排名呢?首先,我们要清楚,搜索排名是基于关键字搜索的一种排名,所以卖家应该将重点放在产品关键词的使用上面,尽量与买家搜索时使用的关键字相匹配,对上架产品的各个细节做好优化和调整。而想要提高关键词在搜索索引中的曝光率,不如从下面所讲的几个方面着手。

二、对产品详情页面进行优化调整

提高关键词的匹配度,大致上要注意以下几方面。

1. 产品的所属分类

在刊登产品时,要正确选择产品的大类和细分子类。如果产品分错类,或者分到了不该分的类目里面,除了可能会受到亚马逊的警告,也有可能会错失很多的搜索流量。不过只要卖家仔细一点,分错大类这种问题是不会出现的。

2. Title(标题)

标题是影响搜索排名的一个重要因素,占有很大的搜索权重。标题能够给产品创造利润,需要卖家用心写。一个好的标题,既要表现产品的基本信息(包括核心关键词,如品牌、商品系列或型号、材料或主要成分、颜色、尺寸、数量等,而标题上的第一个关键词一般是品牌名),又要符合买家的搜索习惯,且要比竞争者所用的标题更好,所以要想写出一个好的标题,卖家不仅仅需要掌握产品的基础信息,更需要了解市场、了解买家以及竞争对手。关于如何写好产品的标题,可参阅"只有遵守了产品标题的这些规则,才能让买家眼前一亮"。

3. Search Terms(搜索词)

"Search Terms"里设置的关键词不在亚马逊前端显示,填写进"Search Terms"里的关键词就相当于产品信息的数据库,当买家用某个关键词搜索时,如果"Search Terms"里恰好写有这些关键词,那么亚马逊系统就会进行自动匹配,包括完全匹配、词组匹配、模糊匹配。所以卖家在填写"Search Terms"的时候,可以填写在标题中没有用到的关键词,也可以尽量将"Search Terms"这一栏填满。

4. Bullet Points(五行描述)和 Description(长描述)

Bullet Points(五行描述)主要用来罗列产品的主要卖点、亮点,包括产品的介绍、尺寸、功能、产品特点及优势、运输时间、用途(比如节日送礼)等。而 Description(长描述)作为五行描述的延伸,卖家可以在这里详细地描述或者补充产品的信息。虽然这二者对关键词搜索产生不了多大的影响,但是好的 Bullet Points 和 Description,能够吸引买家进一步了解产品,在产品的详情界面停留的时间更长,从而降低跳出率(跳出率是指只访问了入口页面就离开的访问量与所产生的总访问量的百分比),提高转化率。

5. 图片质量

图片具有直接的视觉冲击力,有时候甚至会比文字描述更能吸引人。卖家在刊登产品之前,对产品进行拍摄时多注意角度、光线,图片要够清晰,不宜过度修图。关于如何提升产品的图片质量、吸引买家驻足浏览,卖家们不妨参阅"产品销量不太好?有可能是因为没有按要求上传图片"。

6. 创建多属性变体

对于有不同颜色跟尺寸的产品,卖家可以创建多属性变体。创建父子变体后,多条子产品也作为独立的产品,可以增加产品的搜索权重。同时所有子产品的评论都会集中在一个产品之下,好评数量越多,对提高转化率越有利。

对于亚马逊新手来讲,运营初期可能经验不足,没法写出令人满意的标题。不妨先看看优质竞争对手是怎么描述产品的,可以找同类产品的 Best Seller 或前一百名的产品,仔细研究排在前三页起码 5 种以上的产品详情页面,重点研究这些优秀的同行是如何打造标题、如何描述产品亮点和详情、如何进行图片优化的,并且进行适当的模仿。

Part 11 学会这几招,你的产品搜索排名可以甩其他卖家几条街!

在本节 Part 10 中有提到,卖家要提高产品的搜索排名,需要花时间进行关键词优化,提高关键词的搜索权重。但如果只提高关键词的搜索权重是远远不够的,那么卖家还需要在哪些方面下功夫呢?下面一起来探讨一下吧。

一、要提高产品的销量与转化率

1. 做 CPC 站内推广

选择做 CPC 站内推广的卖家,应该更注重关键词的使用和筛选,不过有些产品类目竞争激烈,就算是做了 CPC 站内推广,产品的搜索排名也不一定能挤到搜索结果的前几页,但它确实有利于产品增加曝光率。因此,为了取得更好的效果,卖家一定要先优化好产品详情页面再去做 CPC 站内推广。

另外,做 CPC 站内推广的费用是比较高的,因此卖家也会考虑做站外引流推广,但是因为站外流量推广导进来的流量,有些是直接转到产品详情页面,有些是转到店铺页面,也有些转化为关键词搜索。这种引流虽然对搜索排名影响不是很直接,但还是有帮助的。

需要说明的是,CPC 推广搜索出来的结果不仅仅和出价有关,也与店铺各项指标的表现有关,表现好的自然排名靠前。因此,不建议在店铺各项指标做得还不是很好的时候就去做 CPC 推广。

关于 CPC 推广,可参阅"不想让 60% 的 CPC 广告浪费掉,这些必须了解"。

2. 发 FBA

发 FBA 是运营亚马逊店铺的标配,新品推广需要发 FBA,提高用户体验、缩短收货时间、减少退货率也需要发 FBA。凡是使用 FBA 的产品,都会比自发货的占据更多的优势,可以获取更高的曝光率和流量,同时买家也倾向于选择使用 FBA 的产品,销量提升对排名的帮助也很大。

毫无疑问,亚马逊会优先展示使用 FBA 的产品,也就是说使用了 FBA 的产品,搜索权重也会增大,搜索排名也会比较靠前。

3. 索取好评(Feedback、Review)

好评数量以及好评率也直接影响到产品的搜索排名,因此获得好评十分重要。但事实上,并不见得所有买家都会主动留下评论,而好评对于卖家来说,又实在是太重要了,所以建议卖家适时主动出击。

其实索要好评并不是一件丢脸的事情,卖家不要觉得不好意思。关于索取好评的方式,一般是以发送邮件的方式索要,邮件中要注意措辞,不能直接索要评论,要委婉,态度要客气一些,更不能威逼利诱、过分煽情,不然容易招致买家的反感被人留差评。

得到一个好评不容易,得到更多的好评更加不容易。当好评有了从量到质的飞跃时,往往会形成良好的口碑,能够扩大产品和品牌的知名度,从而增加搜索量,甚至会将一个产品推到热销榜。

4. 调整价格

价格是个敏感的因素。在产品的不同销售阶段,在亚马逊开店的卖家可以根据市场需求进行价格调整。合适的价格,能让卖家在抢黄金购物车时占有优势,对提升转化率和销量有很大的帮助,而积累起来的销量和转化率,又意味着对搜索排名有着新一轮的影响!

二、要提高店铺的绩效指标

一个产品之所以能卖得很好,一定与卖家的努力分不开,而认真经营店铺的卖家,店铺的表现都不会太差。因此,卖家们也要按照亚马逊的绩效指标要求来运营店铺,控制好订单缺陷率、配送前取消率、迟发率、有效跟踪率,做好产品与物流、售后服务。店铺表现得好了,亚马逊自然会提升这个店铺的权重,从而提高搜索排名。

第二节 得"天下"者得黄金购物车——Buy Box

Part 1 关于黄金购物车,你和百万级卖家的差别之所在!

做亚马逊的人,不能不认识黄金购物车,也不会不认识黄金购物车,看其名便可对其重要性知上一二,用"兵家必争之地"来形容它也不为过。它有多重要,接着看下去。

黄金购物车的英文名是 Buy Box,位于单个商品页面的右上方(见图 5.11),是买家购物时可以看到的最方便购买的位置。

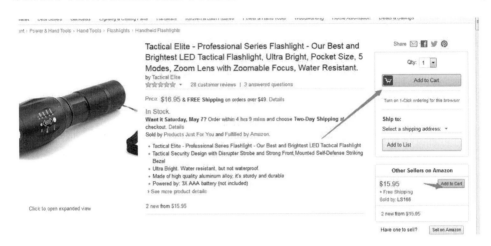

图 5.11 黄金购物车

那为何黄金购物车会独得卖家"恩宠"呢?亚马逊并没有让黄金购物车"雨露均沾",但绝不是因为"不容易得到的才是最好的"才让它变得重要。如上文所说,黄金购物车位于买家购物时最方便购买的位置。只要轻轻地点击一下"Add to Cart",页面就会自动跳转到拥有这个黄金购物车的店铺。也就是说,拥有了黄金购物车,就等于拥有了流量,可以轻松带来大量的订单。

简单来说黄金购物车的重要性就在于:第一,对卖家开发潜在的、巨大的市场至关重要;第二,是增加店铺产品销量的强大武器。据统计,有 82% 的亚马逊交易是通过黄金购物车完成的,也就是说拥有了黄金购物车的卖家卖出产品的概率要远远高于普通卖家。

那亚马逊是如何运作这么重要的黄金购物车的呢?为了提高卖家店铺的整体竞争力,也为了改善买家的购物体验,亚马逊不会将黄金购物车固定给到某一个优秀卖家,相反,是使众多卖家共享。也就是说,同一个产品,最多只会有一个卖家获得黄金购物车。举个例子,见图5.12,这个产品的黄金购物车暂时由卖家 Li-Na 拥有,其余的 12 个卖家只能在旁边羡慕。但这只是暂时的,因为下一个黄金购物车的拥有者可能是其余12家中的一家,这也就是上面说的"共享"。那到底该怎么抢到这个位置呢?搞清楚这个问题之前,先来看看影响卖家得到它的因素吧!

图 5.12 共享黄金购物车

 Part 2 做到这几点,黄金购物车即可被你长期占有!

因为是共享,所以黄金购物车不是卖家想要就能要的。亚马逊会通过它自己的一套机制来判定黄金购物车的归属,综合考量因素包括产品价格、是否使用 FBA、转化率、账号绩效等,一旦这些因素的平衡被打破,比如竞争卖家大幅度降价,这时就很可能发生黄金购物车归属者的转换。那到底有哪些因素影响黄金购物车的归属呢?下面具体来说说。

(1)价格。这里的价格是包含运费、关税等成本在内的整体价格。虽然价格不是亚马逊衡量卖家的唯一因素,但绝对是不可忽视的重要因素。

(2)配送方式。一般来说,同等情况下,抢占黄金购物车的顺序为亚马逊自营卖家＞FBA＞本地发货＞国内发货。从这里可以看出,运输时间、按时发货率以及存货数据等都将影响黄金购物车的归属。没有亚马逊自营的"好出身",卖家们运用 FBA 会是一个不错的选择。

(3)卖家评级。亚马逊会通过卖家的表现给予一定的积分奖励或惩罚,比如针对一个订单,成功完成交易亚马逊可能会奖励100分,得到差评会被扣除500分,配送时间晚只能得0分。总分是卖家在过去一年的交易平均分。越是近期的评分,被赋予的权重就会越高。

(4)运输时间。订单准时送达对获得黄金购物车非常重要,也就是说运输时间也是一个非常关键的因素。

(5)订单缺陷率。A-to-Z交易保障索赔率、差评率以及退单拒付率三者构成了卖家的订单缺陷率的三大要素。如果订单缺陷率大于1%,就将大大降低卖家获得黄金购物车的概率。

(6)评价分数。买家的评价分数,尤其是最近的评分,对卖家能否获得黄金购物车的影响较大。

(7)卖家反馈时间。是否快速回复买家也会影响能否获得黄金购物车。一般情况下,在24小时内回复90%以上买家的问题,才有机会获得黄金购物车。

(8)买家评价数量、库存深度以及销售数量、取消及退款比率。

总体来说,前四者的影响较大,订单缺陷率、评价分数、卖家反馈时间为中等影响因素,买家评价数量、库存深度等为影响较小的因素。

以上所说的这些影响因素其实是后话,在这之前,卖家账号若要得到黄金购物车还必须满足一些必要条件,符合以下要求。

(1)必须是专业卖家,个人卖家是得不到黄金购物车的。

(2)必须是在亚马逊有2~6个月的销售记录,拥有比较高的卖家等级、送货评级以及缺陷率低于1%的特色卖家。

(3)产品必须是新品。不能是二手的,不能是翻新产品。

(4)产品必须有库存。这个很重要,即便卖家已经获得了黄金购物车,但如果库存不能满足要求,黄金购物车也会不保,亚马逊会将其自动转给另一位卖家。为什么库存这么重要呢?因为一旦卖家获得了黄金购物车,订单量将大幅增加,如果库存不足将直接影响买家的购物体验。所以亚马逊不会把黄金购物车给到一个库存量并不多的卖家。

说了这么多,那到底要如何拿到黄金购物车呢?有什么技巧?作为新手卖家又该怎么做才能尽快拿到黄金购物车呢?

Part 3　想拿到万人垂涎的黄金购物车，4招即可！

前面我们讲了什么是黄金购物车、影响卖家得到黄金购物车的因素以及要获得黄金购物车的必要条件。现在我们来看看卖家到底要怎么做才能拿到人人垂涎的黄金购物车，尤其是新手卖家，看看中间有没有什么技巧。

一、新手卖家如何做才有可能得到黄金购物车

（1）打好基础最重要。亚马逊是不可能把黄金购物车给刚刚入驻亚马逊的新卖家的，因为它需要对卖家的各种表现进行评分。所以销售的前一两个月，先埋头做好产品销售。有销量，各种指标参数才会有，亚马逊才会注意到你。如果卖家选择跟卖，可以先以相对低的价格来抢一些订单，如果是自建产品详情页面，那就增加产品的曝光从而提升销量。

（2）充分利用FBA。利用FBA有利于平台对账号安全性和可靠性的评估，能够保证发货效率，对产品的曝光量和成交率有利，更重要的是，尽管亚马逊并没有说使用FBA可帮助卖家赢得黄金购物车，但是使用FBA的卖家往往都获得了更好的回报、更好的交付，所以想要得到黄金购物车的新手卖家还是尽可能地采用FBA发货吧。

（3）物流必须及时。这也是让新手卖家尽可能使用FBA的一个原因，发货延迟对账号的影响非常大。因为发货速度直接关系到客户体验等，而这些最终都会体现在账号表现中。

（4）库存必须足够。在之前提到过库存的重要性，在此不再赘述，但是必须重视起来。

（5）客户沟通及时快速。客户邮件必须在24小时之内回复，包括周末。对客户问询问题的响应会向客户（以及亚马逊）表示你重视他们，并为今后的交易奠定信任基础。

（6）控制好订单缺陷率。订单缺陷率主要包括差评率、A-to-Z交易保障索赔率、退单拒付率三方面，核心就是做好客户服务，这是亚马逊轻卖家、重买家的一个表现。亚马逊会密切关注卖家收到的评价。所以，新手卖家一方面要注意把控好产品品质，另一方面还必须做好客户沟通，从这两方面着手，控制订单缺陷率。

二、获得黄金购物车有什么技巧呢

(1)管理、优化产品。尤其是跟卖的卖家,必须对产品的价格、跟卖时间段等进行把控、调整。

(2)在每个变量上设定目标。在不忽略任何一个变量的前提下,将重点放在影响较大的变量上,具体可参阅前文。当然最终还是要根据自己产品的情况进行管理。比如产品价格波动较小的卖家,可以选择从运输时间入手,减少运输天数,来让自己脱颖而出。

(3)有效的时间管理。利用时差,当别人休息的时候,可以通过降低产品价格等方式来争抢黄金购物车。

(4)优化价格。上面已讲到了调价,那该怎么进行调价呢?第一,对数量极少的高价值产品、特殊产品或手工制品等,可在亚马逊后台进行手动调价。这种方式操作简单,可控度和可见度也高,但是工作量大,效率低。第二,对于低利润产品、卖家出售的非特色产品等可进行规则调价,即通过设置一定金额来击败市场上其他同类产品的最低价格或所有产品的价格在最低价格的基础上再降20%。这种方式只考虑了竞争对手的价格,但忽略了其他指标,比如利润空间,也就是说实际上卖家可能只需要降价5%甚至更低就可以拿到黄金购物车,所以一般不推荐采用这种方式。第三,对于高利润、特殊品、专业卖家销售的产品等可利用第三方工具进行调价。工具调价可以检测影响获得黄金购物车的每一个变量,最关键的就是它能够给出一个最优的价格,既能保证卖家赢得黄金购物车,又能保证卖家有理想的利润空间。因此,这也是我们推荐使用的一种调价方式。

第三节 亚马逊信用评价——Review 与 Feedback

Part 1 不要小看 Review,它的重要性能排进前三名

在影响亚马逊对卖家账号进行评定的各项因素中,Review 不能不提。它直接影

响产品的曝光量和流量,从而影响产品销量。

一、什么是 Review,与 Feedback 有何区别

亚马逊的卖家,一定知道 Review 和 Feedback,它们总是形影不离。二者都属于亚马逊的评价体系,分别独立。二者都是买家对卖家的产品和服务做出的评价,为后续购买的顾客提供参考。

但是对于很多新手卖家或者买家来说,并不一定能分得清 Review 和 Feedback。通俗来讲,Feedback 是客户针对于已购买的产品做出的评价,评价内容包括产品品质、服务水平、发货速度以及物品与描述的一致性等方面。也就是说,Feedback 只会发生在有真实购买记录的情况下。而今天要讲的 Review 则是对产品本身的评价,仅仅只是表达对产品的看法,不涉及服务、物流等。更重要的是,只要你是亚马逊会员,在亚马逊上有过购买记录,你就可以对任何产品写 Review,即便你并没有购买这一产品。这也是二者比较重要的一个区别。

那如何区分呢?购买了产品的买家针对该产品所做的 Review,它的上方会有个小标识——"Verified Purchase"(见图 5.13),翻译过来就是"被验证购买"。而没有买过该产品的人做出的评价(即 Review)就没有该标识。

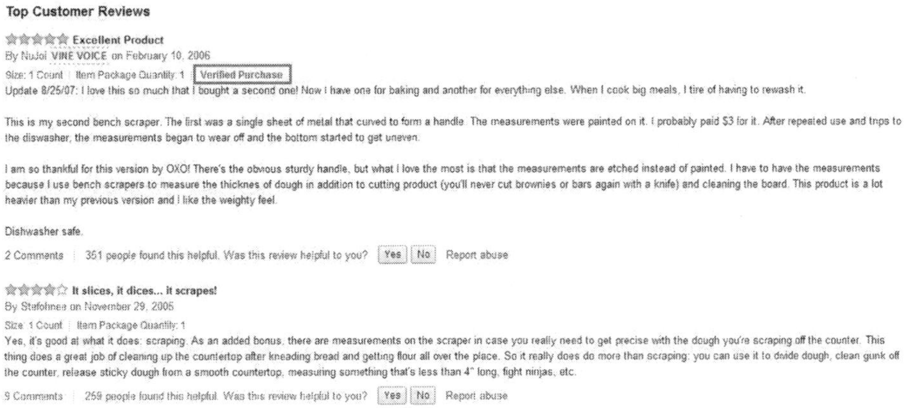

图 5.13

Feedback 在卖家店铺首页和店铺评价详情中会清晰地罗列出来,所以 Feedback 对卖家的影响更多地体现在卖家账户层面,也就是说,Feedback 的评分太低会影响店铺绩效指标,甚至可能因为 Feedback 的评分过低,亚马逊会取消卖家的销售权限。而

Review 只是针对单个产品而言,并不会直接反映到卖家店铺中,只会决定卖家的产品评分,从而影响该产品的曝光和排名。

二、Review 有何重要性

1. 为选品提供参考

通过 Review 数量来评估销量,从而为选品提供参考。通常来说,在非人为因素的影响下,100～200 个订单中才能够自然产生一个 Review,所以,卖家可以根据 Review 数量来评估竞争对手的销量,进而评估选品的可行性。

2. 提升销量

对于产品而言,Review 的重要性是不言而喻的,好的 Review 可以给潜在的顾客以购买的信心,提高转化率,提升销量。

3. 带来曝光量和流量,打造"爆款"

在亚马逊复杂的排名算法中,Review 是比较有分量的一个因素。好的 Review 还可以直接拉升产品的排名,进而带来更多的曝光量和流量,产生更多的订单。所以,任何一个卖家都必须重视自己产品的 Review 数量和星级,这是打造"爆款"的重要因素。

4. 有助于分析竞争对手,完善产品

分析竞争对手的 Review,有利于发掘产品本身的品质状况以及客户诉求。多多参阅竞品 Review 中的差评,从差评中,可以大概发现该产品的品质问题、设计缺陷,以及客户诉求,从而便于自己在产品研发和选品中避免同类问题出现。

 Part 2　别做无用功,移除一二星 Review 的正确方法在这里

产品销售过程中,有些买家会对产品不满意、对服务不满意、对包装不满意、对物流不满意、对价格不满意,而外国人更愿意表达自己的观点,所以一旦产品不符合预期,他们留下低星 Review 的可能性非常大。有时如果东西不好或者发错货,即便卖家同意退款退货,可能也阻止不了他们给低星 Review。在这种情况下,该怎么办呢?

1. 确定责任归属

当发现差评,首先需要确定责任归属,也就是冷静地分析到底是自身的问题还是

客户恶意差评,并采取不同的解决方式。

2. 是自身问题时以诚相待

如果是自身问题导致的,需要尽可能想办法联系到留差评者,做出及时、恰当的沟通,了解客户给差评的具体原因。同时,跟客户进行解释并可赠送小礼品或者退还部分费用给客户做补偿,请客户进行修改、删除差评。

3. 恶意差评,则果断投诉

如果是恶意差评,可以向亚马逊平台投诉,只要有充分的证据,亚马逊绩效团队会根据该卖家账户的历史情况和买家账户关联情况进行公正的评估后做出移除处理。点击图5.14所示的"Report abuse"举报即可。需提醒的是,这样做的前提是,卖家必须有充足的证据,且在举报时尽量详细地描述自己希望删除的差评。

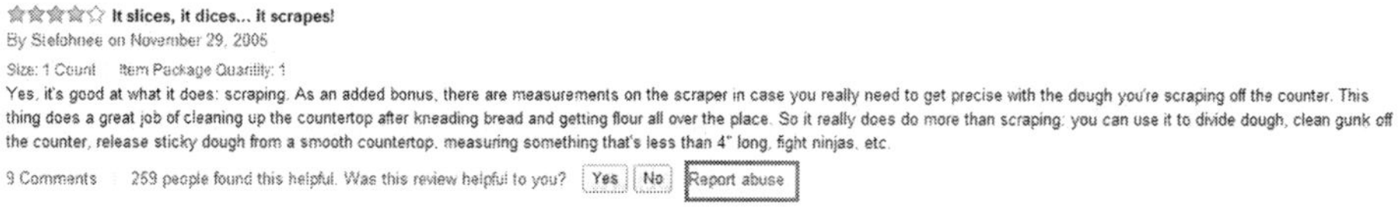

图 5.14 对恶意差评进行举报

4. 一些消除不利影响的小技巧

(1)在评论的下方有如图5.15所示的提问。卖家可以选择"No",表示该评论没有任何帮助。为什么这么做呢,因为如果超过了一定数量和比例的买家都点击"No",该评论会被屏蔽。

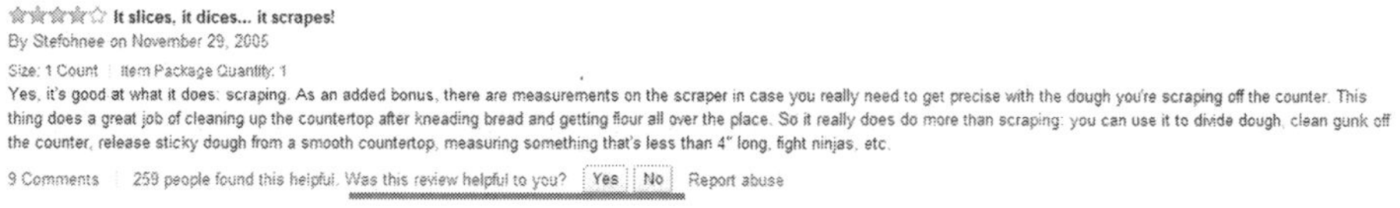

图 5.15 屏蔽评论

(2)直接回复差评说该评论是不实评论,是恶意竞争,让其他买家知道真实情况。同样的,这样做的前提是评论内容与事实不符。而且,要想留下评论,必须在亚马逊上有过购买记录。

(3)在与客户沟通时,尽量采用电话的形式。如果以邮件形式沟通,建议找个精通外语的人,避免以很生硬、很不地道的方式与客户沟通,因为这会增加对方的反感,降低成功的概率。

Part 3　Review 好评率上升 80% 的诀窍

关于 Review，在"不要小看 Review，它的重要性能排进前三名"中已经提到，它是亚马逊的一个评价体系，是亚马逊用户在有真实购买记录之后，对所购买的产品所做出的评价，评价内容包括产品品质、服务、送货时效等。Review 会显示在产品页面，所以它会对浏览该产品的用户造成一定程度的影响，影响着他们是进行购买还是放弃购买。因为如此，所以卖家们都希望客户能留下好评（见图5.16）。那到底该怎样做才能得到好评呢？得到差评又该怎么办呢？

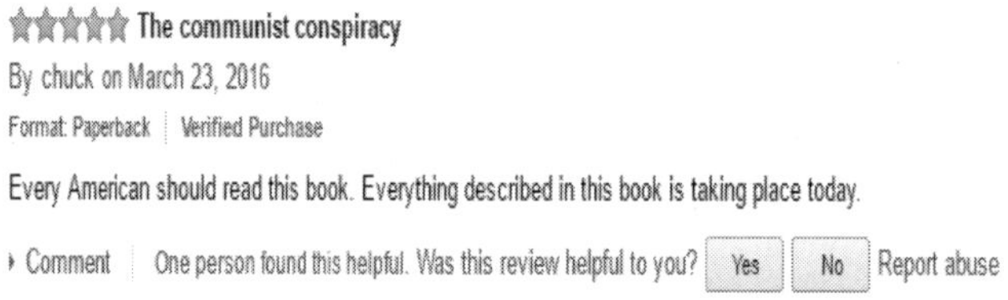

图 5.16　好评

一、如何得到好评

1. 做好自己

想要得到好评，自然先要从自身做起。具体可以从以下几个方面做起。

（1）提供高品质产品。

相对来说，亚马逊的用户是经济能力较强，消费层次较高，对品质的要求也相对较高的，所以要得到好评，最简单、最直接的方法就是提供高品质的产品。

（2）提供高品质的服务。

总体来说，包括客服、发货时效以及物品与描述的一致性等方面的服务，都必须做到让客户满意。比如碰到节假日就一定要小心处理订单，以免出现处理不当或不及时而导致客户留下中差评。再比如物流，最好选用 FBA，以确保消费者可以以最快的速度收到商品。

(3)注重细节。

只有高品质还不够,还必须注意细节。比如包装,在成本范围之内,尽量用品质好一些的包装盒,给顾客留下第一眼的好印象。再比如,在顾客购买商品时,可以送一些与商品相关又有一些用处的小礼品,让顾客有一些额外的惊喜。贴心、完美的细节,再加上高品质的产品,更有可能得到好评。

2. 主动索要好评

(1)在商品包装内添加一张卡片,邀请客户留下评论。需要注意的是,亚马逊是不允许卖家联系客户索要评价的,所以在引导客户时一定要注意方式、方法以及措辞。

(2)邀请"网红"合作,定期提供产品优惠券,邀请其写好评。

二、得到差评该怎么办

1. 针对留差评的客户

发邮件给客户,说明事实的同时,也要给出解决的方法。解释自己的难处,希望客户理解,同时告诉解决方案,比如补发货或者退款,暗示对方修改差评。

2. 针对留中评的客户

通过邮件联系客户问清留中评的原因。如果是产品原因,一方面需要同客户解释并保证会提高产品质量,希望客户再给一次机会。

3. 买家不肯修改的差评

针对买家不肯修改的差评,只能在评论下面回复。但因为卖家的回复所有浏览该产品的人(包括潜在客户)都能看到,所以一定要回复得有水平。以解释清楚为主,写清为什么延迟、有什么解决办法等。

三、修改差评的小技巧

1. 不要仅依靠邮件,打电话也很重要

这主要是考虑有些用户没有及时登录邮箱,或者根本没有登录邮箱的习惯,所以可能会没有看到卖家发的邮件。所以,不能仅依靠邮件,打电话也很重要。但切记,不可频繁打电话,客户如果觉得被骚扰会更不好处理。另外,打电话前一定要准备好要讲的内容,以免电话接通后词不达意。打电话一定要表现出诚意,表示很尊重每一位客户,希望他们能满意所提供的服务,产品有任何问题都可以跟自己联系,而且要保证一定会帮忙解决问题。最后大方地提出能不能帮忙移掉差评。

2. 求人帮忙，一定要尽量周到

这该如何理解呢？就是说卖家如果想让客户帮忙删除差评，那就应该尽一切可能让他进行"傻瓜式"操作，而不应该让客户去摸索怎样删除。告诉客户去通过以下流程进行操作"Your Account"→"Personalization"→"Community"→"Seller Feedback Submitted by You"。

四、注意事项

其实说白了，就是要用正确的运营方式来运营亚马逊，比如下面这两件事卖家就不要做。

1. 好评返现，诱惑买家

亚马逊对于这种采取有偿报酬诱导买家留好评的行为是禁止的，所以如果卖家这么做了，亚马逊会毫不客气地发警告牌，如果再出现这类违反平台规定的情况，那就有可能被关店。

2. 雇"水军"

这同样是被亚马逊禁止的。一旦被发现，所有涉及该事件的卖家产品全部下架，接受各种惩处。那卖家小心点是不是就可以？不要在亚马逊平台上抱有这种侥幸心理。卖家的所有行为，在亚马逊那里几乎都是透明的。

Part 4　如何消灭零评论？亚马逊"爆款"养成攻略

在亚马逊上有过购物经验的朋友都知道，促使我们下决心购买某款产品的因素，除了它的图片、描述和价格之外，最重要的就是参考其他顾客的评论了。因为所有的产品信息卖家都是可以编辑和修改的，但是针对评论商家可以做的"小动作"相对较少，所以零评论和差评都是让亚马逊卖家很头疼的问题。本文将重点来谈新产品上架后没有任何评论要如何突围破局。

消灭零评论首先要产品过硬，否则即便通过刷单制造虚假的火爆和繁荣，等真正的买家"上钩"后，可能会给到差评或发起"商品与描述不符"的 A-to-Z 索赔。何况亚马逊不但起诉了多名刷单者和多家刷单公司,还引用人工智能系统对评价进行甄别。所以刷单只能给卖家带来暂时的虚假的热闹和极大的风险。

从挖耳勺到电饭煲,从迷你鼠标到高端电器,如果在亚马逊上没有一个好的评级和评价,要想卖得好比登天还难,尤其是在店铺刚起步的时候。那么卖家朋友们要如何做才能消灭零评论呢?在回答这个问题之前,我们有必要了解一下亚马逊对于商品评论的官方逻辑。

一、亚马逊官方对于商品评论的逻辑

亚马逊是靠网上卖书起家的,从上线伊始,就允许消费者随意写书评,哪怕是差评,因为这些差评可以帮助消费者更快、更好地找到优质图书,做到优胜劣汰,节省消费者的筛选成本和时间。于是消费者开始喜欢到亚马逊上买书,亚马逊的生意也越做越大。

直到亚马逊上销售的产品从单一的图书扩展到如今数以万计的不同品类的商品,这个评论体系和基因也被完整保留了下来,消费者也习惯去看其他买家的评分和评论,以验证卖家的描述是否属实,以确定购买的产品多久能到货。

事实上,亚马逊也在鼓励消费者进行真实的评论,以帮助其他顾客做出正确的购买决定,这也是为什么亚马逊会推出 Amazon Vine 计划(亚马逊官方邀请值得信赖的写手去对新品或预售品进行评价)并允许有过购买记录的亚马逊会员给任何产品留 Review,即便其并没有购买该产品。

亚马逊在后台的卖家中心提供了关于商品评论的指南,规定了对于卖家而言,想要提升 Review 的数量和质量,哪些行为是允许的,哪些行为是禁止的。

从 2016 年 10 月起,亚马逊就不断推出新评论政策,其中包括 2016 年 9 月份提高买家留评资格的消费额度,10 月份美国站禁止以折扣和免费方式进行测评等。在 2016 年 11 月下旬,亚马逊欧洲站和日本站也推出新规定,禁止卖家以免费形式测评,或是用折扣以及免费产品换取评论。这一新政策详情如下。

(1)禁止卖家用免费或折扣产品、礼品卡、返现及其他补偿措施换取评论,不允许卖家使用评论服务。

(2)禁止卖家按照是否留评的方式来为消费者提供免费或折扣产品以及其他福利。

(3) 禁止卖家使用根据留评内容来决定测评师(Reviewer)成员资格的评论服务。

(4) 禁止卖家使用可以根据评论评价买家的评论服务。

(5) 禁止卖家使用可以监控买家评论内容的评论服务。

卖家可以为所有消费者提供折扣产品，比如通过 Lightning Deals 促销，可以在展览会或其他无法监控买家留评情况、留评内容的渠道提供免费产品。

以上这些政策变更适用于除图书以外的所有品类。亚马逊表示，仍然允许卖家提供免费的图书。

那么如果新手卖家上架了一个产品，如何能让它得到更多的曝光和转化，进而成为"爆款"呢？评论不能刷，在产品刚上架的时候，消费者看到一个 Review 都没有，怎么会去购买呢？这样岂不走进了一个死循环，越没有人买就越没有 Review，越没有 Review 就越没有人买。你是不是也在为此而困惑？别着急，咱们继续往下看。

二、消灭零评论的前期准备工作

工欲善其事，必先利其器，这个道理想必大家都懂，消灭产品的零评论也是一样的道理。首先是产品必须有足够高的性价比，和同行比起来，在消费者最关心的某个方面真正做到有优势；再者就是产品详情页面要优化完善好；另外，由于卖家在亚马逊上无法上传有关产品的视频，所以可以将视频发布到 YouTube 等视频网站上，一些消费者在浏览产品的时候可能会去 YouTube 上搜索。

三、如何消除零评论

说了这么多，那么对于亚马逊上的卖家而言，在新产品发布的时候，如何得到前几条评论，尤其是第一条评论呢？什么样的方法才有效呢？这里也盘点一下，各位卖家需根据自身的资源情况进行匹配和选择。

1. 找海外的朋友进行购买并评价

这是新产品起步时可以采用的非常好的一种方式。当然产品本身的质量需要有保障，因为如果产品被后面的多个买家投诉有质量问题，不排除亚马逊官方会认为初期给好评的几个账号是有问题的，进而引起对卖家账号本身的监测。

2. 向已提交了 4 星、5 星好评的买家发送 Review 邀请

在产品发出后的 10～15 天(通常这时顾客已经收到了产品)，发一封电子邮件并

询问他对产品和自己的服务有什么建议,委婉地表示可以将他的看法分享给更多的浏览者,不可以直白地要求顾客提供好评,因为亚马逊官方明确表示"通常只在完成订单或者回应客户有关服务的问题时,卖家才能联络买家",所以询问购买感受算是打了一个擦边球,一般来说买家不联系卖家,卖家不能主动出击。如果对方没有回应或者态度冷淡,就需要表示希望对方在使用产品的过程中能获得愉悦的感受,有产品方面的问题可以随时联系自己,不要过多纠缠。

另外有人统计过,亚马逊上留 Feedback 的人数是留 Review 的十几倍,好好利用和挖掘这一块资源,也能收到意想不到的效果,定期检查顾客留下的 Feedback,最好是 1 天 1 次,对留有 4 星或者 5 星的顾客表达谢意,表示自己对他的认可非常感动,自己以后会越做越好,并问对方是否愿意将他对产品的真实感受,在有空的时候与其他的浏览者做一个客观的分享,以帮助到更多的朋友。

第四节　亚马逊后台数据指标详解

 Part 1　退货也有潜规则,亚马逊卖家需要掌握的买家那些事

在亚马逊平台上,不可能没有退货。买家究竟为什么会退货,买家退货又会给卖家带来什么样的影响呢?本文所要探讨的,就是这些方面的内容。

一、买家要求退货的理由

1. 与卖家的产品质量和发货操作有关

(1)产品存在质量问题。

卖家的产品质量不过关,或者存在侵权和卖假货、仿货的情况。比如买家买了一台卖家宣称有高清效果的液晶电视机,但在收货之后试用时,发现电视机的播放画质并未达到卖家所宣传的高清效果,或者刚用没几天就坏了,这就是质量问题。

(2)产品实物与描述不符。

产品实物与描述不符导致买家退货,这种情况在国内外的电商平台很常见。描述不符包括产品描述写得过于"漂亮"、过于简单这两种情况。

卖家在创建产品详情页面时,为了吸引买家下单,在产品的基本信息如标题、图片、描述、关键词、变体、价格等方面会做一些美化,但一些卖家会将产品描述得过于"漂亮",吹捧自家的产品有多好,买家有多需要它,这可能掩盖了产品的真实面目,虽然能令买家下单,但买家在收到货并发现产品"真相"后,一定会感到被骗了且要求退货。另外,这种"漂亮"的表面功夫,也会浪费卖家的时间和金钱,所以是得不偿失的。

而当卖家的产品描述过于简单,令买家收到产品(如一些智能电器)后无法掌握使用方法,这种情况也容易导致买家退货。关于这方面,卖家最好是花些功夫优化产品的标题和说明,或者是提供教程视频,或在当地提供售后服务。

关于产品描述,卖家们应该深有体会,真实地、详细地描述产品,有助于买家挑选产品。同时也可以降低退货率和提高下单率。

(3)卖家的包装过于简单。

产品的包装材料过于单薄,或者是将多种产品混合装箱,导致产品在运输过程中受到外力挤压,产生变形、破损。这方面,卖家一定要多留意,宁愿用厚实一点的箱子,多包一层泡沫,多付一些运费,也比被退货强。

(4)卖家的发货环节出现问题。

卖家在发货之前,疏于检查产品或者没仔细核对买家的订单信息,出现寄错产品、漏发产品或者将有瑕疵、有明显使用过的痕迹的次品当成新品发给买家。这种情况容易令买家退货或者给差评。其实这些情况只要卖家发货时稍微注意和把控,是可以避免的。

(5)卖家存在延迟发货或者砍单行为。

卖家对产品库存把握不准,无法按时给买家发货,造成延迟发货,导致货在途中被买家喊停。另外一种情况是一些卖家为了刷流量,存在假促销行为,并直接砍掉了买家的订单。这种行为严重损害了买家的权益,容易被投诉,有封账号的风险。

2. 与物流运输有关

(1)物流原因导致产品损坏。

卖家的产品本身没有质量、包装等方面的问题,但是因为产品需要跨境运输,在运输过程中导致产品产生不同程度的破损,买家也是不会接受的。

(2)物流运输时间过长。

卖家配送物流速度慢,造成买家没有耐心等包裹,从而提出退货申请。关于这方面,卖家可以做得微稍细心、到位一点,在发货之前提醒买家预计收货时间,最好是在产品页面上提醒一下。必要时,卖家选择FBA或海外仓发货,保障配送时效。

(3)存在丢包情况。

买家在卖家承诺的预计收货时间内没有收到包裹,也无法跟踪包裹的物流信息,或者是经跟踪后发现物流公司将包裹丢失。这方面卖家可以跟物流公司进行交涉及索赔,而买家提出退货申请也在情理之中。

3. 买家原因

(1)买家下错订单。

买家拍错了产品;或者没留意,对相同的产品重复下单。如果是在订单付款的半小时之内,买家可以自行取消订单,超时就需要联系卖家取消。这种在发货之前取消订单的,相对来讲,对卖家造成的损失是比较低的。如果是在包裹运输途中要求取消,那就让卖家头疼了,卖家还需要去联系物流公司,中途截回包裹。

(2)产品不适合买家使用。

买家在线上按照自己的标准挑选产品,但在收到包裹后,发现产品的尺码等不符合自身情况,或者搞不清楚产品到底怎么使用,然后产生退货。

(3)试用后无理由退货。

这个无理由退货,也许可以理解为"买家可以有成千上万个合理的理由退货",比如,可能纯粹是买家不想要了,也有可能是买家收到包裹,试用了一段时间后,发现不喜欢,继而对产品没好感或觉得用不上了,然后再申请无理由退货。

(4)买家反悔。

买家下单之后,又在别的平台或店铺发现了价格比较优惠的同款产品,觉得买贵了,从而取消订单。

4. 问题买家

问题买家借由亚马逊平台宽松的退货政策,恶意购买卖家的产品,并频繁拒收、退货、取消订单。这种买家可能是竞争对手,也有可能是真实的问题买家。如果发现有这种买家存在,卖家可以向亚马逊举报。如果亚马逊判定对方是恶意的,亚马逊会做出限制处理。之前就有外媒报道,一位亚马逊客户15年间退货37次,亚马逊封杀了他的账号并冻结了他的礼品卡。

二、退货对卖家造成的影响

其实,在跨境电商平台,产生退货、退款的情况很正常。有些类目(比如服装)的退货率一直是居高不下的。买家有一千种理由买产品,也有一千零一种理由退产品。那退货对卖家有哪些影响?我们梳理了一下,有好的一面,也有坏的一面。

1. 正面影响

(1)提高卖家的选品能力,为产品优化提供意见。一些质量不好的产品,退货率肯定会偏高,那卖家可以趁机淘汰,或者改进。

(2)提升卖家的综合能力,包括提高产品供应链管理质量、仓库管理水平、配送服务水平等,提高卖家的市场竞争力。

2. 负面影响

(1)退货会影响到卖家的绩效指标中的订单缺陷率,亚马逊对卖家设的订单缺陷率指标为小于1%。如果卖家的退货处理措施令买家不满意,可能会使买家留差评或发起索赔,增加封账号的风险。

(2)增加退货成本,对产品造成损耗,增加二次销售的压力,以及卖家其他方面的损失。有些卖家可能会遇到这种情况,寄出去的是正品,但寄回来的却是被调包的次品。

(3)损害品牌形象,降低店铺的信誉度,造成买家流失,影响店铺的销量与业绩。

以上就是买家产生退货的原因,以及退货会对卖家造成的影响。如果是因为FBA发货导致买家申请退货,亚马逊会处理,卖家无须操心。但如果是自发货的,卖家就要妥善处理了。

 Part 2　只需用好这几招,亚马逊退货率至少降低一半

买家可以有很多种理由发起退货申请,如果卖家不能妥善解决这些问题,可能会让买家留下1星差评。在非常重视买家购物体验的亚马逊平台上,在退货政策方面,卖家并不占优势。那么,卖家如何解决退货问题,降低退货率呢?

一、如何妥善处理退货申请

1. 及时处理退货申请

(1)了解买家退货的真实原因。

卖家在收到买家的退货申请后,需在 48 小时内回复买家并提供退货地址。因为每个买家退货的原因都不一样,所以卖家可以先与买家进行站内短信沟通,了解买家退货的真实原因。如果卖家直接拒绝,或者以各种理由搪塞,这种售后服务容易令买家心生不悦,直接给卖家 1 星差评也是很有可能的。

(2)针对性地解决退货问题。

买家的退货请求(Return Requests)虽然可以由卖家自行关闭,但是最好的方法还是双方协商处理。一般情况下,如果买家收到的包裹有问题或者收不到包裹,会先使用站内短信联系卖家。卖家需要对买家的退货申请及时回复,积极处理。

卖家在退货沟通这个环节上,无论是沟通能力,还是服务态度、处理速度,都要让买家感觉到自己在很积极地、快速地解决退货问题。如果卖家在这个环节处理得很用心,说不定能感动到买家,令买家取消退货申请。但如果卖家已经尽力了,买家非要退货,那么,卖家还是顺买家的意思退货吧。

2. 确定产品退回时,运费和相关费用由谁承担

在退货过程中,会涉及卖家苦恼的运费问题。退货所产生的运费及相关费用由谁承担呢?

(1)由产品质量和发货操作问题导致的退货,一般是由卖家承担相关物流费用。由物流原因导致的产品破损或丢包所引起的退货,部分责任由卖家承担。

(2)亚马逊支持买家无理由退货,但没有强制要求买家承担退回运费。以美国站为例,由买家原因引起的退货申请,如果是退回美国当地的,运费由买家承担;如果是退回中国的,国际物流费则由卖家来承担。

(3)当某个产品被使用了一小段时间后,但还在可退货时间范围内,买家提出退货申请,在这种情况下,产品已经是二手状态。出于自身利益考虑,卖家可以和买家协商,提出收取部分产品的损耗费用,或者由买家承担部分或全部的退货运费。不过如果买家坚决不同意,还是由卖家自己来承担退货运费及相关费用。

3. 确认退货产品的处理方式

(1)对产品打些折扣,如果货值小,直接送给买家。

如果买家想要退货,但退的产品可能只是略有瑕疵,并不影响产品的使用,卖家可以与买家协商,给买家打些折扣。即建议买家不退货,且卖家退回部分款项给买家。这种做法,买家不会吃亏,对卖家也有好处。

如果产品的货值很小,而退回的运费却比产品价值高很多的话,选择退回会很不划算。卖家不如做个顺水人情,将产品留赠买家,货款也一并退回给买家,以此博取买家好感,图个好评。

(2)按发货地址原路退回。

如果产品货值比较高,卖家向买家提供退货地址,按照正常的退货流程,让买家将产品退回国内。为了节省运费,卖家可以提醒买家使用指定的运输方式或将产品妥善包装,并附上写有退货信息的小便签以便卖家确认。当卖家收到退回产品,该检测的检测,该换包装的换包装,确认能否二次销售。

(3)退到卖家指定的当地地址。

如果卖家在当地有货仓或者其他仓储服务地址,可以通知买家将产品退回当地,这样可以节省国际运费。将货物集中放在当地,如果后期有新的订单,卖家也可以考虑二次销售;或者当累积到一定的退货量时,再集中运回国内,批量退回的费用会便宜一些。

(4)直接弃货。

如果卖家向买家核实后,发现产品确实有质量问题或已遭到破坏,没有再退回来的必要,卖家可以选择直接弃货,并将货款全部退还买家。

二、退款方式

关于退款方式,卖家可以选择直接退款或授权退款,但授权退款对卖家来说更有保障。

直接退款:即买家没有对订单发出退货申请,而是通过站内短信等方式与卖家私下沟通退货事宜,卖家同意了退货请求,直接将货款退给买家(见图5.17)。

授权退款:买家提出退款申请,得到卖家同意后,买家使用国际物流将货物退给卖家,买家提供单号给卖家。卖家在收到货物之后再退款给买家,没有收到可以暂时不退。

图 5.17　直接退款

在退货退款过程中,卖家需要跟买家保持联系。

三、如何降低退货率

卖家如何降低退货率呢?

(1)卖家的售后服务一定要做到位。无论是响应速度,还是沟通话术、服务态度,一定要做好。优质的售后服务,有助于卖家提高店铺的盈利能力和竞争能力。

(2)与物流运输能力较强的国际物流合作。尽量减少因物流原因引起的退货,保证运输时效。

(3)卖家按周期梳理订单。筛选出经常被退货的产品、统计退货买家的分布区域、归纳买家退货的原因。如果是因为产品本身质量问题导致产生大量的退货与差评,卖家就应该果断下架该产品。如果是出仓、包装方面导致的,那就去改善这方面的服务,尽量在细节上做好把控。

(4)有些买家在购买产品之前,可能对产品并没有太多的认识,卖家可以进一步优化产品信息。比如说服饰、鞋子,可以创建变体信息,将产品各种尺寸分别适合哪些人群的信息表达出来。

(5)卖家对退货率高的买家实施不一样的退货方案。前提是看买家是否值得被"讨好",如果对方下单的频率高、所购买的产品的价值也高,虽然难"讨好"却是个忠实客户,那么卖家可以适当给予一些福利或折扣,博取这类挑剔客户的欢心,降低退货率。

(6)如果卖家的产品比较特殊,在退货环节会比较麻烦。最好在产品描述或者退货政策中提及,或者在发货之前提醒买家。如果买家接受,再进行发货。前提是卖家的退货政策不能与亚马逊的退货政策产生冲突。

(7)卖家应用亚马逊的退货政策保护自己的利益。在亚马逊的退货政策上,卖家虽然不占优势,但是对卖家还是有帮助的。亚马逊的退货政策(亚马逊退货政策查阅地址为 https://www.amazon.com/gp/help/customer/display.html/? nodeId=

15015721&ref=ag_xx_shel_xx)中规定,买家享有 30 天以内的无理由退货服务。在亚马逊平台出售的产品,大多数是遵循这个退货政策的(不过少数产品的退货政策稍有不同),如果买家在超过无理由退货时限后提出退货申请,卖家是可以委婉拒绝的。

Part 3　卖家必须知道 A-to-Z 索赔的几个核心知识点

身为卖家,一定会极度重视买家发起的 A-to-Z 索赔。一些买家发起索赔,卖家联系处理,买家却不予回应,令卖家处于被动地位,因此 A-to-Z 索赔政策也时常遭到卖家的抱怨。其实,卖家想要妥善处理索赔,就需要先了解买家发起索赔的原因。

一、什么是 A-to-Z 索赔

亚马逊对在亚马逊平台上购买商品的所有买家实施保护政策,如果买家不满意第三方卖家销售的商品或服务,买家可以发起亚马逊商城交易保障索赔(Amazon A-to-Z Guarantee Claim,简称 A-to-Z 或 A-to-Z 索赔);保护自己的利益。

二、买家发起 A-to-Z 索赔的原因

一般情况下,买家在发起 A-to-Z 索赔前都会先联系卖家,告诉卖家自己的真实需求,只有在买家不满意卖家的服务,提出的问题没有得到解决时,买家才会发起 A-to-Z 索赔。卖家可以在亚马逊后台"绩效"(Performance)中查询是否有新增的 A-to-Z 索赔(见图 5.18)。而买家发起索赔的原因有以下几个。

图 5.18　查看是否有索赔

1. 买家未收到订单商品

买家因为以下几种情况导致未收到货物而发起索赔,亚马逊将会受理。

(1)卖家已经安排配送货物,但是买家没有收到订单包裹。买家最早可在下订单的 3 个工作日以上或下单后 30 天(以两者中较早的日期为准)的这段时间内提出索赔,最晚可在从预计最迟送达日期算起 90 天时间内提出索赔。

但如果亚马逊发现需要就相关事宜展开调查,对于超出此时间范围提出的索赔,亚马逊将依然保留接受买家索赔的权利。

(2)如果卖家提供的追踪订单的追踪信息(如快递单号)表明商品预计会在某段时间内到达,但实际上无法在预计或合理的时间内送达,买家发起的索赔将获得批准,且卖家应承担赔偿责任。

(3)对于卖家自配送的订单,商品已配送且追踪信息显示已送达,但买家声称未收到商品,买家可以发起 A-to-Z 索赔。亚马逊可能会联系买家确认是否收到订单商品,而这个确认订单签收的过程,可能会有以下结果。

①如果确认买家确实没有签名确认签收订单包裹,存在卖家无法控制的配送错误(如发错货或发错地址),卖家需要承担未配送责任。

②如果买家声称未收到商品,但签名确认上的姓名与买家姓名匹配,亚马逊将会驳回买家发起的索赔;但如果签名确认上的姓名与买家的姓名不符,亚马逊也将会驳回买家发起的索赔,并要求买家调查签收包裹的人。

③针对由货运代理人或买家代理人签收的包裹提出的索赔将被驳回,但如果调查显示是卖家的原因导致买家收不到包裹,卖家需要承担责任。

(4)商品通过 FBA 配送且有追踪信息,而买家称未收到订单商品并提出索赔,亚马逊将会承担责任,同时也不会向卖家发送索赔通知,即使索赔成立,也不会计入到卖家的订单缺陷率。

2. 商品与描述不符

买家收到的商品与商品详情页面展示的商品存在重大差异。包括收到时受损、存在缺陷、缺失零件等情况。

3. 买家已退货,但未收到退款

卖家已经同意给买家退款,买家退还了商品,但卖家并未将货款退给买家。买家可以发起 A-to-Z 索赔。

4. 拒绝退货

卖家拒绝买家合理的、适用亚马逊退货政策的退货请求。

以上几种情况是买家发起 A-to-Z 索赔的原因，如果是因为卖家自身没有做好服务，令买家不满意从而发起索赔，卖家最好马上退款给买家。

三、不接受索赔申请的情况

当买家出现以下几种情况，亚马逊是不会受理索赔申请的。

(1)买家下订单后，卖家有默认的 2 个工作日进行配货，如果买家在这段时间提出索赔，将不会获得批准。

(2)买家订单的追踪信息(快递单号)显示预计不久即可送达，买家在这个节点提出索赔不会获得批准，亚马逊会要求其等待商品送达，卖家暂时无须承担责任。

(3)如果买家拒收包裹，或者声称已退回包裹给卖家了，但无法向卖家提供有效的追踪信息，买家发起的索赔将不予受理。

(4)卖家已经退款给买家了，买家不能再发起 A-to-Z 索赔。

Part 4　如果不清楚 A-to-Z 索赔的这些内容，卖家关店概率将增加 80%

A-to-Z 索赔对卖家的影响非常大，对买家的保障做得非常好，那么是不是买家有索赔的理由就可以发起 A-to-Z 索赔呢？其实并不是，买家还需要满足一些条件才可以，都有哪些条件呢？

一、买家发起 A-to-Z 索赔需要满足的条件

买家发起 A-to-Z 索赔需要满足的条件如下。
(1)买家已通过"我的账户"中的"联系卖家"按钮与卖家进行沟通。
(2)买家等待卖家的回复已超过 2 个工作日，但卖家没有回复买家。
(3)买家的索赔要求必须符合亚马逊商城交易保障索赔政策。

二、索赔对卖家的影响

卖家处理 A-to-Z 索赔要比处理一般的退换货问题棘手，因为一旦 A-to-Z 索赔成立，会影响卖家绩效指标中的订单缺陷率(Order Defect Rate，ODR)以及完美订单率

(Perfect Order Percent, POP)，对卖家的负面影响是显而易见的。假如卖家成交的订单本来就不多，就更要小心了，可能因为存在一两个 A-to-Z 索赔，账号就会被审核、冻结，甚至被关闭。

三、如何处理 A-to-Z 索赔

既然 A-to-Z 索赔存在这么大的风险，卖家又该如何处理呢？

亚马逊有规定，从买家提出索赔之日起的 3 天内，卖家需要回复关于索赔的邮件通知。如果卖家不做任何响应，3 天后亚马逊就会默认买家的索赔成立，直接退款给买家，同时会根据与卖家的协议，从卖家账户扣除全额索赔金额。

亚马逊虽然有些偏向买家，但卖家不回应、逃避 A-to-Z 索赔也不是办法，唯有积极应对。针对 A-to-Z 索赔，卖家有以下三个选择。

(1)"Refund Buyer"：退款给买家。

(2)"Represent to Amazon"：提交给亚马逊仲裁。

(3)"More Actions"：更多行动。

四、卖家处理 A-to-Z 索赔的几种结果

卖家着手处理 A-to-Z 索赔，好好与买家沟通是必要的，为了使买家撤销索赔，也可以做一些退让，可考虑退全款或部分退款、重发货物、送小礼物等方法。

不过在沟通的环节，卖家千万不要以骚扰的方式去烦扰买家。同时也考虑时差的因素，多发邮件就好了。索赔的结果是好是坏，一般与买家以下两种回应有关。

1. 买家自愿撤销索赔，无须申诉

3 天内撤销 A-to-Z 索赔不计入订单缺陷率。如果是买家发起了 A-to-Z 索赔(包括由买家原因引起的)，双方沟通后达成一致，买家愿意直接关闭索赔，则无须亚马逊介入仲裁。

此外，买家在发起索赔的 3 天内主动撤销索赔，不会计入卖家订单缺陷率；如果超过 3 天买家再主动撤销的话，那就没有意义了，这单索赔还是会计入卖家订单缺陷率。所以，卖家最好在 3 天之内提醒买家关闭索赔。

2. 买家不愿意撤销索赔，卖家进行申诉

A-to-Z 索赔的处理时间是 3 天。在买家发起索赔后，如果卖家多次联系买家，买

家却一直不回复,或者买家提出的要求是卖家无法满足的,双方无法协调,那么,卖家可以收集对自己有利的信息,然后向亚马逊递交申诉信进行申诉。

(1)关于申诉信与申诉过程。

在申诉信中,卖家要向亚马逊提供有用的申诉信息。如订单详情、送达或签名确认详情、货件追踪信息、和买家的沟通记录、之前发放的部分退款或优惠信息、可以支持自己观点的任何其他信息。

拟好申诉信之后,卖家进入亚马逊发来的索赔邮件,点击"Represent to Amazon",提供自己收集好的资料,让亚马逊介入仲裁。

(2)卖家申诉成功的概率。

其实我们也知道,亚马逊以客为尊,在很多的政策上是偏向买家的,索赔方面也是如此。尽管这样,卖家还是需要用心申诉,虽然申诉不一定会判赢,但是至少有机会赢。

A-to-Z 索赔申诉结果一般有以下两种。

1. 经申诉,买家赢

如果卖家精心准备材料进行申诉,但还是没有申诉成功,出现这个结果很可能是卖家一方存在问题。那么这单 A-to-Z 索赔就会计入卖家的订单缺陷率。

2. 经申诉,卖家赢

如果买家是无理取闹的,带有恶意的,卖家也有足够的证据证明,那么亚马逊肯定会支持卖家。如果卖家胜诉,A-to-Z 索赔不会计入订单缺陷率。

3. 亚马逊赔款

买家发起 A-to-Z 索赔后,亚马逊经过调查,有时候会自己直接赔款给买家。或者判定不是卖家的过错,亚马逊也会视情况赔偿买家。但如果是卖家的原因导致买家向亚马逊索赔,亚马逊会直接退款给买家,后期会从卖家账户扣除这笔索赔金,同时这笔款项会在卖家的扣款记录中显示。

五、与 A-to-Z 索赔有关的退款事宜

根据亚马逊的退货政策,如果买家收到的产品是有问题的,买家需在 14 天内联系卖家,发起退货请求。买家必须在收到商品之日起 30 天内将订单产品寄回给卖家(少数产品的退货政策稍有不同)。如果 A-to-Z 索赔涉及退货退款,卖家可以通知买家将

货物退回,在收货后再给买家退款。

但实际上,在一些索赔案例中,有些买家会要求卖家先退款后退货。不建议卖家接受这种要求,因为不排除有恶意买家存在,导致卖家财货两空。

在卖家收到退货后,需要退全款给买家,如果卖家通过索赔邮件界面中的"Refund Buyer"按钮操作,A-to-Z索赔会自动关闭,亚马逊会默认这是卖家的责任,从而将这单A-to-Z索赔计入到卖家的订单缺陷率中,对卖家的订单缺陷率指标不利。所以,卖家最好是回到订单里操作退款。

六、关于A-to-Z索赔的其他注意事项

(1)每张订单只能进行一次A-to-Z索赔。如果买家取消了索赔,就不能再次进行索赔。

(2)卖家如果以直接退款的方式退部分款项,买家不满意,买家还是可以进行索赔的;但如果通过授权退款方式来退全额,买家则不可再次申请索赔。

(3)买家发起A-to-Z索赔后,需要退回产品,如果卖家无法提供退货地址,亚马逊会直接默认买家赢。

Part 5　想要拥有一个健康的卖家账户,这些知识怎能不了解?

众所周知,亚马逊是一个重产品、轻店铺的跨境电商平台,非常注重买家体验。为了达到这个目的,亚马逊制定了一套指标来规范卖家账户的日常运营,要求卖家按照设定的指标,努力经营自己的店铺,服务好所有的买家。如果卖家没有达到标准或者严重超标的话,账户的状态就会受到影响。

那么,账户状态与影响账户的指标又有哪些呢?

一、卖家账户可能处在的四种状态

亚马逊卖家账户注册成功后就可以在店铺展开运营,而账户一般有四种状态。

(1)活动:卖家账户处于正常状态,可以在亚马逊上销售商品,按照正常进度支付款项。

(2)正在审核:卖家账户可以在亚马逊上销售商品,但当前正在接受亚马逊的审核,在完成审核前,卖家账户只能接收资金,无法转出资金。

(3)受限制:卖家账户已受限制,可能无法销售某些类别的商品,或只能销售自行配送的商品。

(4)暂停:卖家账户不能在亚马逊上销售商品,资金被暂时冻结。

二、影响卖家账户的几大指标

1. 卖家账户的指标组成

卖家账户处于什么样的状态,表现得好不好,可以从各项指标分数看出来(见图5.19)。下面,以美国站为例,看看影响卖家账户的指标有哪些。

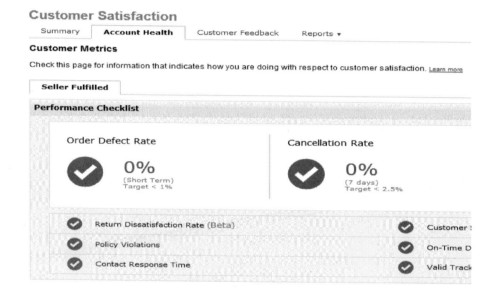

图 5.19　影响卖家账户的指标

卖家账户的各项指标包括订单缺陷率(Order Defect Rate)、配送前取消率(Pre-fulfillment Cancel Rate)、迟发率(Late Shipment Rate)、有效追踪率(Valid Tracking Rate)、准时到达(On-Time Delivery)、退货不满意率(Return Dissatisfaction Rate)、客户服务不满意率(Customer Service Dissatisfaction Rate)、联系回复时间(Contact Response Time)、违反政策(Policy Violations)。

2. 账户状态、各指标的符号标记

卖家账户状态、各指标的状态,可能有三种不同标记符号。这三种标记如图 5.20 所示。

图 5.20　标记符号

复选标记"√"(Good,绿色):优秀。表示卖家为买家提供了良好的体验,达到了亚马逊在此指标方面的要求(见图 5.21)。

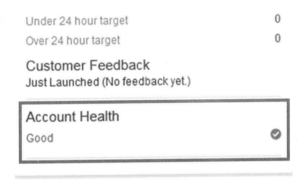

图 5.21　状态优秀

感叹号"!"(Fair,黄色):一般。表示卖家向买家提供的体验未达到亚马逊在此指标方面的目标。卖家应及时寻找原因。

"×"(Poor,红色):糟糕。表示卖家向买家提供的体验未达到亚马逊在此指标方面的目标。卖家应立即改善自己的回复时间,以避免出现负面反馈和索赔。

3. 亚马逊对卖家账户的各项指标要求

亚马逊对各个指标都设了不同的指标要求,这里有一个可以参照的表(见表 5.1)。

表 5.1　指标要求

序号	亚马逊指标	亚马逊指标要求	指标重要性	属性
1	Order Defect Rate(ODR) (订单缺陷率)	<1%	必须满足	服务性

续表

序号	亚马逊指标	亚马逊指标要求	指标重要性	属性
2	Pre-fulfillment Cancel Rate（配送前取消率）	<2.5%	必须满足	服务性
3	Late Shipment Rate（迟发率）	<4%	必须满足	服务性
4	Valid Tracking Rate（有效追踪率）	>95%,针对卖家自配送	重要	服务性
5	On-Time Delivery（准时到达）	>97%	一般	潜在性
6	Return Dissatisfaction Rate（退货不满意率）	<10%	一般	潜在性
7	Customer Service Dissatisfaction Rate（客户服务不满意率）	<25%	一般	潜在性
8	Contact Response Time（联系回复时间）	24小时内回复次数>90%；延迟回复≤10%	一般	潜在性
9	Policy Violations（违反政策）	关联、侵权、卖仿货	重要	政策性

从表中不难看出,亚马逊针对卖家设定的每项考核指标都从为客户服务的角度考虑,所以卖家一定要以买家体验为中心。从表5.1中,我们还可以读出以下信息。

(1)注重绩效指标。

亚马逊是综合许多因素来设定指标的。整体而言,它是十分注重买家体验的,所以无论站在哪个角度,无论店铺大小,订单缺陷率、配送前取消率、迟发率、有效追踪率指标都是卖家的基本目标,是一定不能触碰的警戒线。想要将店铺做得更好,必须要按照亚马逊的要求运营店铺。像一些大卖家关于这方面的指标分数都是非常好的,虽然未能达到这些指标不一定使卖家的账户处于不利地位,但卖家如果未加以改善,则会给自己带来负面影响。

(2)其他指标也应该尽量做好。

虽然亚马逊在不同时段会对某些指标进行微调,但主要的绩效指标一般不会有太大的变更。

(3)清楚各项指标的计算规则。

指标都是按百分比计算的。比如在订单缺陷率指标中就包括差评这个因素,如果是在产品上架初期,评价少的情况下,一个差评就会造成指标飘红,影响到产品后续的销量,后面需要花很大的精力来弥补。也就是说,只有等到订单数量增多了,好评的基数多了,有了犯错的空间,才不会有这么大的指标压力。

所以,无论是售前、售中还是售后,卖家都要以客为尊,只有将客户服务好了,才能达到各项指标的要求。

三、完美订单

什么是完美订单?完美,即无缺陷。一个订单中,从产生到完成交易的整个过程,没有出现亚马逊商城交易保障索赔、取消订单、延迟发货、差评、退款或信用卡拒付这些问题,就是完美订单。无缺陷订单所占的百分比,即完美订单率(Perfect Order Percent,POP)。

Part 6 这9大指标不合格,做好亚马逊根本就是一句空话

这里以美国站的卖家账户为例,详解影响账户健康的九个指标。

一、Order Defect Rate(订单缺陷率):亚马逊指标<1%

1. 定义与计算方法

订单缺陷率,简称ODR(见图5.22),是指卖家在相关时间段内产生的1星或2星差评(Negative Feedback)和索赔(Claim)纠纷的订单在所有订单总数中所占的比例。计算方法如下。

订单缺陷率=相关时间段内产生的缺陷订单的总量/订单总数×100%

订单缺陷率计算时间:亚马逊可以在任何历史订单时间段内计算订单缺陷率。但由于很多缺陷会在下单或收到订单几周后才有记录,所以亚马逊会取大约30天的数据计算。

Order Defect Rate [?]	Short Term (Mar 6, 2016 to May 5, 2016) Orders: 0	Long Term (Jan 21, 2016 to Apr 20, 2016) Orders: 0	Target
Order Defect Rate	0% (0/0)	0% (0/0)	< 1%
- Negative Feedback Rate [?]	0% (0)	0% (0)	--
- Filed A-to-z Claim Rate [?]	0% (0)	0% (0)	--
- Service Chargeback Rate [?]	0% (0)	0% (0)	--

图 5.22 订单缺陷率

2.产生的原因

导致订单缺陷率产生的因素有差评和索赔纠纷。

(1)差评。

买家在收到包裹后,可以在 90 天内对产品进行评价,如果对产品不满意或因为其他原因,买家给卖家留下了 1 星或 2 星的差评,卖家可以在 60 天内请求客户移除。移除后将不会被记为缺陷率计算的一部分。

如何减少差评?卖家必须保障产品质量,并做好物流跟踪服务,如遇到纠纷,一定要先与买家协商,必要时可考虑适当退款,以减少差评。

(2)索赔纠纷。

包括 A-to-Z 索赔和服务信用卡拒付(Service Credit Card and Chargeback)两种情况。

①A-to-Z 索赔。

买卖双方已经产生纠纷,买家已和卖家沟通并且已经等了 2 个工作日,在卖家没有解决的情况下,买家可以发起索赔。但买家的索赔要求必须符合以下 A-to-Z 保障条款中的一种。

a.卖家超过了预计最迟发货时间 3 天以上或者买家下单 30 天后仍未发货。

b.买家收到的货物遭到损坏或者货物与订单不符。

c.卖家已经做出给买家退款的承诺,但款项并没有到账。

但如果买家拒收包裹但却没有提供退包裹的追踪号将不受理索赔。

A-to-Z 索赔是为了保护买家的消费权益。不过只要卖家做好售后服务,一般较少发生这种索赔。另外,卖家如果保证了产品品质及物流的时效性,是可以减少 A-to-Z 索赔的。

②服务信用卡拒付。

服务信用卡拒付是指持卡人在支付后一定期限内向银行申请拒付账单上的某笔

交易,拒付的原因有被盗卡、未收到货物、货物与订单不符、重复扣款等。

拒付情况的产生一般是由于货物与订单不符或未收到货物。而货物与订单不符又与产品质量或者发货前没有认真检查发货产品有关。一旦买家在收货后有负面反馈,卖家需要积极与买家沟通,拿出一个能解决问题的方案。

3. 如何控制订单缺陷率指标

订单缺陷率是一个很重要的指标,直接反映卖家能否给买家提供良好的购物体验,如果订单缺陷率严重超标的话会很棘手,有可能收到亚马逊的预警提示,严重时亚马逊会审核卖家的店铺或者移除卖家的销售权限。不过这也不是不可逆转的,只要卖家做好产品和物流、售后的服务,其实可以降低缺陷订单产生的概率。

二、Pre-fulfillment Cancel Rate(配送前取消率):亚马逊指标<2.5%

1. 定义与计算公式

配送前取消率(见图5.23)是指在相关时间段内,卖家在确认发货之前,因为缺库存或者某种原因,主动取消了买家的订单。取消的订单在所有订单中所占的比例,则是配送前取消率。计算公式如下。

$$配送前取消率 = 已取消订单/订单总数 \times 100\%$$

Recent Customer Metrics Data	7 days (May 13, 2016 to May 20, 2016) Orders: 1	30 days (Apr 20, 2016 to May 20, 2016) Orders: 2	90 days (Feb 20, 2016 to May 20, 2016) Orders: 2	Target
Pre-fulfillment Cancel Rate [?]	0% (0)	0% (0)	0% (0)	< 2.5%
Late Shipment Rate [?]	0% (0)	0% (0)	0% (0)	< 4%
Refund Rate [?]	0% (0)	0% (0)	0% (0)	--

图 5.23 配送前取消率

2. 为何要控制配送前取消率

配送前取消率是衡量卖家库存是否充足的指标。高配送前取消率会影响卖家账户,对卖家的利润也会产生负面影响。所以卖家要重视对库存的监控,库存不足就及时补货或及时下架,尽量降低配送前取消率。

如果是客户下错了单,由卖家手动操作取消的话,也会被计入配送前取消率的计算。所以建议卖家让买家在自行下单成功后的半小时以内取消,如果超过了时限,一定要由卖家取消,且指标超过2.5%的话,那么在亚马逊人工介入审核店铺时,卖家可以向亚马逊反馈实情,由亚马逊直接移除,则不会影响指标。

三、迟发率(Late Shipment Rate):亚马逊指标<4%

1. 定义与计算公式

发货延迟是指在一段时间内,卖家因为自身原因,在承诺的时间内未安排货物的配送,即延迟配送,所产生的订单除以订单总数,则是迟发率(见图5.24)。计算公式如下。

$$迟发率 = 迟发订单/订单总数 \times 100\%$$

Recent Customer Metrics Data	7 days (May 13, 2016 to May 20, 2016) Orders: 1	30 days (Apr 20, 2016 to May 20, 2016) Orders: 2	90 days (Feb 20, 2016 to May 20, 2016) Orders: 2	Target
Pre-fulfillment Cancel Rate [?]	0% (0)	0% (0)	0% (0)	< 2.5%
Late Shipment Rate [?]	0% (0)	0% (0)	0% (0)	< 4%
Refund Rate [?]	0% (0)	0% (0)	0% (0)	--

图 5.24 迟发率

在后台上传产品时,卖家在"OFFER"里的"Handing Time"选项里填写的天数,将与发货是否延迟直接相关。如果不填的话,系统默认为2天。另外需要注意的是,这里的"天数"是指工作日而不是自然日。

2. 为何要控制迟发率

如果卖家延迟发货,可能会导致买家重复提醒卖家发货,又或者产生投诉或要求取消订单,这也会给卖家带来负面影响,所以卖家应努力在承诺的时间内发货。如果实在有拖延情况,应该及时联系买家说明情况,争取得到买家的谅解。一旦发货,还需要提醒买家并做好物流跟踪。

四、Valid Tracking Rate(有效追踪率):亚马逊指标>95%

1. 定义与计算公式

有效追踪率(见图5.25)只针对卖家进行自主配送的情况,卖家在发出包裹后,需将有效追踪编码(即快递单号)及时录入对应的订单中,方便买家追踪包裹。能有效追踪的订单数占总订单数的百分比,即为有效追踪率。计算公式如下。

$$有效追踪率 = 有效追踪编码包裹总数/已发货的包裹总数 \times 100\%$$

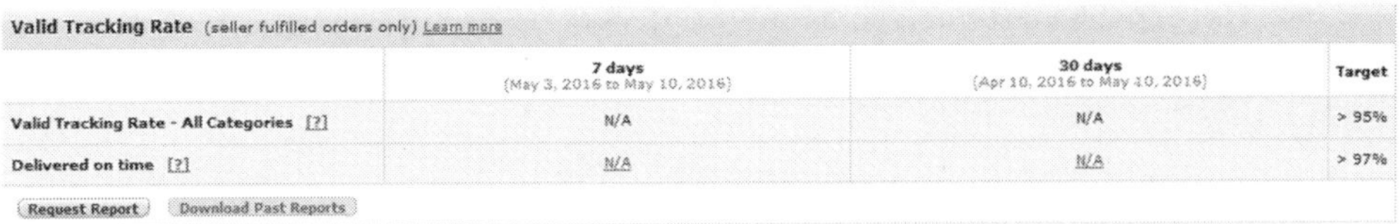

Valid Tracking Rate (seller fulfilled orders only) Learn more			
	7 days (May 3, 2016 to May 10, 2016)	30 days (Apr 10, 2016 to May 10, 2016)	Target
Valid Tracking Rate - All Categories [?]	N/A	N/A	> 95%
Delivered on time [?]	N/A	N/A	> 97%

Request Report   Download Past Reports

图 5.25　有效追踪率

例如，卖家确认总共发出了 100 个包裹，其中有 95 个包裹能够有效追踪，有效追踪率便是 95/100×100％＝95％，这里需要提醒几点。

(1)物流跟踪信息需在确认配送后 48 小时内上传，追踪编码需要真实有效，并与物流服务商匹配无误，而且仅当追踪编码具有至少一次承运人扫描记录时，才被视为有效。

(2)有效追踪率的计算包括通过 TNT、FedEx、UPS 和 DHL 等在内的国际物流公司发出的货物，但不包括通过标准邮寄信封或平邮信封邮寄的小件商品(如屏幕保护膜、贺卡等)，因为它们是跟踪不到物流信息的。

(3)自 2016 年 10 月 12 日起，亚马逊全球开店美国站自配送卖家需要为至少 95％超过 5 美元的货件提供有效追踪编码。

2. 为什么要提高有效追踪率

有效追踪率也是一项绩效指标，如果卖家在特定商品分类下未实现 95％ 的目标，将有可能丧失在该分类下销售非 FBA 商品的权限。

3. 有效追踪率对买卖双方有什么好处

有助于买家追踪订单的物流情况，有助于卖家降低订单缺陷率，并让卖家在收到亚马逊商城交易保障索赔时得到保护，还可以提高卖家反馈评分、降低货物遗失成本、提高转化率和收入等。

五、On-Time Delivery(准时到达)：亚马逊指标＞97％

买家能在卖家承诺的预计配送日期之内收到包裹的百分比，其计算基于有效追踪编码。亚马逊指标＞97％，如果达不到也不会影响卖家的账户状态，但买家在预计时间内没有收到包裹，可能会多次向卖家询问物流情况。

六、Return Dissatisfaction Rate(退货不满意率)：亚马逊指标＜10％

1. 定义

退货不满意率是指在买家向卖家提出退货请求的前提下，卖家未在48小时内答复，或者拒绝买家而收到的负面反馈在所有反馈中所占的百分比，它与订单缺陷率中的"差评"不是同一个概念。亚马逊指标＜10％，如果卖家没有达标，虽然亚马逊不会做硬性处罚，但还是需要卖家重视。

2. 退货不满意率的组成部分

退货不满意率用来衡量买家对卖家退货处理方式的满意度，它由负面退货反馈率、延迟回复率、无效拒绝率三部分组成。

(1)负面退货反馈率：对于每个退货请求，亚马逊会询问买家，卖家是否解决了他们的退货问题。如果买家表示卖家没有解决退货问题，亚马逊会将这种情况视为负面退货反馈。负面退货反馈所占的百分比，就是负面退货反馈率。

(2)同样的，延迟回复率是指买家提出退货申请，卖家在48小时内未批准退货、提供退款或关闭请求所占的百分比。

(3)无效拒绝率：是指买家提出的退货要求是合理的，但卖家却不接受、不批准退款所占的百分比。

3. 尽量控制退货不满意率

其实每个卖家都会遇到这个问题，只要是退货，都会对卖家造成损失，如果这个指标过高也会影响产品排名，这很考验卖家的反应能力，但卖家也不能为了不让买家退货，就对买家采取诱惑或要挟的手段，因为如果买家投诉到亚马逊，后果更严重。对此，卖家应该更重注自己的服务态度，争取留下客户，如果买家坚持要退货退款的话，就及时处理相关事宜。

七、客户服务不满意率(Customer Service Dissatisfaction Rate)：亚马逊指标＜25％

此指标用于衡量买家对卖家消息回复的满意度，当买家通过站内短信、邮件向卖家进行的咨询结束时，亚马逊会附带一份调查"Did this solve your problem"(这是否解决了您的问题)，买家可以选择"Yes"或"No"。客户服务不满意率就是以回答"No"的数量除以回复总数所得的百分比。如果卖家没有达到亚马逊要求的<25%的指标,虽不会有硬性处罚,但还是需要卖家重视。

八、联系回复时间(Contact Response Time):亚马逊指标>90%

就是卖家在24小时之内回复买家发来的站内消息的比例,不分节假日。如果24小时内没有回复,就算是延时回复,也将影响该指标。所以,一般情况下,卖家都会配专人负责处理买家的咨询,以保证做到及时响应,这对客户来说非常重要。如果是逢年过节,建议卖家做好值班工作。

九、违反政策(Policy Violations)

违反了亚马逊的相关政策,如关联、侵权、卖假货。众所周知,亚马逊对知识产权的保护相当严格。如果卖家明知故犯,存在侵犯知识产权的行为被投诉且成立,会受到亚马逊的警告或处罚,轻则下架产品,重则直接封账户关店铺。且一旦出现将会成为卖家的行为污点,卖家不要轻易触碰。

最后,我们对这九个指标做下总结:前四项和第九项指标,亚马逊都做了硬性规定,希望卖家能按照这些指标要求,精心运营店铺,尽量避免或减少潜在威胁和不利因素,提升店铺的整体指标和客户满意度。而第五项到第八项,如果卖家达不到亚马逊要求的指标,虽不会有硬性处罚,但还是会有一定影响。毕竟,全面发展的卖家才更有"钱途"。

Part 7　一篇文章教你彻底读懂亚马逊后台业务报告 (Business Report)

作为卖家,如果想了解店铺一天赚了多少钱,出了多少单,可以直接在后台查看业务报告(Business Report)的各项数据。那么,如何看懂业务报告呢?

一、亚马逊后台业务报告

卖家可以打开账户后台,在"数据报告"(Report)选项中找到"业务报告"(Business Report)入口,进入页面后可以看到业务报告。

业务报告由销售图表(Sales Dashboard)、按日期或按 ASIN 等归类数据的业务报告(Business Report)、亚马逊销售指导(Amazon Selling Coach)三部分组成,而这些报告的数据通常最多可以保留 2 年。接下来,我们重点来看看这些数据。

二、销售图表

销售图表由"销售概览"(Sales Snapshot)、"销售对比"(Compare Sales)和"商品类别销售排名"(Sales by Category)三部分组成,见图 5.26。

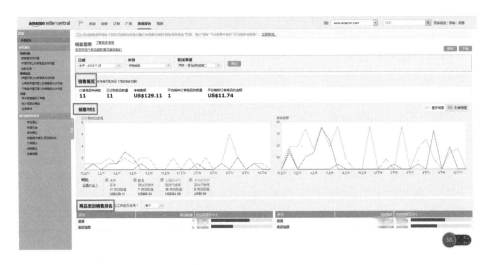

图 5.26　销售图表

1. 销售概览

销售概览通常会显示卖家当天的销售情况,数据大约每小时更新一次。具体的数据包括"订单商品种类数"(Total Order Items)、"已订购商品数量"(Unit Ordered)、"净销售额"(Ordered Product Sales)、"平均每种订单商品的数量"(Avg. Units/Order Item)、"平均每种订单商品的金额"(Avg. Sales/Order Item)。

2. 销售对比

销售对比由直观的图像数据和表格数据组成。它能将不同时间的销售数据放在一起对比,可以很直观地看到商品销量、净销售额的升降情况。销售对比具有互动式功能,具体如下。

(1)卖家可以按需要,使用页面顶部的"日期""类别""配送渠道"三个筛选条件来筛选结果。

(2)可以选择用"图形视图"(默认选项)或"列表视图"来查看销售统计数据。使用右上角的按钮选择首选项。

(3)通过勾选"图形视图"或"列表视图"下方的复选框,在"日期"筛选条件中选择要对比的时间点。例如,将"日期"筛选条件设置为"今天",那么"对比"选项会将今天的销售情况与"昨天""上周的今天"和"去年的今天"的销售情况进行对比。

3. 商品类别销售排名

商品类别销售排名能让卖家知道在具体时间段内,排在店铺销量前几名的产品类别分别有哪些,各分类的商品数量、净销售额有多少,商品数量百分比以及净销售额百分比的数据。

三、业务报告

业务报告按照日期、ASIN 和其他业务报告这三种形式来归类数据。细分的报告如下。

(1)根据日期:销售量与访问量、详情页面上的销售量与访问量、卖家业绩的数据报告。

(2)根据商品:详情页面上的销售量与访问量、父商品详情页面上的销售量与访问量、子商品详情页面上的销售量与访问量的数据报告。

(3)根据其他:每月销售量和订单量、缺少信息的商品、在库库存的数据报告。

另外,如果卖家没有看到右侧的导航栏,将鼠标悬停在最右侧,见图 5.27。点击标签为"列"(Columns)的垂直选项卡,以显示列表。再次点击可将其隐藏,也可任意勾选想要了解的数据选项。

业务报告的数据比较多,但卖家常看的数据有以下几项。

1. 根据日期统计的业务报告

(1)销售量与访问量(Sales and Traffic)。

根据日期统计的"销售量与访问量"这部分的数据,以图像+表格的形式表达,数据非常直观。在表格中,卖家可以看到具体某段时间内(天、周、月等)的"已订购商品销售额""已订购商品数量""买家访问次数""订单商品种类数""订单商品种类数转化率"等数据(见图 5.28)。下面,我们对各数据的功能进行解读。

日期(Date):卖家可以按天、周、月、年查看数据,最长时间为 2 年。

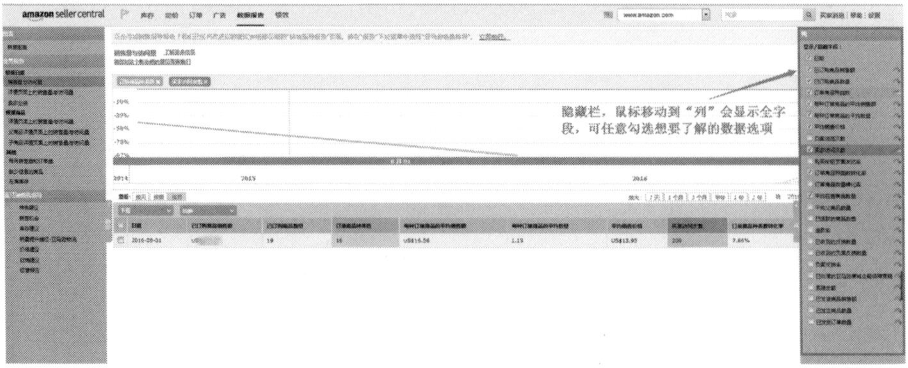

图 5.27 导航栏

图 5.28 销售量与访问量

已订购商品销售额(Ordered Product Sales):具体时间段内,卖家所有订单加起来的净销售额度。计算公式如下。

已订购商品销售额＝商品价格×已订购商品数量

已订购商品数量(Unit Ordered):具体时间段内,卖家所有订单的商品个数的总和。比如,买家下了一个订单,这张订单含2件商品,那么已订购商品数量为2件。

订单商品种类数(Total Order Items):具体时间段内,所有订单中商品的品种数。比如,买家下了3个订单,其中2个订单的产品都是相机,另外1个订单的产品是键盘,相机和键盘是不同的产品,算2种产品,那么订单商品种类数就是2种。

每种订单商品的平均销售额(Average Sales Per Order Item):具体时间段内,平均每一种产品以多少钱售出。计算公式如下。

每种订单商品的平均销售额＝已订购商品销售额/订单商品种类数

比如,当天卖家店铺产生157美元的销售额,共卖出36种产品,那么每一种商品的平均销售额约为 4.4 美元。

每种订单商品的平均数量(Average Units Per Order Item)：具体时间段内，平均每一种商品的平均销售数量。计算公式如下。

每种订单商品的平均数量＝已订购商品数量/订单商品种类数

比如，卖家当天售出了 36 个产品，共 32 个品种，那么每一个品种的平均销量为 1.12。

平均销售价格(Average Selling Price)：具体时间段内，平均每一个商品以多少钱售出。也就是我们平常所说的每个商品的平均价格。

买家访问次数(Sessions)：买家对卖家产品页面进行访问的浏览次数统计。在一次访问中，即使买家多次浏览多个页面(24 小时内)，也只会记为一次访问。买家访问量越高，证明产品曝光度越高。

订单商品种类数转化率(Order Item Session Percentage)：在买家访问次数中下单用户所占的百分比。产品有没有吸引力，下单的人多不多，从转化率可以看得出来。

平均在售商品数量(Average Offer Count)：亚马逊所计算出来的处于在售状态的商品的平均数量。

(2)详情页面上的销售量与访问量。

在这项数据报告中，卖家应该重点读取关于销售量与访问量的数据(见图 5.29)，如"已订购产品数量""买家访问次数""页面浏览次数"(Page Views)、"购买按钮页面浏览率"(Unit Session Percentage)、"订单商品数量转化率"(Unit Session Percentage)。下面将着重解释购买按钮页面浏览率和页面浏览次数。

购买按钮页面浏览率：获得黄金购物车购买按钮的商品页面的浏览次数在总的页面浏览次数中所占的百分比。

页面浏览次数：在所选取的时间范围内，产品详情页面被买家点击浏览的次数，即经常所说的 PV。如果在 24 小时内，同一用户点击了 10 个商品详情页面，那么 PV 就算是 10 次。但买家访问次数只算 1 次，所以，页面浏览次数一般会比买家访问次数要高很多。PV 高了，就意味着商品的曝光率越高，对销量、转化率越有利。

(3)卖家业绩。

这一块数据主要反映售后情况，包括退款、退货、索赔的数据。通过这块数据(见图 5.30)，可以知道用户体验好不好，卖家有没有将售后和客户服务做好。其相关数

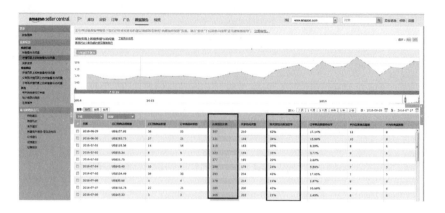

图 5.29 详情页面上的销售量与访问量

据包括以下几种。

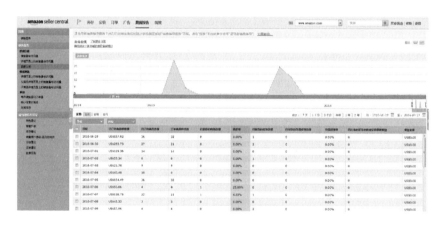

图 5.30 卖家业绩

已退款的商品数量(Units Refunded):具体时间段内,卖家被要求退款的商品数量,即退货数量。

退款率(Refunded Rate):具体时间段内,已退款的商品所占的比例。计算公式如下。

退款率＝已退款的商品数量/已订购商品数量×100%

已收到的反馈数量(Feedback Received):具体时间段内,卖家收到已验证购买的买家所留下的反馈总数量,包括好评与差评。

已收到的负面反馈数量(Negative Feedback Received):某段时间内,卖家所收到的已验证购买的买家所留下的差评数量,包括1星、2星差评。差评数量越少越好。

负面反馈率（Received Negative Feedback Rate）：差评在反馈总数量中所占的比例，也就是用已收到的负面反馈数量除以已收到的反馈数量所得到的数值。

已批准的亚马逊商城交易保障索赔（A-to-Z Claims Granted）：买家对卖家的产品或服务不满意，很可能会发起 A-to-Z 索赔，一旦发起成立就会被计入次数。A-to-Z 索赔对卖家的影响比较不利，卖家应尽量避免 A-to-Z 索赔的产生。

索赔金额（Claims Amount）：买家提出索赔的金额。金额当然是越小越好。

如果卖家的售后与客户服务都做得好，那么退货数量、退款率、负面反馈率都会比较低。

2. 按商品统计的业务报告（一个 ASIN 码代表一件商品）

以上的数据都是介绍产品整体的表现。如果卖家需要仔细分析某个产品的表现，那么可以研究一下"子商品详情页面上的销售量与访问量"（见图 5.31）。这个数据是很值得一看的，卖家可以主要查看子商品的"买家访问次数""页面浏览次数""已订购商品数量""已订购商品销售额"和"订单商品种类数"这几个数据，这些都是与销售量和访问量有关的数据。

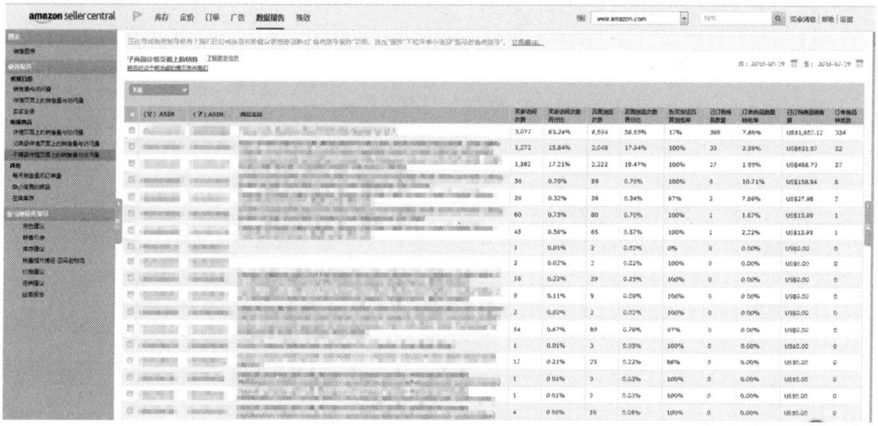

图 5.31　子商品详情页面上的销售量与访问量

同时，卖家也可以通过对比不同子商品的数据，从而发现和挖掘产品的市场潜力。人气旺的热门产品的页面浏览次数往往会比其他产品的高出很多，产品销量也会比较理想。但如果人气不旺，产品没有吸引力，买家的浏览量少了，那么它的销量也不会高到哪里去，这个产品就可能会有库存压力，那么卖家可以对其标题、描述、关键词进行优化，或者进行推广引流。

3. 按照其他方式统计的业务报告

"每月销售量和订单量"这块数据主要以月为单位,统计"已订购商品销售额""已订购商品数量""订单商品种类数""已发货商品销售额""已发货商品数量"以及"已发货订单数量"这些数据,见图5.32。

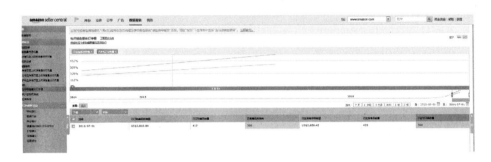

图 5.32　每月销售量和订单量

四、亚马逊销售指导

亚马逊销售指导包括"销售指导报告""业务概览""首选项""通知和建议""搜索建议""筛选后的建议"等内容,见图5.33。

图 5.33　亚马逊销售指导

五、业务报告的其他说明

1. 业务报告的下载方法

以上所有的业务报告,卖家都可以进行下载。点击具体某一项报告,再点击"下载"下拉栏中的"CSV"进行下载,下载之前,勾选需要下载的数据,如果不勾选,系统默认下载全部数据(见图5.34)。然后将数据保存到相应的文件夹里即可。

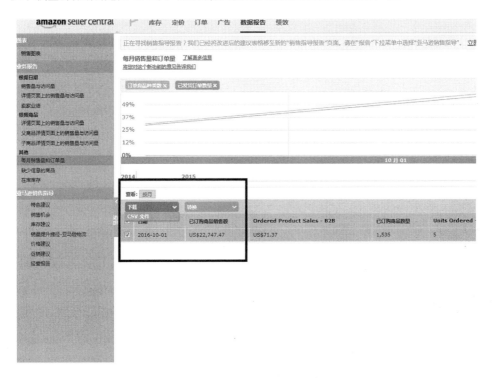

图 5.34 下载业务报告

2. 关于业务报告的补充

从亚马逊提供的业务报告中,卖家可以读取到关于产品在某一段时间内的销量、流量以及转化率这些数据,数据是比较准确的。不过有一点要说明,在业务报告的任何一个数据报告里面,并没有将亚马逊平台要扣除的月租和产品销售佣金这部分费用考虑在内。所以,卖家如果需要进一步了解实际的收入与收支情况,可在后台"Report"里面的"Payments"中下载"Date Range Reports"进行查看。

第五节　亚马逊账号安全

◆ Part 1　避免亚马逊店铺被关必须注意这几点

在众多跨境电商平台中，亚马逊颇受中国卖家青睐，但是它并没有想象中的那么友善。为了保证卖家的利益，同时打造极致的客户购物体验，亚马逊设定了游戏规则。规则不可破，底线不能碰，否则将面临封店的危险。那么哪些行为会导致店铺被关呢？

一、侵权

众所周知，欧美国家对知识产权的保护相当严格，所以，做国外市场时，在保护自己的知识产权之外，还必须做到不侵犯他人的知识产权。在亚马逊平台也一样，如果卖家被投诉侵权，轻则下架产品，重则直接封账户、关店铺。

在运营过程中，比较容易触线的就是跟卖。对于大多数新手来说，跟卖是一个很好的开局模式，跟着卖热销产品，截流大卖家流量，从而快速接单，打开局面。但是新手如果过多模仿，触线的概率很大。

那该怎么躲避高压线呢？

(1) 大品牌最好敬而远之，如果要做品牌产品，要先获得授权。

(2) 多做功课。新手在决定跟卖之前，一定要对跟卖产品的商标等信息进行检索查询，确保安全后再行跟卖。

(3) 三忌"借势"。不要试图使用处理过的其他卖家的图片，也不要自作聪明地使用别家品牌名的变形词或者衍生词，也不要发布模仿知名品牌代表性图案的图片等。总之，在没有被授权的情况下，还是小心为妙。

如果出现侵权，亚马逊会发警告，一个月收到2次警告，店铺就会被关闭。

二、卖假货

无论是什么平台，都是禁止销售假货的，而亚马逊平台的要求更严。亚马逊中国副总裁罗可仪曾表示,亚马逊卖家第三方销售假货的,一旦发现会立刻调查,一旦证实销售假货,会立即关闭该店铺。

亚马逊是这样说的,也是这样做的,对于假货,亚马逊可以说是零容忍。这一点其实与亚马逊重客户、轻卖家的核心理念是一致的。

三、账户关联

为了防止卖家重复铺货,影响竞争,同时也为了提供最优质的商品给买家,亚马逊规定一个公司只能有一个账户,禁止同一个公司申请多个账户。不要觉得亚马逊发现不了,亚马逊会通过各种技术手段获取卖家信息,通过匹配关联因素,来判断多个账户是否属于同一家公司。如果发现一个卖家拥有2个及以上的亚马逊账号,这些账号就会被判定为关联账号。

当然,并不是发现了账户关联,就一定会做封店处理。如果同站点关联且各账号之间销售的产品相同的情况下,一般亚马逊会发邮件警告,并让卖家删除新账号的所有产品。如果卖家坚持不删除,亚马逊会采取强行关闭的措施,甚至可能关闭卖家全部的关联账号。此外,有一种情况是有可能得到亚马逊"宽大处理"的,就是当亚马逊发现同一个站点下几个关联账号销售不同的产品,且销量不错,亚马逊也有可能为卖家保留全部账号。但是,如果卖家的关联账户中有一个已经被关闭了,那么卖家的所有账户都会被关闭,而且永远无法再用所涉及的资料去开设新账号。

那么如何防止账户关联呢?一台"干净"的电脑、一个全新的网络、一份"干净"的注册信息(不同的信用卡、账单地址、电话、邮箱、收款账号)和账号信息(不同地址、SKU,各种模板、图片、产品信息等)。需要说明的是,同一套资料虽不能在同一站点进行多次注册,但是却可以在不同的站点进行注册,而且可以使用同一网络和电脑,但是要注意"连坐"。

此外还需要注意的一种情况是,A账号被关,注册新的B账号去跟卖A账号的产品。在这种情况下,注意不要一开始就跟卖A账号的所有产品。要先在新的B账号里面上传一些与A账号无关的类目产品,再间隔跟卖A账号产品。

Part 2　亚马逊账号防关联的"铁律军规"

一、什么是账号关联

为保证卖家的公平竞争和提升买家的购物体验,亚马逊规定同一个身份在同一个站点不允许拥有多个账号。而"关联"就是指亚马逊通过技术手段,获取卖家相关信息,通过匹配关联因素,判定多个店铺账号属于同一卖家。

二、账号关联的后果

亚马逊会通过电话、邮箱、收款账号、地址、产品信息、网络 IP 等因素来判断账号是否关联。某个单一的因素相同,引发关联的可能性相对来说会小一些。但是,若多个因素雷同,被亚马逊检测到关联的可能性就很大,封店的风险也就越高。特别是当其中一个账户出了问题(比如侵权),就会影响其他与之相关联的账号。所以,我们要尽量避开或减少关联因素来降低账户风险。

三、账号防关联的思路

(1)要提高防关联的意识,亚马逊的"侦查技术"是很高的,不要抱有侥幸的心理。

(2)如果想多账户操作,那就要做到让亚马逊觉得是不同人拥有和操作这几个账户。具体技巧继续往下看。

四、账号防关联的技巧

1. 电脑端

坚决不要在同一台电脑上操作多个账号。一个亚马逊账号(包括账号绑定的邮箱)最好只在一台固定的"干净"的电脑上登录。此外,还要保证电脑网卡、系统、浏览器是全新的。需要解释的是,这里说的"干净"以及"全新"是针对亚马逊平台而言的,也就是说这些信息从未在亚马逊平台上注册、登录以及使用过。

2. 网络端

亚马逊对于账号关联的监测有着很复杂的算法,网络 IP 地址相同是关联因素的一种。所以不要在同一个外网 IP 操作多个账号,要保证 IP 路由、网卡是全新的。

3. 账户信息

多账号的账户信息要保持差异,不要使用身份相同的账户(包括信用卡、收款账号、电话号码、邮箱等)。不仅不要一样,也不要相似。

4. 产品信息

同一个产品在不同账号上的产品页面雷同度不能太高,建议修改图片的尺寸、产品描述。不同店铺的产品也不要相同,也可以通过修改产品信息来避免产生关联。

5. 操作习惯

多个账号操作时不要长时期同一时间处理发货,也不要在绑定 A 账号的手机端上登录 B 账号的邮箱。

6. 账号密码

密码也是关联的因素之一,亚马逊是不允许多账号操作的。所以,不同组别的账号、密码不要设置成一样的。

 Part 3　卖家哪些不经意的"小动作"会给账号带来风险?

亚马逊是一个相对公平、公正的平台,卖家们各凭所长赢得客户。不过,不排除一些卖家可能会做一些"小动作",无论是有意还是无心,一旦累积起来,就会给账户带来风险,比如被警告、被限制、被暂停、被封账号。这里盘点一下这些要不得的"小动作"。

一、产品质量陷阱

卖家的产品存在功能缺陷、过期产品当新品卖或者是产品不正宗,存在疑似欺诈买家或亚马逊的行为,容易引起差评或索赔纠纷,会影响到订单缺陷率指标。一旦严重超标的话,账号容易被审核、受限制或被暂停。所以,卖家需要严格控制自家产品的质量。

二、服务态度差

对买家发来的站内短信、邮件咨询不处理。或者在日常运营中,卖家遇到比较挑剔的买家时,直接拒绝对方的要求并发生纠纷。这种过激行为容易导致买家留下差评或产生 A-to-Z 索赔。这同样会影响账号的订单缺陷率指标,容易导致账户被审核、受限制或被暂停。所以,卖家要尽可能减少与买家的分歧与冲突。

三、存在延迟发货或单号录入有误的行为

1. 延迟发货

亚马逊规定,卖家需要在 2 个工作日之内给买家发货,最晚不超过 3 个工作日,超时未发货,就会被计入延迟发货订单。亚马逊指标迟发率需要小于 4%。如果超标的话,可能会收到亚马逊的警告邮件,情节严重者,很有可能会导致账号受限制。

2. 单号录入有误

买家无法用卖家录入的订单追踪编码跟踪物流信息,或者有未收到货却显示包裹已被签收的情况。这可能是因为卖家粗心大意,录错了包裹的追踪编码,虽然这种行为亚马逊并没有用指标约束,但是也会令卖家账号存在风险。

四、存在物流运输瓶颈

针对卖家自配送的商品,亚马逊要求有效追踪率达 95% 以上。根据亚马逊平台的规定,一般要求物品在下单后的 17~28 个工作日到达买家手中。如果超时,容易导致买家投诉或索赔,一旦投诉或索赔成立,则容易导致账号被审核或受限制。所以,建议卖家使用时效较快的商业快递、FBA 或其他海外仓配送模式,保证买家准时收货。

五、卖家账号表现异常

1. 新账号在前三个月表现异常

卖家刚开店的前三个月是关键期。一般来说,因为卖家要花时间上架产品,所以流量及转化率是比较低的,销量会呈平缓的增长趋势。但如果销量突飞猛涨,超水平发挥,那么很容易被亚马逊质疑有刷单行为,容易导致被警告或被审核。所以在建店初期,卖家切不可急功近利,需要循序渐进,将重心放在优化产品详情页面上,而不是

采取"灌水"措施。

2. 平常运营账号表现不稳定

店铺销量忽高忽低,存在私自关闭交易、延迟回复等一系列问题。账号表现不稳定,很容易让店铺陷入被审核状态,严重的话,账户会受限制或被暂停。

3. 频繁更改后台的重要信息

如卖家更换用来扣月租的双币信用卡或者是收款账号(P 卡或 WF 卡),亚马逊会有审核通知,但如果频繁修改,会导致账号出现较大的波动,会有不良影响,尤其是在欧洲站。这点是需要卖家注意的。

六、使用非正规渠道获得 UPC 码

如果通过非正规渠道购买 UPC 码,或者用自动生成器拼凑,都会导致冒用他人 UPC 码的风险系数增高。一旦被使用正规 UPC 码的卖家投诉,下架产品是必然的,甚至可能被封账号。所以,卖家们需要通过正规渠道去购买有效的 UPC 码。事实上,现在也只能使用正规有效的 UPC 码才能"万事大吉"。2016 年 7 月,亚马逊出台了新政策来规范产品标识符,其中 UPC 码若不符合 GS1 的规定将被视为无效,被查出来的产品将被亚马逊下架,而且有可能暂时或永久性限制卖家创建 ASIN 并冻结销售权。

七、用非正常手段刷评

对于好评,卖家是求之不得的。但卖家采取好评返现的手段诱惑买家,或者是雇"水军",这些行为是不被亚马逊所接受的。被亚马逊查出来的话,肯定会有被警告或被暂停账户的风险。

八、卖家存在重复铺货行为

卖家将一个产品当成多个产品重复上传。被亚马逊发现后会被警告。所以建议卖家在上传产品之前,要用标题或 UPC 码、ASIN 码查询,确保没有重复上传。另外,卖家也要注意产品分类问题,如果分错了会影响店铺的日常运营,也会有封账号的风险。

九、违反亚马逊的产品标题规则

违反亚马逊的产品标题规则的情形有以下几种。

(1)直接抄袭其他卖家的产品详情页面。包括标题、图片、详情描述等,尤其是挪用品牌卖家的图片,容易被人投诉侵权。

(2)在产品标题中加入秒杀、大促、降价等诱导性广告词语,出现公司、促销、物流、运费或其他任何与商品本身无关的信息。

(3)产品信息不准确,产品图文介绍与实物严重不符。

以上情况积累得多了,容易导致账号被审核、受限制或者被暂停。建议卖家遵守亚马逊的产品标题规范,根据产品实物如实填写产品描述信息,保证产品实物与图片一致。

十、产品缺乏相关认证

一些产品需要有验证机构出具的相关认证才能上架销售,如产品授权认证、安全认证等(如在欧洲站,机械、人身保护设备、玩具、体外诊断医疗器械等需要取得 CE 认证)。关于产品认证,买家购买前可能会咨询,亚马逊审查时也会要求卖家提供,如果卖家无法提供认证,很容易给账户带来风险,包括下架产品、被警告甚至是封账号。所以建议卖家在选品时或上架前就解决好认证问题。

十一、违反亚马逊政策

1. 违反亚马逊关于禁售商品的政策

亚马逊卖家后台禁止出售的商品示例文件中提到,如果卖家销售弹药、枪械或相关配件,非法动物制品,未注册的婴儿配方奶粉,不符合使用能效标准的照明商品,被召回或受到安全警告的药品等,这种行为严重违反亚马逊政策,会做封账号处理。

2. 销售仿货或假货

亚马逊自营的产品一般是比较有质量保证的,但如果是在第三方卖家购买,不排除存在一些赚快钱的卖家,专门销售仿货或假货。常见假冒产品的类目有电影、DVD、电子数码产品、美妆及个护等。如果被亚马逊查到,卖家账号也会被封掉。

第五章　亚马逊运营技巧

3. 关联

同一套身份信息在同站点注册多个账户,产生关联,容易导致被警告或暂停账户。这方面,建议卖家不要用同一套身份信息在同站点注册多个账户。也要保证电脑、IP是"干净"的。

4. 侵权

卖家出售的产品可能并不是名牌产品,但可能是已注册的品牌产品,而在上架前没有去查它的商标注册情况,直接去售卖或者跟卖。这种行为容易被品牌代理商或买家投诉侵权,容易被亚马逊暂停账号。所以,卖家一定要先查询产品的商标注册情况。

5. 引流到其他平台

有些卖家选择在亚马逊上开店,同时也选择在别的平台上开店。为了肥水不流外人田,通过邮件、站内短信,或者在站内的产品标题、图片中添加促销内容,引导买家到站外平台购买,这些行为被亚马逊发现的话,肯定会受到警告或被审核。其实,引流到其他网站,每个平台都是禁止的。卖家们切记不要引导买家到站外购买。

Part 4　手把手教你玩转 VPS 多账户操作

众所周知,亚马逊只允许同一个人或企业运营一个账号,并采用严格的程序对此进行监控。如果发现账户关联,则存在封账号的风险。这就意味着,在同一个外网 IP 环境下操作多个账号是非常危险的。然而,很多卖家都想拥有多个亚马逊账号,但又不可能每一台电脑都单独装网线,为了解决这个问题,下面就来说说如何利用 VPS 来操作多个亚马逊账号。

一、什么是 VPS

VPS,英文全称为 Virtual Private Server,也就是我们常说的虚拟专用服务器。VPS 技术,是利用虚拟服务器软件(如微软的 Virtual Server、VMware 的 ESX server 或 SWsoft 的 Virtuozzo),将一部物理服务器分割成多个虚拟专享服务器。这些被分割的虚拟服务器相互隔离,但每个 VPS 都可分配独立公网 IP 地址、独立操作系统、独立超大空间、独立内存、独立 CPU 资源、独立执行程序和独立系统配置等,为用户和应用程序模拟出"独占"计算机资源的体验。用户除了可以用其分配多个虚拟主机及无限企业邮箱外，还可以用其模拟独立服务器功能，可自行安装程序，单独重启服务器，确保所有资源为用户独享。

二、VPS 的特点及用途

VPS 的特点就是价格便宜，但是稳定性一般。

VPS 因为速度快、硬盘容量大，可以用来作下载站，可以通过 VPS 建立自己的电子商务在线交易平台等，可以用来登录亚马逊账号。尤其是多账号运营的时候，用固定 IP 注册、登录账号，这样做比较安全，而且可以节省买电脑的费用。

三、如何设置 VPS

设置 VPS 的步骤如下。

(1) 在"搜索程序和文件"里输入"mstsc"然后回车，具体如图 5.35 所示。

(2) 按照上述步骤操作后，会弹出如图 5.36 所示对话框，然后点击"显示选项(O)"下拉菜单，填写相应的内容，再点击"连接(N)"按钮。

点击"连接(N)"之后，将会弹出图 5.37 所示对话框，具体填写见下文说明。

"计算机"：输入服务器外部 IP。

"用户名"：填写管理员"Administrator"即可。

"记住我的凭据"：复选框保持勾选状态。

输入购买时填写的登录密码。

(3) 登录之后可以在 IE 浏览器上下载需要的其他浏览器，之后点击"开始"菜单，右键点击"计算机"，见图 5.38，勾选"在桌面上显示(S)"，之后就可以跟平常一样操作了，每次工作完成后需要及时关掉浏览器。需注意的是，为了避免后台系统发生故障，建议退出后台界面时，点击"注销"按钮退出，不要直接点击"关机"。

四、注意事项

(1) 使用 VPS 不是绝对安全，如果你使用的 VPS 的供应商有大量的卖家客户，有可能你和其他卖家会使用同一个 VPS。使用 VPS 同样会有一定的风险，只是相对来说安全一些。

第五章　亚马逊运营技巧

图 5.35　设置 VPS(1)

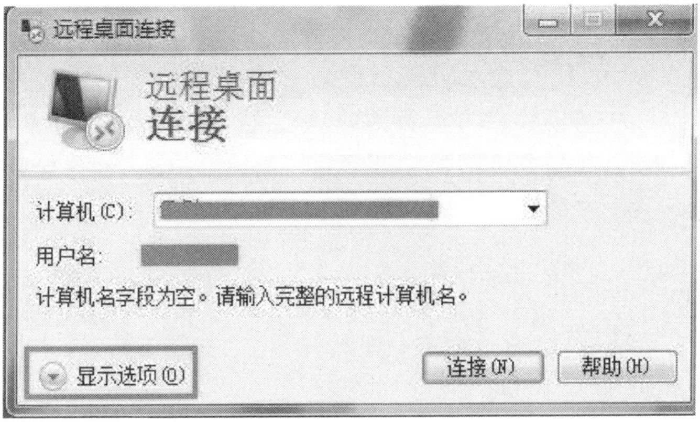

图 5.36　设置 VPS(2)

图 5.37 设置 VPS(3)

(2)一个 VPS 只能对应操作一个亚马逊账号,但是电脑上可以登录多个 VPS,这也就相当于在一台电脑上可以操作几个账号。

(3)同一台电脑、同一根网线上被封过一个亚马逊账号,也是可以通过 VPS 来另外申请注册新账号的,不会产生关联,但是,必须保证用"干净"的 VPS 来申请新账号。

(4)有些卖家反映,使用 VPS 网速会很慢。其实,购买 VPS 是可以自由选择配置的,选择配置高些的网速自然不会很慢。可以参考以下配置:CPU 单核,内存 2GB,带宽 1MB,性价比较高。

(5)VPS 购买后要等 VPS 开启了才可以连接成功。当然,如果开启了还是连接不上,那只能去找客服人员解决了。

(6)使用 VPS 后,如果账号被封,那么已经使用过的这个 VPS 就不能再用来注册或运营其他账号了。如果想注册新的亚马逊账号,则需要更换一个新的"干净"的 VPS,当然,电脑和网线不需要更换。

(7)多账号操作,也可以用 3G 网卡。一张 3G 网卡配一台电脑和一根网线配一台电脑是最保守最安全的方法。

(8)关于多账号操作这里再多说一句。如果多账号操作,建议每个账号经营不同类目的产品。原因是如果产品类目相同,后期投放关键词广告会重复,而且会浪费流量,账号间互抢流量,对于打造"爆款"和积累好评非常不利。而且容易因疑似关联被审核。

图 5.38　设置 VPS(4)

Part 5　卖家账户被封原因大揭秘

如果突然有一天,卖家收到亚马逊的通知,说卖家的账户已经被移除了销售权限,就表示账号被封了。卖家必须马上登录后台,仔细阅读亚马逊发来的通知,进而想办法去拯救自己的账户。

账户被封即账户冻结的状态。亚马逊不会无缘无故封掉一个卖家的店铺,卖家账号被封的原因一般有以下几种。

一、账户表现差

亚马逊给卖家设定的四项绩效指标中(订单缺陷率<1%,配送前取消率<2.5%,

迟发率＜4％,有效追踪率＞95％),如果卖家账户的某些指标表现得不好,可能会受到亚马逊的警告,但是亚马逊还是会给卖家时间来改善,但如果经过很长一段时间后,卖家的绩效指标还是不理想,或者根本没采取改善措施,那么被亚马逊封账户的风险相当大。

二、违反亚马逊关于禁售商品的政策

卖家违规上架亚马逊明令禁止销售的产品。有些卖家之所以会违反政策,可能由于是新手卖家,不了解亚马逊有关禁售商品的政策。

三、违反亚马逊销售政策

包括关联、侵权、卖仿货或卖假货。关于关联,如果同站点多账号运营,现有账户关联到一个被亚马逊关闭的账户上,很容易被封店。而侵权、卖仿货或卖假货,是侵犯知识产权的行为,一旦被有授权的卖家或品牌商以及买家投诉,也很容易被封店。

Part 6 卖家账户被封(冻结)后的申诉教科书

如果遇到了这样的情况,卖家需要怎样做才能将账户挽救回来呢?

一、查找账户被冻结的真正原因

先搞清楚店铺被封的原因,是因为账号表现不佳还是因为违反亚马逊的相关政策。一般情况下,亚马逊会在邮件中提示账号被封的原因,但也不会将问题讲得太透彻,需要卖家自己去查证。卖家可以查看自己店铺的绩效指标数据,或者是查看差评记录及以往的索赔纠纷事件等。总之,要找到自己店铺被封的真正原因,并且要认真分析原因。

同时,亚马逊会在邮件中引导卖家进行申诉来恢复自己店铺的销售权限。通过申诉,卖家还是有可能要回账户的。所以,卖家要认真地做好申诉的准备。

二、拟写申诉信

在进行正式申诉之前,建议卖家先拟好申诉信的内容。关于申诉信中要涉及的内

容,整理如下。

(1)态度非常重要,卖家在使用书面语言表达时,不要带个人抵触情绪。

(2)找到账户被封的直接原因,并对原因进行分析,详剖导致客户不满的因素,虚心承认自己的错误与不足,同时不说与封店无关的问题。

(3)如果卖家在邮件中分析账号被封的原因,应尽可能提供细节和准确的数据。

(4)卖家要制定一个有效的改进方案,确保以后不会出现类似的问题。方案要尽可能详细,也要有针对性和可操作性,不要随意套用模板。要让亚马逊觉得卖家很真诚,相信卖家有改变店铺经营措施的决心,会继续为买家提供优质的服务,遵守平台政策,而不是敷衍了事。

(5)卖家也要提到对账户解冻的期盼,并且写出相应的店铺发展计划。

卖家在拟定申诉内容时,最好是分点罗列,这样表达会比较清晰。拟好申诉信后先不用急着提交申诉邮件,应该叫上英文比较好的朋友,一起看看行文是否存在语法错误,语言表达是否恰当,内容是否够详细。确认没问题后,再进行下一步的申诉。

三、申诉的途径

(1)卖家可登录卖家后台(https://sellercentral.amazon.com/gp/customer-experience/perf-notifications.html)点击"绩效提醒"(Performance Notifications),找到亚马逊通知账户被封的那封邮件,点击"Appeal Decision"按钮,将准备好的申诉内容写入,写好后提交邮件。

(2)如果卖家不能登录卖家中心,可以用注册的邮箱发送申诉信到亚马逊官方的邮箱(seller-performance@amazon.com)进行申诉。

四、关注邮件回复和后台通知

卖家发出申诉信后,亚马逊一般会在2个工作日内回复。但因为存在时差,所以卖家需要耐心等待,等待的过程中除了密切关注注册邮箱,也要按照自己写在申诉信上的改进方案,尽力去改善一些存在的问题。

如果超过了2个工作日亚马逊还没有回复,卖家可以再次发送邮件,询问亚马逊是否收到自己之前发的申诉信。如果亚马逊回复说卖家的方案不够完整,那么就再进行补充。一般情况下,如果情况不是特别严重,亚马逊会在收到卖家的申诉邮件后,恢复卖家的销售权限。但是,如果亚马逊明确回复卖家,拒绝恢复账户,那很抱歉,卖家账户就没有解封的可能了。

五、寻找专业申诉团队

如果卖家对申诉流程不熟悉,无法应对申诉问题,建议寻找专业申诉团队进行申诉。

 Part 7　卖家账户被封(冻结)后的申诉实战案例

以上是卖家账户被封后如何申诉的流程,不同的卖家店铺,被封的原因不一样,申诉结果也不一样。以下有几个案例,大家可做参考。

一、账户指标问题导致卖家账户被封

1. 过高的订单缺陷率导致账户被封

案例:买家投诉产品实物与描述不符。

方案:卖家要主动移除图片不真实,产品详情页面中的信息不够详细、真实的产品。在申诉信中需要提到,自己已经意识到某具体类目产品的图片和文字描述确实不够完整,没有给客户提供完整的产品信息。在改进方案中,卖家可以承诺,自己已经重新拍摄了产品图片,并会对产品的重量、尺寸等参数重新做核对,保证上架的产品使用的是真实、标准的图片,并附上更加详细、真实的描述,确保剔除了有损坏或缺陷的库存产品。同时卖家在提交申诉方案后,也要落地实施改进方案,并且联系留差评的买家尝试改善评价。

2. 迟发率过高导致账户被封

案例:买家投诉付了款后卖家迟迟不发货。

方案:卖家需要核查已付款的订单,可能会发现有多个订单尚未发货。在申诉方案中,卖家需要认识到自己设置的预计发货时间太短,不符合实际,需要提醒买家并表示愧疚。这方面,卖家在改进方案中,要提到自己会在"OFFER"里的"Handing Time"选项里面修改预计发货天数,日后将严格控制自己的发货时间,并且在发货后的第一

时间通知买家。

3. 配送前取消率过高导致账户被封

案例:买家投诉卖家无故取消订单。

方案:卖家需要核查库存和供货流程,可能会发现存在库存不真实的情况。在卖家的申诉方案中,应该提到仓库库存与平台库存确实不相符的情况,导致买家下单后无法发货并反省自身。在改进方案中,承诺日后将定期进行库存盘点,对同个产品不同颜色的库存做好监控,并对库存数量设置警戒线,一旦低于某个数值就进行采购,并且给采购预留足够的时间。

4. 有效追踪率过低导致账户被封

案例:买家投诉卖家提供的快递单号无法有效追踪包裹。

方案:卖家需要重新找到被买家投诉的订单的单号,可能会发现国际物流公司提供的单号无法追踪包裹信息。在处理方案中,卖家就要明确提到,因为国际物流公司的运转效率降低的客观原因,导致买家无法追踪到物流信息,但自己已主动联系国际物流公司跟踪最新情况,确保客户会在预计时间内收到产品。在改进方案中,提及将会选择与物流服务更好的国际物流公司合作,必要时也可以提到使用FBA发货,提升用户购物体验。

二、违反亚马逊关于禁售商品的政策导致账户被封

案例:销售被亚马逊明令禁止销售的限制级的图书杂志。

方案:如果卖家是个新手,一定要在邮件中表明自己是新手,刚开店对亚马逊政策了解不够充分,但在收到封账户的通知后,已经重新学习了亚马逊关于禁售商品方面的政策,并且重新审查店铺中上架的产品,保证已经删除了禁售产品(可以具体到删的是哪个类目的产品,具体数量是多少)。总之,要让亚马逊感受到卖家已经改正了自己的错误,并会遵守亚马逊关于禁售商品的政策。

三、违反亚马逊销售政策导致账户被封

案例:因为关联到一个被亚马逊关闭的账户上被移除销售权限。

方案:防关联一直是保证卖家账户安全的重点。如果卖家的一个账户关联到曾被亚马逊永久移除销售权限的账户上,那么也容易被封店。针对这种情况进行申诉,一

般很难成功,卖家不要抱太大的希望。

Part 8 亚马逊卖家需要做好品牌备案的重要原因

看过《射雕英雄传》的人,应该都知道黄蓉的软猬甲。软猬甲乃东海桃花岛岛主的镇岛之宝,鬼灵精怪的黄蓉穿着它横行江湖、有恃无恐。而今天要说的品牌,它的作用与这江湖宝物倒有几分相似。有了品牌备案这件"软猬甲"护身,卖家行走亚马逊也可以做到"有恃无恐"。

一、在亚马逊进行品牌备案的好处

有了品牌备案,卖家在亚马逊上进行销售便少了很多顾虑,对销售是极为有利的。具体来说有以下好处。

(1)有效地防侵权、防跟卖。为了截流大卖家的流量,快速出单,热款产品往往都是被跟卖的对象。被跟卖的大卖家只要在亚马逊上做了品牌备案,就可以有效地防止被跟卖。

(2)不用购买 UPC 码。官网上 UPC 码价格不低,增加了卖家的成本,而使用通过非正规渠道购买的或者自动生成的 UPC 码又有很多风险。但如果在亚马逊有了品牌备案,亚马逊官方就会给卖家分配 GCID 码,这样卖家在上传产品时就可以不用 UPC 码了。

(3)增加产品详情页面信息的可信度,并对产品拥有更多控制权。当跟卖的卖家的级别比被跟卖的卖家高,还拥有黄金购物车的话,他可能就获得了产品编辑权,更改被跟卖卖家的产品资料。但若在亚马逊做过品牌备案,就可以向亚马逊申请锁掉更改的权限,仅限卖家自己使用。卖家能完全掌握自己产品的名称、描述、图片等信息,也可以减少关键字的配对错误,能够更精准地被搜索到。

(4)打造品牌。如果想要将事业做大做强,建立和打造属于自己的品牌是不可缺少的。所以不仅仅是为了在亚马逊销售,从事业长远发展的角度考虑,必须申请品牌商标。

虽说亚马逊接受在任何一个国家注册的品牌,但是这种备案并不能提供绝对有效的保护,同时因为商标具有一定的地域性,所以,想要获得法律保护,还是要注册目标市场所在国家的商标。因为如果商标被他人抢注,卖家反而会变成侵权的一方。鉴于在美国站开店的中国卖家越来越多,我们就来看看中、美两国在商标保护上的不同之处。

二、中、美关于商标保护的不同

在商标使用这一点上,美国和中国不同。中国商标的使用是遵循"注册优先"的原则,即谁先在政府注册谁就受到法律的保护。但是美国遵循"使用在先"的原则,即商标权的获得以商标的实际商业使用为基础,商标注册证只是作为权利证明的一种初步证据。

如果进行了商标注册,即表明商标注册者拥有特殊权利,不仅可以阻止侵权商品进入美国市场,还能阻止他人在卖家专用的商品或者服务类别上再注册一个相同或者可能令人误认与混淆的商标。此外,注册商标的所有权人有权追究商标冒用者的法律责任,并要求获得经济赔偿。

三、亚马逊上品牌备案所需资料

要在亚马逊完成品牌备案,卖家需拥有以下资料。
(1)商标证书(或者品牌商的授权书,需要有®标志)。
(2)产品图片(必须显示品牌Logo,白底,无水印)。
(3)产品包装图片(必须显示品牌)。
(4)商标标识图片(必须只显示标徽本身,而不是打印在产品盒上)。
(5)品牌网站、品牌社交媒体主页(可选)。
(6)品牌故事。

Part 9　顺利且快速通过亚马逊品牌备案的超级秘籍

当国际商标成功注册之后,一定要记得提交到亚马逊平台进行备案,这样才能申请品牌保护。那么要如何在亚马逊上进行品牌备案呢?

一、品牌登记备案的条件

自有品牌和授权品牌均可登记,不同国家的都可以。但事实上只有申请了目标市场当地的商标,才能得到亚马逊最大的保护。因为商标具有地域性,所以在国内注册的品牌商标,去了国外是不受保护的。也就是说,如果别人把卖家的商标在美国进行了注册,那在美国境内这个商标将属于他人,在美国卖家就不再是这个商标的主人。这个时候,无论是亚马逊还是美国法律,都会优先保护在目标市场所在地注册的商标。

另外,目前有些类目的商品尚不能在亚马逊进行品牌备案,它们分别是媒介类商品(图书、音乐、影视)、娱乐收藏品和体育收藏品。

下面就来看看如何在亚马逊后台进行品牌备案。

二、备案步骤

1. 品牌备案入口(以美国站为例)

(1)方法一,直接进入品牌备案页面,网址为 https://services.amazon.com/brand-registry.html,见图5.39。

图5.39 品牌备案入口

(2)方法二,在后台搜索"Brand Register",然后进入"Seller University"页面,在"Brand Registry"一栏,点击"Enroll now"进入品牌备案页面,见图5.40、图5.41。

2. 品牌备案申请页面

(1)第一步,开始进行品牌备案,具体操作见图5.42。

在这里重点解释一下,在2017年4月中旬,亚马逊暂停了各站点的品牌备案,在5月中旬左右开放了升级版的品牌备案。目前来说,亚马逊的品牌备案处于半开放的状

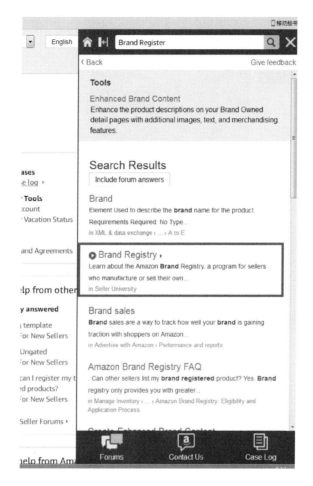

图 5.40　方法二(1)

态,只受理已经注册完成的商标,即有®标志的商标才能进行备案。所以在"Trademark Registration or Serial Number"中需要输入商标注册号(Registration Number)。备案商标必须是纯文字形式,并且是 4 号标准字体(Times New Roman 字体),不能有任何设计。这就意味着图文商标是无法备案的。但笔者认为,后面备案系统完全开放后,亚马逊应该还会对品牌备案政策再做调整,不太可能不允许设计商标备案。毕竟亚马逊本身的商标就是图文商标。此外,大家也可以关注关于亚马逊品牌备案政策的最新消息。

(2)第二步,识别品牌。

①上传产品图片,产品图片必须显示品牌。

图 5.41　方法二(2)

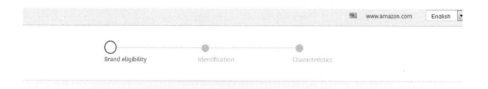

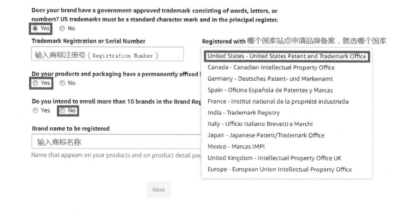

图 5.42　品牌备案申请

②上传产品包装图片,产品包装图片必须显示品牌。

③上传商标标识图片,品牌标识图片必须只显示标徽本身,而不是打印在产品盒

上。

④填写品牌网站、品牌社交媒体页面(如品牌的 Facebook 主页)。此两项是可选项,也就是非必填项,但如果提交了品牌网站和社交页面链接,通过的概率会更大些。

具体操作见图 5.43、图 5.44。

Help us identify this brand

Upload product images　上传产品图片,产品图片必须显示品牌

Image requirements:
- Upload up to 10 files 1.5 MB or less.
- Image must show the product with visible branding

Upload packaging images　上传产品包装图片,产品包装图片必须显示品牌

Image requirements:
- Upload up to 10 files 1.5 MB or less.
- Image must show the product with visible branding

Upload logo images　上传商标标识图片,品牌标识图片必须只显示标徽本身,而不是打印在产品盒上

Image requirements:
- Brand logo image must only show the logo itself, not a photo of a logo printed on a product box

图 5.43　上传品牌信息(1)

(3)第三步,提交关于品牌的更多信息,具体操作见图 5.45。

完成以上操作后,点击"Submit application"提交品牌备案申请。亚马逊品牌审核团队会对该品牌的备案申请进行审核,卖家可留意邮件反馈。

图 5.44　上传品牌信息(2)

图 5.45　提交更多信息

三、如何获得 GCID 码

如果在上架商品时通过设置 UPC 或 EAN、JAN 码为关键属性成功将商品进行了品牌备案,亚马逊会自动为商品分配一个被称作全球目录编码(Global Catalog Identifier,GCID)的唯一商品编码。GCID 码不会随时间或国家(地区)变化,它由 16 个字符

(不包含空格或连字符)组成。这也是进行品牌备案的一个好处,省去了购买 UPC 码的麻烦及成本。

如果 GCID 码未成功分配到卖家的商品,卖家提交至商品详情页面的信息将不会自动展示。为了确保 GCID 码能分配到卖家的商品,卖家需要确认商品信息是否包含以下内容:品牌名称(区分大小写)以及已选择的关键属性,不仅如此,还必须保证品牌名以及产品的关键属性备案与亚马逊后台的品牌名和关键属性是一样的。

四、如何查看亚马逊为卖家分配的 GCID 码

自动分配到每个商品的 GCID 码不会显示在商品详情页面或"Manage Inventory"(管理库存)页面的产品信息中。要查看商品分配到的 GCID 码,卖家可以在后台下载"Inventory Report"(库存报告),从这里查看商品的 GCID 码。

(1)从"库存"下拉菜单中,选择"库存报告"。

(2)从"选择报告类型"下拉菜单中,选择"在售商品报告"。

(3)生成报告后,使用电子制表程序(例如 Microsoft Excel)打开文件。

(4)在报告中找到 W 列(商品编码),如果亚马逊已经为卖家的商品分配了 GCID 码,那卖家就可以看到一个由数字和字母组成的 16 个字符(不含空格或连字符)的 GCID 码。需要说明的是,在品牌备案之前上架的商品,备案之后不会自动更新 GCID 码,需要手动批量更新。

Part 10 亚马逊中小卖家如何防止图片或商标侵权,保护账户安全?

亚马逊是个保护原创、尊重知识产权的平台,对卖家的侵权行为是零容忍的。一些卖家因为侵权行为被投诉,导致相关产品被禁售或者取消销售权,这种案例屡见不鲜。经分析,大部分的原因是卖家自身存在图片侵权或者商标侵权的问题。归根结底是因为一些卖家产权意识薄弱,不懂平台规则。这些侵权行为该如何防止呢?

一、如何防止图片侵权

为了账户安全防止图片侵权,卖家不能以任何方式盗用他人图片,产品自身不能

存在侵权。

1. 禁止盗用他人图片

在刊登产品图片时，亚马逊平台不会判断图片是否存在侵权，但如果图片是盗用他人的，被发现举报了，亚马逊平台会发邮件提示卖家可能有侵权行为，有时会直接删除或者停售相关产品，甚至是直接冻结账户取消销售权。

只要是盗图都有被投诉的风险，所以为了账号安全起见，建议卖家不要盗用他人图片，尽量使用自己原创的图片。卖家使用自己的原创图片时也要注意对原始图片信息的保存。不排除日后可能会有别的卖家投诉你的图片存在侵权行为，这样的话，你可以向亚马逊提供原图信息作为申诉证据，以此维护自己的利益。

2. 产品自身不能存在侵权

除了盗图以外，还有一种情况就是图片里面的产品本身存在侵权，这种侵权也需要杜绝。

(1) 产品不能印有其他品牌的商标 Logo、水印，尤其是各种明星头像、卡通动漫形象(如凯蒂猫、愤怒的小鸟)。

(2) 对于一些产品，没有得到品牌官方的授权不能上架销售。如古驰、路易威登、香奈儿等奢侈品牌产品，ELM327 汽车诊断仪，还有热门影视作品(如魔戒系列、迪士尼系列、漫威电影系列等的角色形象、道具)、服装、手机游戏等产品，即使出售的是正品，但没有品牌官方的正规授权也是一种侵权行为，是不能上架销售的。

二、如何防止品牌侵权

1. 保证供货渠道的正规性

对于卖家来说，在进行选品时，就要从货源供应链上防止产品可能存在的侵权问题。了解生产商或供货商的生产能力、生产资质，杜绝仿品、假货。

2. 获取品牌商标授权书

有些卖家作为代理商，在亚马逊上销售某个品牌的产品，在刊登产品之前就需要先取得品牌商标的正规授权。有了品牌授权之后可以在亚马逊进行品牌授权备案。

关于品牌商标的授权使用，一般要签订书面授权使用协议(合同)，所以也就只有商标持有人才有资格进行品牌授权。也就是说一些代理商是没有资质给卖家授权的，只有取得了商标持有者的正规授权，卖家才有合法使用商标权。

3. 要注意品牌名称和产品详情

卖家要注意品牌名称,品牌名称不能抄袭其他知名品牌名称,也不能打擦边球使用容易误导买家的品牌名称。刊登产品时建议使用原创图文和视频,在标题、搜索词里面的关键词不能带有他人的品牌名称,否则容易造成侵权。

4. 跟卖前查询是否已注册商标

跟卖很容易被人投诉侵权,但在实际操作中一些卖家经常犯这种错误。被人投诉侵权后又会陷入不知如何申诉的困境。所以新卖家一定要注意,在进行跟卖之前一定要先查询清楚跟卖卖家的品牌有没有注册商标。可以登录以下网址进行商标查询。

美国商标查询:https://www.uspto.gov/trademark。

欧盟商标查询:https://euipo.europa.eu/eSearch/。

日本商标查询:http://www.jpo.go.jp/。

三、侵权了如何申诉

亚马逊对侵权行为的打击力度是很大的,如果哪一天卖家一不小心侵权了,被人投诉了还被封了账号,一定要积极应对这种问题,首先要排查并删除侵权产品,及时联系投诉方进行沟通,尽最大能力让对方撤诉,因为这是降低损失最好的办法,但如果对方不回应、不接受撤诉,那就只能进行申诉了。在申诉之前一定要详细查看亚马逊的邮件,写申诉信要有针对性,要坦诚自己的错误,要有详细的改进方案,语气要诚恳,不要复制网上的申诉模板,那样会显得不够有诚意。

如果能拿回账号,一定不要再犯这种错误。如果经过多次申诉还是拿不回账号,那只能被封店了。或许以后可以东山再起,只不过代价太大了,所以卖家一定要有防侵权意识。

还有另外一种情况,卖家没有侵权,但被别人侵权了,这时可以善意提醒对方停止侵权行为,如果对方知错了并终止行为,可以选择不予追究,如果对方执意不听,可以向亚马逊平台进行侵权举报,侵权投诉链接为 https://www.amazon.com/gp/help/reports/infringement,亚马逊自会对其进行处理。

第六章

亚马逊站内外引流

第一节 站内引流

 Part 1　不想让 60%的 CPC 广告浪费掉,这些必须了解

CPC(Cost Per Click)被称为按点击付费,是亚马逊卖家需要掌握的一种站内推广形式,它通过向目标人群投放广告让产品得到更多的曝光量和浏览量,在产品符合买家需求、描述清楚到位、图片足够吸引人的前提下,有助于"爆款"的打造和形成。尤其对于竞争少、售价高、利润高的产品,更应当优先考虑投放 CPC。目前美国站最低起投价为 0.02 美元,每次加价最低为 0.01 美元。英国站最低起投价为 0.02 英镑,每次加价最低为 0.01 英镑。

一、CPC 投放的基本要求

CPC 投放的基本要求如下。

(1)推广的产品需要拥有黄金购物车,没有获得黄金购物车的产品,是没有机会申请点击付费广告活动的。

(2)卖家必须是专业卖家,个人卖家需在后台升级为专业卖家后才能投放 CPC。

(3)认真筛选和设置竞价关键词,注意不要将竞争对手的品牌词添加进去,比如卖服装,不能将香奈儿的衣服设置成爱马仕或乔治·阿玛尼的。也就是说要实事求是,不能侵权。

(4)不要为了曝光量而设置与产品完全不相关的关键词,比如卖衣服,设置的关键词却有 Computer、Shoes 或 Mobile Phone,这是不允许的。

二、创建 CPC 的方法和步骤

创建 CPC 的方法和步骤如下。

(1)到卖家中心,依次选择"Advertising"(广告)→"Campaign Manager"(竞价管理)→"Create a Campaign"(创建一个活动),见图 6.1。

图 6.1　创建一个活动

（2）之后按照图片的提示分别填写"Campaign name"（活动名称）、"Average daily budget"（每天的平均预算）以及活动的"Start date"（起始日期）和"End date"（结束日期），见图 6.2。

图 6.2　填写信息

（3）接着选择关键字的获取方式，在亚马逊目前有两种方式，"Automatic targeting"（自动生成）和"Manual targeting"（手动键入）。自动生成会根据产品匹配所有相关搜索字，增加产品的曝光率和点击率，但精准度方面会弱一些，是广义匹配、泛匹配。手动键入则需要卖家自己输入竞价关键词，需要卖家非常熟悉自己的产品，非常了解当地消费者的词语搜索习惯，综合要求比较高。

（4）最后保存即可，一个竞价活动就设置成功了，在竞价活动设置成功 1 小时后，就可以供买家进行点击了。

需要注意的是活动名称和广告组的字数限制为 255 个字符,一个广告组里关键词的数量为 200 个。

三、影响 CPC 排名的因素

影响 CPC 排名的因素如下。

(1)CPC 搜索位的排名是由表现(Performance)以及出价(Bid)共同决定的,表现主要指销量、转化率等要素,而且表现的权重往往要大于出价的。所以亚马逊 CPC 广告,不是出价越高排名就越靠前,而是哪个产品的表现好,亚马逊官方就会给到它优先展示权,形成良性循环。

(2)既然表现这么重要,那要如何提高表现呢?后台的广告报表里可以找到两个指标,一个是点击转化率(Click Through Rat,CTR,即用点击量除以展示量得到的参数),如果 CTR 过低,就要考虑更换吸引人眼球的主图了,多测试几个,找到最佳的那一个。另一个是订单转化率(Conversions Rates),它取决于产品详情页面的效果,所以最好在主图、卖点、详细描述、Review 等都做好了之后,再开始做 CPC。尤其是 Review,一般到了二三十个再来考虑做 CPC,否则会花很多冤枉钱,有流量却没转化率。

四、CPC 关键词优化技巧

CPC 关键词优化技巧有以下几点。

(1)初次做亚马逊 CPC 关键词,建议卖家朋友还是先进行小批量测试,然后逐步优化,因为只有足够多的数据作基础才能让大批量的 CPC 投放更有效果,尤其对于亚马逊上的中小卖家而言。

(2)小批量测试时,可以使用自动生成,而非手动键入,每天通过后台下载自动投放报告来确定哪些关键词转化率最高,将它们筛选和整理出来,同时进行手动投放,持续优化 CPC 关键词和产品详情页面,逐渐累积权重。

(3)观察和总结消费金额和流量之间的关系,找出一个最佳平衡点,即二者之间的投资回报率(Return of Investment Rate,ROI),从而实现 CPC 投放的利益最大化。这需要通过对关键词的不断调整来获得,通常通过 5~10 天的测试,基本上就可以确定一个合理的数值了。

(4)在高转化率的关键词都被找出来,ROI 也保持合理的平衡后,卖家可以利用关键词工具来细致挖掘长尾关键词,从而继续提高成交率和销售额。

(5)有条件的话,可以参考一些当地比较受欢迎的自营平台或第三方平台,借鉴其标题、描述和关键词等,如英国的 Argos、美国的 Walmart 等。

 Part 2　让销量提升数倍的杀手锏:满减折扣(Money Off)

满减折扣是放之四海皆有效的促销手段。值得庆幸的是,虽然亚马逊对卖家有诸多限制,这种促销方式却是允许的,当然这也是为了会员能够享有更优质的购物体验。但不管怎样,对卖家而言,这对提升商品销量、打造"爆款"、提高曝光量是有好处的。

一、什么是 Money Off

Money Off 是亚马逊免费促销(Promotion)方式中的一种,即上文说的满减折扣活动,也就是我们平时常常遇到的类似"满××减××"的促销方式。

二、什么情况下使用 Money Off

一般情况下,促销的时机分为以下两种。
(1)新品上市。
(2)打造热销款或者"爆款"。
需要说明的是,只有拥有黄金购物车,卖家才能进行促销。

三、如何设置 Money Off

1. 全面认识 Money Off 设置页面

设置 Money Off 时,先进入卖家后台。在美国站点,在"ADVERTISING"下拉菜单中选择"Promotions",进入图 6.3 所示页面。而在英国站点,则是在"INVENTORY"下拉菜单中选择"Manage Promotion"进入。

进入以上页面后,再点击"Create",进入 Money Off 促销规则设置页面,见图 6.4。

由图 6.4 我们可以看到,Money Off 促销规则设置共分为三个步骤,Step 1 为"Conditions"(促销方式)的设置,根据实际促销活动来填写;Step 2 是"Scheduling"(活

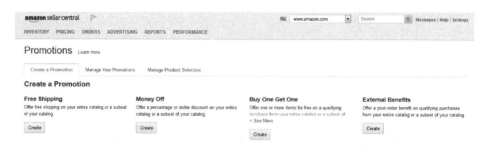

图 6.3 设置页面

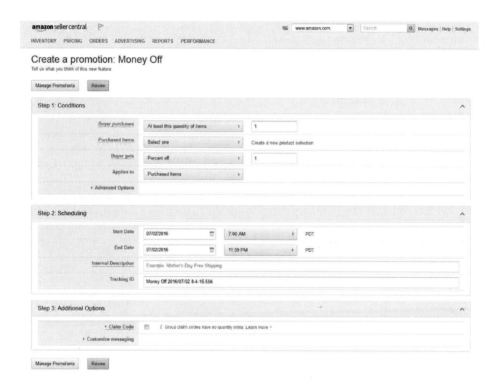

图 6.4 促销规则设置页面

动时间)的设置;Step 3 是"Additional Options"(附加选项)的设置。接下来我们分别来看看每一步是如何设置的。

2. Step 1:Conditions

这里主要需要填写"Buyer purchases""Purchased items""Buyer gets""Applies to"以及"Advanced options"五项内容,见图 6.5。下面依次来看如何填写。

图 6.5 促销方式设置

(1)Buyer purchases。

这个下拉菜单里有三个选项,可以根据实际的促销活动进行选择,具体见下文说明。但需要提醒卖家的是,在设置促销活动时,必须要记得 Step 1 的第一选项"Buyer purchases"决定着整个 Step 1 的设定,填写的顺序是从上到下,因为上层的设置会影响到下层的选项。

①"At least this quantity of items"(至少购物×种商品):表示此促销方案只有在顾客购买×种商品时方适用,后面的框内必须填入数字。

②"At least amount(in ＄)"(至少×金额):表示此促销方案只有在顾客购买至少×金额的商品时方适用,即买家最少要花费×费用才能参加此促销活动。

③"For every quantity of items purchased"(每×种商品):表示买家一次购买×个商品就可以有优惠。假如设定一次购买 5 个某商品有优惠,那一次购买 5 个该商品的买家就享受这种优惠。

(2)Purchased items。

卖家在这里选择要参与促销的产品。当卖家只想对在售商品中的部分商品做促销的话,需要先创建产品列表,以便系统可以识别出来是哪些产品包含在促销的内容里面。那系统如何找到这些商品呢,可以通过给系统提供 SKU 列表、ASIN 列表、品牌名称等,也就是说,卖家可以从不同的角度出发来创建想做促销的产品列表(见图 6.6)。

(3)Buyer gets。

对买家提供的优惠,这里也同样有两个选项(见图 6.7)。

"Percent off"(打折):即享受×折的折扣优惠。比如,如果卖家想打 9 折,后面框内就填上数字"10",想打 95 折,后面框内填上"5"。

(4)Applies to。

哪些产品可以参加促销活动,同样有两个选项(见图 6.8)。

图 6.6 促销产品列表设置

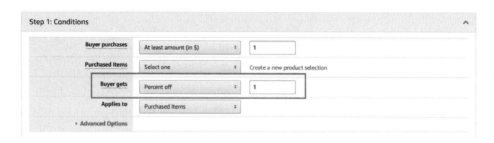

图 6.7 折扣设置

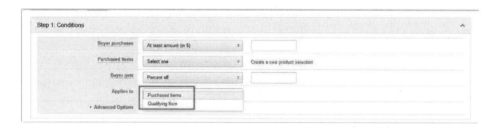

图 6.8 设置参加促销的商品(1)

①"Purchased items"(购买的商品):一般默认的就是该选项。但如果卖家在"Buyer purchases"选项中选择了"For every quantity of items purchased",此时选择该选项时,需要填写如下信息,见图 6.9。

②"Qualifying item"(指定的商品)(见图 6.10):如果选择了这个选项,点击"select an asin",表示当买家购买了某个指定的产品后才能享受优惠。

(5)Advanced options。

即高级设置。在这里可以根据自己的需要,添加多个促销的区间。比如满 50 减 5、满 100 减 15 等,见图 6.11。

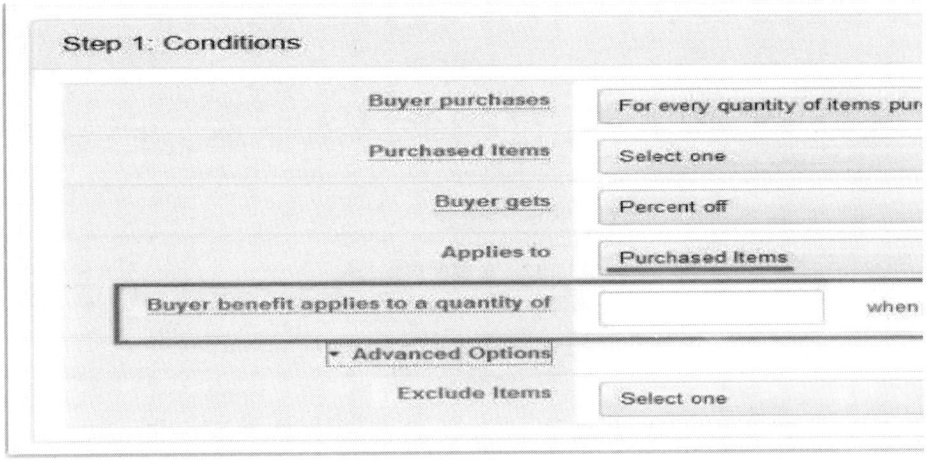

第六章　亚马逊站内外引流

图 6.9　设置参加促销的商品(2)

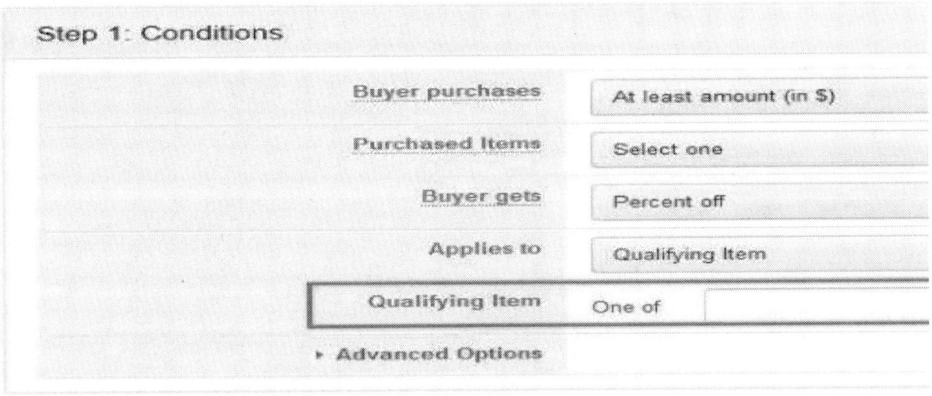

图 6.10　设置指定的商品

图 6.11　高级设置

3．Step 2：Scheduling

这个比较简单,就是促销的起止时间,见图 6.12。这里需要注意的是,促销活动创建之后 4 小时才会生效。此外,这个时间是指美国的时间。当然,卖家可以到"管理促销"中去查看目前这个促销是"Pending"(尚未开始)状态还是"Active"(正在进行)状态。

图 6.12　促销的起止时间

(1)"Start Date":开始时间。

(2)"End Date":结束时间。

(3)"Internal Description":促销识别名称,用来区分促销活动。

(4)"Tracking ID":促销追踪编码。不会显示给买家,仅供卖家内部使用。

4. Step 3:Additional Options

这个附加选项部分主要用来完善卖家的促销活动,见图6.13。

图 6.13　附加选项

点开,如图 6.14 所示。

(1)"Claim Code":促销优惠码。主要供买家使用以取得优惠。勾选后,顾客在结账时需要输入优惠码才能享受促销优惠。

①"One redemption per customer":勾选后表示每位买家只能使用一次优惠码。

②"Claim Code":可以自己输入,或者系统生成。

③"Claim Code Combinability":优惠码类型。有三个选项,分别是"Preferential"(优先使用型)、"Unrestricted"(无限制型)及"Exclusive"(排他型)。建议新手卖家选择系统默认的"Exclusive",意思就是买家使用了这个优惠码后就不能参加其他的促销活动了。

(2)"Customize messaging":卖家自定义信息。创建给买家的信息,并设置展示的先后顺序。需要设置的内容主要包括以下几项。

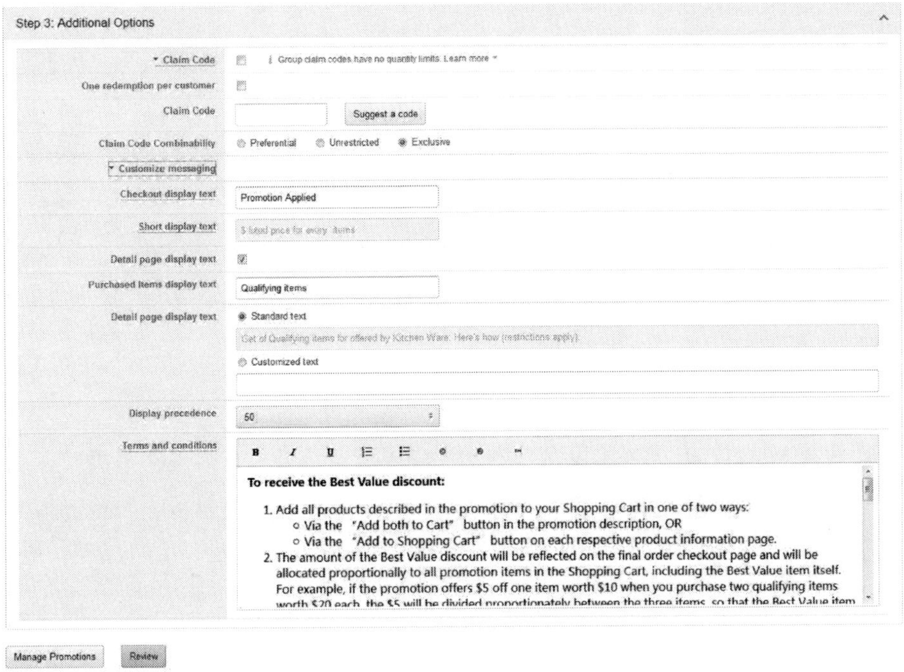

图 6.14　附加选项设置

①"Checkout display text":结算时显示的文字。

②"Short display text":短显示文本,搜索页面时显示的信息。

③"Purchased items display text":需购买商品显示文本。即显示需要买家购买的商品信息。

④"Detail page display text":商品详情页面显示文本。勾选后,商品详情页面里会显示促销信息。如果不勾选的话那么每位到店里的访客都能享受优惠。这点需要注意,一般适合清理库存时使用。

⑤"Detail page display text":详情页面显示出的促销信息,有两个选项。

a."Standard text":标准文本,系统推荐的促销文本信息。

b."Customized text":自定义文本,自己编辑的促销文本信息。

⑥"Display precedence":此促销的优先级,数字越小,此促销越优先生效。适用于同时有多个促销活动进行活动排序。

5. 预览并提交

在设置好以上促销的所有信息后,在促销活动页面的最下方有一个"Review"按钮

(见图 6.15),点击查看,对所创建的促销活动可做预览、检查,确认无误后,点击"Submit"。此时,就完成了促销活动的创建。

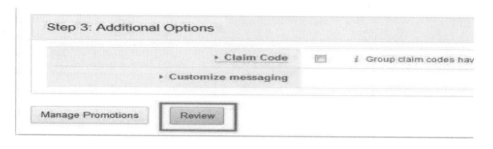

图 6.15 预览

亚马逊 Money Off 的基本设置基本上讲完了。但是仍然有很多新手卖家在设置时出现了一些问题,导致损失惨重。因此不要走开,下面我们来讲讲促销设置中的那些"黑洞"!

Part 3 促销代码设置不仔细,可能一夜亏掉几十万

在本节 Part 2 中,详细讲解了设置亚马逊 Money Off 的各个步骤,其中,也提到了关于优惠码的设置。但是并没有说到在进行优惠码设置时需要注意的地方,下面就来说说这个问题。

促销码主要是在 Money Off 设置的第三步(Step 3:Additional Options)中进行。这里面有一些比较关键的问题需要我们注意,例如为了快速冲排名而进行促销,如果不注意,很容易亏损。

一、Claim Code(优惠码)

先来看"Claim Code"这一栏目应如何设置(见图 6.16)。

(1)"Claim Code":后面的复选框需要勾选上,这样,顾客在结账时就需要输入优惠码才能享受促销优惠。

(2)"One redemption per customer":表示一个买家只能使用一次优惠码。后面勾选上,即表示一个买家只可购买一单促销产品。

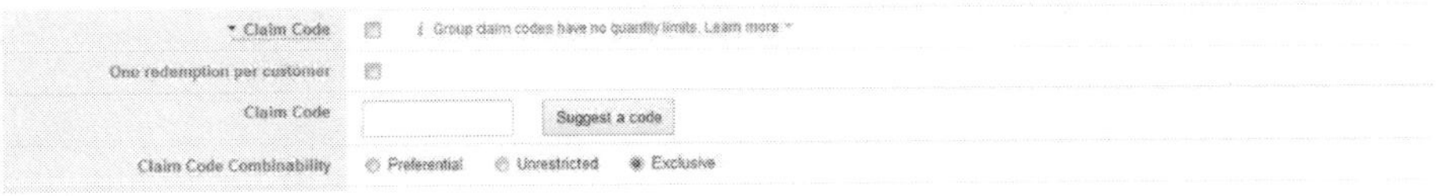

图 6.16　优惠码设置

（3）"Claim Code"：即买家购买时需要输入的优惠码，卖家可以自己设定，也可以随机设定。

（4）"Claim Code Combinability"：优惠码类型，用来区分促销的优先级、排他性等。当多个不同的促销活动同时进行时，可以通过创建不同的优惠码来指定促销组合。优惠码类型共有三种。

①"Preferential"：优先使用型优惠码。表示同一笔订单中，买家最多只能使用一个优先使用型优惠码，但它可以和无限制型优惠码同时使用。同一笔订单，若符合多个优先使用型优惠码的使用条件，系统将自动选择有最佳折扣的那一个。

②"Unrestricted"：无限制型优惠码。表示同一笔订单中，买家可以同时使用多个无限制型优惠码。

③"Exclusive"：排他型优惠码，也称独用型优惠码，若勾选了它，则表示买家购买时不可将其与任何优先使用型或无限制型优惠码搭配使用。这也是新手卖家做促销时，为避免出错，最常选用的一种优惠码类型。

二、Customize messaging（买家自定义信息）

接着再来看"Customize messaging"（见图 6.17）。这里主要用于创建和(或)自定义必选或可选的信息类型，包括条款与条件、促销的优先级以及在商品详情页面或结算页面显示的促销内容。

这部分具体的填写方法在之前已经介绍过，此处不再赘述。但是有一个关键点必须强调，那就是图 6.17 中被圈出来的部分。如果卖家做的是定向促销，比如上文说的，是为了快速冲排名做的促销活动，那该项后面的复选框必须取消勾选（系统默认是勾选状态）。商家如果因为马虎或者不懂而没有取消勾选，那优惠码就会出现在产品详情页面上，也就是说，所有人都将会看到优惠码，用优惠码来参与促销活动，卖家可能会因此受到大的损失。

正常的促销设置基本到此结束，可是，如果是用于快速冲排名所做的促销，在完成

图 6.17 买家自定义信息

提交之后,还有一件很重要的事,那就是促销码的管理。

三、管理促销码

进入"Promotions"页面后(见图 6.18),点击"Manage Your Promotions",在"Search"处可查看所有促销,点击"Active"查看正在进行的促销活动,也可点击"Pending"查看尚未开始的促销活动。找到刚刚设置的促销活动,点击促销活动名称,进入促销详情页面。

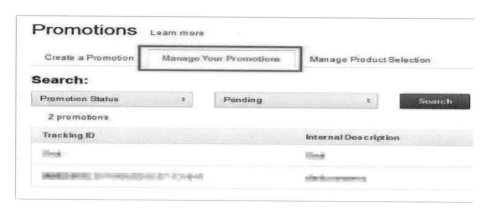

图 6.18 管理促销码(1)

在促销详情页面,可以看到"Manage claim codes"(管理促销码)按钮,见图6.19。

点击"Manage claim codes"进入图 6.20 所示页面,在"Group Name"中输入便于自己识别的名称,在"Quantity"中,输入计划用来快速冲排名的产品数量,然后,点击

图 6.19　管理促销码(2)

"Create"按钮。页面下会出现刚刚设置的"Claim code group"，点击右边的"Download"下载。下载的文件里面就有对应于刚刚设置的数量的一长串促销码。

图 6.20　管理促销码(3)

此时的促销码,是一次性促销码,卖家可以把促销码发送给特定的促销网站或群组,不用再担心被人恶意分享出去重复使用而造成额外的损失。

Part 4　提高产品曝光量和转化率的灵丹妙药——详解亚马逊秒杀

对于亚马逊卖家而言,所有的工作都是以订单为中心的,所有的努力都是为了促成交易。促成交易的方法有很多,秒杀就是其中的一种。其实不只是亚马逊,其他电商平台也都将秒杀当成了一件营销法宝,用它来吸引更多的买家。事实上,秒杀也确实受到了许多买家的青睐,接下来我们就来谈谈秒杀这个话题,看看秒杀活动究竟要怎样做。

一、秒杀的基础知识

秒杀就是亚马逊卖家在产品现价的基础上设置一定的折扣,让所有买家在同一时间段去抢购的一种促销方式,它是限时限量的,目的是以优惠吸引更多的消费者,提高秒杀产品的曝光量和销售量。

秒杀也是亚马逊官方比较重视的一种促销方式,它可以有效提高买家与亚马逊平台的黏度,同时也让卖家得到相应的实惠。亚马逊在首页上就有秒杀页面的入口,位置非常靠前,称为"Today's Deals",我们点击进入"Today's Deals"页面可以看到很多产品都在参加秒杀活动,见图6.21。

图 6.21 参加秒杀活动的产品

据悉,"Today's Deals"页面是很多亚马逊买家喜欢浏览的页面,一些买家在登录亚马逊网站后做的第一件事就是打开"Today's Deals"页面,看看有没有自己中意的产品正在参加秒杀活动,如果有就马上拍下来。

二、卖家参加秒杀活动的好处

卖家参加秒杀活动的好处有以下几点。

(1)大幅度增加产品的曝光量,提升品牌的影响力和知名度,如果卖家在产品和服务方面让买家拥有了非常好的体验,还将得到一批忠实的粉丝。

(2)秒杀活动关注度很高,卖家如果能参加亚马逊官方的秒杀活动,本身就证明了自己的实力。这是一种认可,卖家不要浪费了,在对自己进行包装和宣传的时候,可以将它作为其中的一个典型案例和素材。

(3)秒杀活动是有时间限制的,会显示剩余时间,从而不断激起买家的消费冲动,这能更有效地让买家做出消费决策,转化率较一般的情况下高出很多,属冲动购物的一种。

(4)秒杀活动还会显示产品的折扣力度,比如"50% Off"或"74% Off"。我们都知道数字给人留下的印象比文字更深刻、更直观,消费者一看折扣这么低,如果确实需要此产品,肯定会在秒杀期间买下来,否则活动结束后要花的钱就多了。

(5)秒杀活动可以帮助卖家尽快清理库存,回笼资金,将销量不太好的积压库存或换季库存迅速变现,当然折扣力度需要大一些,否则可能不会有好的效果。

三、卖家如何参加秒杀

在以往,卖家如果要参加秒杀活动,需要向招商经理提交申请,现在,亚马逊新上线了自助创建秒杀的新功能,直接将"秒杀"放在了"广告"栏下,见图6.22,卖家在满足申请条件的前提下,亚马逊也会在"广告"里推荐,如此,卖家可以随时自助申请秒杀。

自助秒杀申请由亚马逊的系统根据卖家的商品库存、历史销量、好评数量、折扣力度、是否使用FBA发货等条件自动审批,每次秒杀活动的效果(销售量、销售额、好评率、订单缺陷率等),也将影响卖家今后能够被亚马逊推荐参加秒杀的次数。

那么卖家怎样创建自助秒杀活动呢?这里给出操作步骤。

(1)在亚马逊卖家后台选择导航栏"广告"中的子选项"秒杀"。

(2)随后卖家会看到自己上传的产品中所有具有参加秒杀资质的商品。卖家可以在这些商品中选择参加秒杀的商品,亚马逊后台会显示当前的库存数量和建议的促销数量。

(3)在确定好参加秒杀活动的商品后,卖家可以点击"编辑"按钮来设置商品的秒杀数量、秒杀价格以及秒杀时间,检查核对后直接提交就可以了。

这里给卖家两个建议,一是要尽可能提高商品的评价星级和使用FBA发货,二是

图 6.22　申请参加秒杀

第一次参加秒杀活动的卖家,最好向有参加秒杀活动经验的卖家咨询相关的注意事项,以免在秒杀过程中触犯了亚马逊的规则,那就得不偿失了。

四、秒杀活动的注意事项

1. 秒杀价格

产品的秒杀价格需要在目前的售价基础上进行打折,不可以先提高价格再打折。亚马逊的系统可以检测到卖家是否在申请秒杀前提高了产品的价格,在申请秒杀前多久提高了产品的价格,提高了多少,如果提价和申请促销二者的时间很接近,申请是无法通过的。

2. 秒杀数量

参加秒杀的产品数量必须根据 FBA 仓中的产品数量进行申请,哪怕发往 FBA 仓的产品已在路上了,也不能多申请。比如在 FBA 仓中的产品是 2000 个,发往 FBA 仓的产品是 1000 个,卖家最多只能申请 2000 个产品参加秒杀,而不能申请 3000 个。

另外,如果申请日离促销日还有一段时间,要将这段时间里可能售出的产品数量在秒杀计划中移除,以保证正常的销售。比如 FBA 仓中产品的数量是 2000 个,申请日离促销日有 10 天,根据以往的销售情况计算,产品每天大约可以卖出 25 个,那就需要移除 250 个产品,最好只申请 1750 个产品参加秒杀。

当然为了保险起见,卖家还可以更谨慎一些,只申请 1600 个产品参加秒杀,预留 150 个产品在 FBA 仓里,防止出现买家拍下货以后卖家没货发的情况,一旦出现这样的情况,责任都要由卖家来承担。

五、秒杀活动的效果

秒杀活动的效果不能一概而论,要根据秒杀的时间、秒杀的产品、折扣的力度等要素进行综合的评估。但毋庸置疑的是,秒杀确实能够快速提高产品的浏览量,产品的浏览量可能在短短几个小时内就能达到十几万甚至几十万,这对于不做秒杀只靠自然流量的卖家来说,是很难做到或者根本做不到的。

所以如果恰好有合适的产品,卖家朋友应该做一做秒杀活动,成本不算很高,但如果做好了收益会非常大。哪怕是没有做好,也得到了宝贵的经验,知道了自身的不足,在后面的运营过程中也能更好地查漏补缺,提升自我,为参加下一次的秒杀活动积累资本。

Part 5　可以让产品销量暴涨的节日营销技巧

从 9 月下旬开始到第二年的 1 月 6 号,亚马逊将进入年终促销季,这段时间内的销售额将占据亚马逊平台全年总份额的 2/3,面对这样的情况,我们该做怎样的准备呢?

一、英、美等国的主要节日

表 6.1 所示是英、美等国的主要节日,其中,前 6 个是最重要的。

表 6.1　英、美等国的主要节日

序　号	名　　称	时　　间
1	万圣节	10 月 31 日
2	感恩节	11 月的第 4 个星期四
3	黑色星期五	11 月的最后一个星期五
4	网购星期一	感恩节后的第 1 个星期一

续表

序 号	名 称	时 间
5	平安夜	12月24日
6	圣诞节	12月25日
7	元旦	1月1日
8	情人节	2月14日
9	母亲节	5月的第2个星期日
10	父亲节	6月的第3个星期日
11	毕业季	5月、6月是美国大学的毕业季
12	返校季	8月和9月

除表中所列常规节日外,亚马逊官方还有一个独特的会员日(7月中旬,2015年为7月15日,2016年为7月12日),还有四年一次的奥运会和美国总统大选,都能带动亚马逊上相关品类产品的热卖,中国卖家可以在这方面做好准备。

二、亚马逊主要节日选品

下面给出下半年主要的6个节日可以卖哪些产品,建议仅供参考,中国卖家可以根据自身的实际情况进行调整和扩充。

(1)万圣节:南瓜灯、LED灯饰、鬼怪家装、鬼怪玩具、Cosplay服装等带万圣节风格的产品,以衬托恐怖气氛为主。注意不要卖那些会引发争议的产品,比如2015年亚马逊在其英国站上,就下架了一款万圣节服装——人妖服装。

(2)感恩节:这是美国最盛大的节日之一,影响力甚至超过圣诞节。美国人习惯当天全家一起吃火鸡,所以,厨房用品、餐具、烘焙产品和家装产品都会有不错的销量,消费电子类产品也有较大的市场,比如在2015年感恩节后亚马逊公布的销售成绩中,其自家的Fire平板电脑获亚马逊网站销售冠军,Fire TV电视机顶盒位居第2名。

(3)黑色星期五和网购星期一:类似于我国电商平台的"双11",全品类的商品销量都会有所增加,是美国人疯狂购物的日子,消费类电子产品、服装、家装等都是可以考虑的对象。据亚马逊的报告,仅2013年网购星期一当天,亚马逊在全球范围内每秒就卖出426件商品。

(4)平安夜和圣诞节:圣诞礼物、装饰品、挂件、圣诞卡、一次性餐具这些产品被抢购一空的可能性极大,西方人是非常注重节日气氛的,这也给中国的亚马逊卖家带来更多的机会。

以上几个节日是做亚马逊需要注意的,一般经过这几个节日后,西方客户会把他们的资金预算花得差不多,所以会有一段时间消费能力较弱,比如元旦前后。

三、销售旺季可能出现的问题

亚马逊平台上的旺季来临前,卖家都会提前进行备货和推广,这期间供应商补货和物流发货都会占用比平时更多的时间,遇到缺货或是物流延迟,极易得到顾客的差评和投诉。因为这些商品都是为节日购置的,如果节日过完了,货物才到顾客手中,那么对他而言这一定是非常糟糕的购物体验。

1. 缺货问题

遇到产品非常受欢迎的情况,卖家的货物可能在短时间内就销售一空,导致根本没有足够的时间去补货,从而损失掉大量的销售机会。所以最好提前备好货,提前给供应商下单,库存备得足一些。当然,备货时间和备货数量要根据不同的产品采取不同的策略,每种产品的货值和生命周期都不一样,各位中国卖家可以根据历史销量并结合自己的预测进行考量。

2. 物流延迟问题

销售旺季,快递有可能爆仓,物流信息更新和物流速度都会较平时慢一些。尤其是邮政小包,英、美等国的邮政为应对本国的物流高峰,缓解国内的快递压力,会适当降低跨境包裹的优先级,即便是商业快递清关的时间也会加长,同时海关检查会更加严格,以避免违禁物品浑水摸鱼。因此中国卖家一定要设置好物流模板,特别是送达时间这一项,同时选择有跟踪信息的物流,避免亚马逊账号指标超标,可以综合利用FBA、海外仓和自发货三种形式。

◆ Part 6 如何利用 Prime Day 促销让产品卖出一个好价钱?

6月过去,就意味着亚马逊销售旺季要到了。对亚马逊卖家而言,这无疑是个好消息。因为,接二连三的节日即将掀起一轮又一轮的销量高峰。首先来到的就是每年

7月中旬的 Prime Day。

一、Prime Day

先来看看什么是 Prime Day。亚马逊于 2005 年正式推出 Prime 会员服务,如今已有数千万的 Prime 会员。Prime Day,顾名思义,就是指亚马逊会员特卖日。在 2015 年,亚马逊整整 20 岁,所以在正值其 20 周年之际,亚马逊来了个"欢乐购"进行庆祝,这就是我们要说的 Prime Day。目前,Prime Day 也成为亚马逊年中最重要的一次大促活动。Prime Day 这一天,全场优惠,与黑色星期五相比,优惠力度有过之而无不及。

二、活动站点

活动站点有美国、加拿大、英国、德国、意大利、法国、西班牙和日本。所以,如果卖家在以上站点销售商品,就一定要关注亚马逊这个重要的促销日。

三、活动对象:Prime 会员

Prime Day 的优惠只针对 Prime 会员。Prime 会员是亚马逊推出的一项方便注册会员购物的增值计划,目前实行 99 美元/年的年费制度。作为 Prime 会员,可以享受更快的物流体验,每次购物都能享受免费的 2 日送达,没有订单金额限制,也没有重量限制。

优质的服务刺激着用户加入 Prime 会员行列,而 Prime Day 进一步刺激着潜在用户的加入。而由此所构成的流量优势也将使得参与大促的卖家得到销量的增长。

四、卖家参与方式

Prime Day 活动目前实行邀请制,由亚马逊官方发出邮件邀请,提供卖家可参与促销的产品名单,并告知提交申请的时间。只有被邀请的卖家才可参与。而对于没有被邀请的卖家,同样可以抓住这个机会,拉动销量。

五、受邀条件

那一般什么样的产品或者卖家才最有可能受到邀请呢?一是专业卖家;二是好评多的产品;三是 FBA 配送产品。当然,这不是绝对的。比如非 FBA 配送的产品也有可能获得推荐,只是机会比较小而已。

六、官方支招:如何抓住促销机会提高销量

在活动时,亚马逊必定会加大引流力度,所以 Prime Day 当天的流量必将会大幅增长。所以,卖家朋友们必须有所准备才能抓住这些流量来提升销量。下面我们来看看亚马逊官方给出的建议。

1. 使用 FBA,提早入仓

使用 FBA 能够让卖家在物流方面省心省力,同时卖家的商品还可以更快速地配送到顾客手中。建议卖家提早入仓,防止因 Prime Day 前几天仓库压力过大而无法马上入仓。而且要在 Prime Day 到来之前保持库存充足,以确保不错失任何销售机会。卖家可以通过自己的账户设置自动补货提醒。

2. 计算出商品促销价格,创建折扣促销

在卖家后台的"库存"标签,点击"管理促销",并由此创建适合销售目标的折扣促销。

3. 使用亚马逊商品推广提高产品曝光量

亚马逊商品推广是为亚马逊专业卖家提供的按点击量付费的广告服务。在 Prime Day,亚马逊会吸引更多的顾客,也就可能有更多人来点击卖家的广告。在 Prime Day 期间使用"亚马逊商品推广"可以帮助卖家提高商品曝光率,能产生销售的点击量也可能会相应提升。

这里再来看看如何使用亚马逊商品推广吧。

(1)选择想推广的产品和广告预算。

(2)推广那些获得购买按键的产品。

(3)进行推广的商品将出现在搜索结果页面和商品详情页面上。

(4)通过自动投放,亚马逊将卖家的广告投放到所有相关的客户搜索页面上。

Part 7 不可小视的组合(Bundle)套装,提高客单价的竞争利器

当一个产品跟另外一个产品搭配在一起时,总会产生令人意想不到的效果。在亚马逊平台上,亚马逊除了允许卖家进行单品销售,也允许将两个或两个以上的产品进

行组合(Bundle)销售。下面重点聊一下产品组合的技巧。

一、什么是 Bundle

Bundle,有捆绑、组合、打包之意。在亚马逊平台上,卖家可以将两个或两个以上的产品组合在一起进行销售。组合套装中,其中功能较齐全、单价较高的产品,称为主要产品,单价较低的,称为辅助产品或者次要产品。

二、为什么要做组合销售

在电商平台上,不难看到,不同的产品被搭配成一个套餐或礼品盒,套餐内的产品之间互补性极强,能多角度多层次满足买家的需求,组合之后在价格方面也很有优势,所以较之单品,组合类产品往往更具有吸引力。独特的组合方式,同行是无法模仿的,有助于提高销量。

从图 6.23 不难看出,这个卖家出售同系列化妆品,设置了单件、两件套、三件套三种销售形式。买家可以根据自己的需求,选择"单点",或者购买豪华"套餐"。通过对比不难看出,套装产品较之于单品,功能更齐全,在价格上也更加划算,对买家的吸引力也更强。

三、产品组合销售的要求

对于产品组合销售,亚马逊规定,参与组合销售的所有产品必须符合亚马逊产品的上架政策和组合销售政策,如果不符合相关规定,可能会导致组合销售的产品被亚马逊删除,甚至账户也会受到影响。所以卖家在对产品进行组合销售时,要注意以下几点。

1. 组合产品要有高度互补性

组合的产品要有高度的互补性。

如图 6.24 所示,这是某一个卖家销售的瑜伽入门套件,这个套件组合里的练习瑜伽垫、瑜伽砖(2 块)、瑜伽带和瑜伽毛巾,都是瑜伽爱好者练习时需要用到的东西。它们一起出售时,互补性极强。买家买了这个瑜伽入门套件,就不需要另外单独购买瑜伽砖、瑜伽带和瑜伽毛巾这些小产品,既方便又能省钱,何乐而不为呢?

图 6.23 产品组合销售

图 6.24 瑜伽入门套件

2. 媒体类商品不能作为主要产品进行组合销售

进行组合销售时,视频游戏类或者图书、音乐、视频、DVD(BMVD)等媒体类产品,不能以主要产品的角色进行组合,但可以作为辅助产品进行组合。如图 6.24 所示的瑜伽入门套件,瑜伽垫作为主要产品,可以再将关于瑜伽的 DVD、图书作为辅助产品,创建成另外一个新的组合套装,然后再进行销售。

3. 组合套装的分类依据

一个组合中有多个产品,可能每个产品所属的分类都是不一样的,卖家可以根据组合套装中单价最高(价值最高)的主要产品的类目来确定整个组合的分类。

4. 其他注意事项

(1)用来作包装的工具(如礼品盒),不作为组合套装的次要产品。

(2)如果卖家向买家提供订单小票,小票明细要与实际销售产品一致。

四、组合销售的产品要有单独的 ASIN 或 UPC 码

1. 组合套装需要有单独的 ASIN 码

相对于单一产品,组合套装是将多个产品合成一体,这个组合也需要有一个区别于单个产品的 ASIN 码。那么当卖家刊登组合套装时,也会获得亚马逊给予的新的 ASIN 码。

2. 组合套装需要有单独的 UPC 码

对于进行组合销售的产品,卖家需要提供新的 UPC 码,组合里任意一个产品的 UPC 码,都不能作为这个组合套装的 UPC 码。

另外,以下几点也需要注意。

(1)不能组合仿制品。

(2)不能将相同的单品组合成一个组合套装。例如,卖家想每笔订单都销售出六双袜子,但这六双袜子的 ASIN(UPC)码都是一样的,那么就不能当作一个组合套装,只能将其列为一个单独的产品刊登。不过,在刊登时产品数量是无法设置成 6 双的,卖家可以在标题上加上"pack of 6",提示买家每单有 6 双袜子。

(3)如果卖家的产品有不同的颜色和尺寸,应该创建变体信息,而不是将其作为一个组合套装。同一父体的变体产品,彼此之间不能相互组合。

(4)卖家一旦创建了组合套装,一般是不能再修改的,如果想添加或删除组合里的产品,卖家必须创建一个新的 UPC 码。其实也就相当于创建一个新的组合套装。举个例子,有 A、B、C 三种产品,A 和 B 已经组合成一个组合套装,卖家想将 C 也放进组合中,那么卖家需要提供新的 UPC 码,创建新的组合套装。

五、组合套装标题的格式

亚马逊规定,卖家创建的产品标题不能超过 200 个字符(包括空格);卖家在创建

组合套装的标题时,需要在标题上注明"Bundle"这个词,以及该组合里有多少件产品、有哪些产品。参考的标题格式如下。

格式1:"Bundle"+组合数量+产品。

例如,Bundle-3 items:Tote Bag, Knit Scarf and Gloves-Blue,即3件组合套装:大手提袋、针织围巾和蓝色手套。

格式2:Main Product Title+"Bundle with"+Bundle Component Product Title(s),即主要产品标题+"Bundle with"+组合组件产品标题。

例如,Kodak EasyShare C143 12MP Digital Camera Bundle with Rechargeable Batteries and Carrying Case-Blue。即柯达 EasyShare C143 12 mp 数码相机、充电电池和运输箱组合套装,蓝色。

格式3:Main Product Title+"Bundle with"+Bundle Component Summary+"×Items"。即主要产品标题+"Bundle with"+组合套装概览+数量。

例如,Yamaha PAC112J Sunburst Guitar Bundle with Bag, Stand and Accessories (11 Items),即雅马哈 PAC112J Sunburst 吉他、袋、支架及配件组合套装(11项)。

六、关于组合套装的退换货政策

组合中的产品的品类不同,每个产品都有不同的退货政策,如果卖家进行组合销售,买家需要进行退换货时,需要将整个套装一起退回,不对套装里面的单个产品进行单一退换货。因此,卖家在销售前需要慎重考虑,不宜将退货政策方面存在很大差异的产品放在同一组合里面。

第二节 亚马逊营销技巧之站外引流

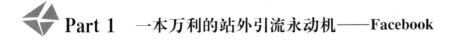

Part 1 一本万利的站外引流永动机——Facebook

我们似乎都应该感谢这位80后企业家——马克·艾略特·扎克伯格(Mark Elliot Zuckerberg),因为他所创建的 Facebook 不仅为人们的日常社交提供了方便,更成为众多企业营销的重要渠道。换句话说,如果一位跨境电商卖家至今还未将 Facebook 拿来为自己的社交或营销服务,那真的是"暴殄天物"。

一、流量巨大的 Facebook

这里先来简单介绍一下 Facebook,看到以下几组数据,或许大家才能意识到它的重要性。

14 亿:据 2015 年第一季度的数据显示,Facebook 的全球月活跃用户已经达到 14.4 亿。

2.5 亿:在 14.4 亿的月活跃用户中,移动端用户大概有 2.5 亿。

47%:全球互联网用户有 47% 的在使用 Facebook。

45 亿:这是 Facebook 上每天产生的"赞"的数量。

40 分钟:美国人每天花在社交网络上的总时间。

从营销引流的角度来说,Facebook 是站外引流最易操作的社交平台,也是最有效果的。它不仅能推广独立站和第三方店铺,还能推广自己的 App,并且能非常准确地根据客户的性别、年龄、地区、爱好等来做精准推送。

二、"迫不得已"之选

为什么说"迫不得已"?因为亚马逊现在加大了招商规模,流量方面就变得"僧多粥少"。如果想做好亚马逊,除了保证商品质量之外,还必须保证流量大。但是亚马逊的流量受制于亚马逊自身的算法,比如亚马逊允许卖家通过站内广告位 Lighting Deal 和 Sponsored Products 等进行营销推广,然而亚马逊算法的最终目的是保护买家,换句话说,作为卖家能做的很有限,只能被动地接受其规则,不能自由挑选受众。这就越发显得 Facebook 等站外引流工具的重要性了,用好了社交平台,卖家获取流量的成本将大大降低。

三、利用 Facebook 引流需把握的原则

1. 二八原则

这是说卖家在 Facebook 上分享的内容,50% 的内容是与粉丝兴趣相关的,30% 的内容是开放式的互动,剩余 20% 的内容才是与产品相关的。简而言之,就是如果想要

吸引粉丝,就应该把更多的精力放在制作与目标客户兴趣、需求、生活习惯等相符的内容上,广告的内容不要太多,否则会让粉丝反感,适得其反。

2. 粉丝永远是第一位的

粉丝是目标客户,是潜在客户,所以,将其放在第一优先级是不容置疑的。卖家在运营Facebook的时候,应该转变思路,从以产品本身为出发点转变为以粉丝需求为出发点。卖家需要了解粉丝,才能维护和粉丝的关系,才能将品牌和粉丝联系起来。

3. 质量大于数量

粉丝数量固然重要,但是质量更重要,试想,如果卖家拥有10万粉丝,结果有9999个粉丝都是"僵尸粉",那意义何在呢,对卖家的运营是没有帮助的。当然,如果不是"僵尸粉",是正常用户,但不是卖家的目标客户,这同"僵尸粉"是一样的,而且他们很快就对卖家取消关注。

此外,文章的质量同样重要。如果卖家每天发一些让粉丝提不起兴趣或者与粉丝完全无关的内容,他为什么还要继续关注卖家呢?同时,发文数量也需控制,毕竟"刷屏"也是一件令人想果断取消关注的事情。

4. Facebook页面"装修"不可少

其实道理很简单,如果我们去一个朋友家做客,但他的家乱糟糟的,环境本身就让人不舒服,就已经表示出对客人的不尊重或者不欢迎。这种印象是极糟糕的,Facebook页面"装修"说的也就是这个道理。

5. 熟悉Facebook才是运营的基础

所谓"知己知彼,百战不殆",说的就是了解对手,才能做到稳操胜券。具体到这里,就是卖家朋友们如果想运用Facebook来进行引流,首先要懂外语,至少要懂英文。还得熟悉Facebook的页面、熟悉它的规则、熟悉它的功能等,否则,卖家就是拿着金库钥匙却不知道门在哪里,白忙活了一场。

6. 互动是王道

最后需要强调的是,互动很重要,我们需要与粉丝互动,这样才能吸引更多的粉丝。

Part 2　Facebook营销实战宝典，流量噌噌往上涨

老话说，酒香不怕巷子深，但如今这年头，一条巷子里已经不止有一家酒厂了，你不出来吆喝，谁知道这香味是从谁家飘来的，所以必须出来吆喝，还得找流量大的渠道吆喝。对亚马逊卖家而言，Facebook便是一个很好的"王婆卖瓜，自卖自夸"的地方，这里说说如何进行Facebook主页的推广。

一、注册Facebook个人账户

首先卖家需要有Facebook个人账户。Facebook的个人账户都要进行实名认证，所以要使用真实的身份进行注册。另外，还需注意以下几点。当卖家的账户被Facebook封号时，这些都对解禁有帮助。

(1)添加一些熟人为好友。

(2)尽量保持用固定的IP登录，即便不能保证一直用同一个IP登录，也要保证IP是在一个范围内，跳跃性不能太大。

(3)在开启登录许可时在账户中添加上自己的电话号码。

二、创建Facebook主页

个人账户注册成功之后，页面会以登录状态自动跳到Facebook的首页，此时选择左侧的"Pages"下面的"Create Page"创建主页。根据自己的实际情况选择适合自己的主页类型，并选择好类别，填写好名称。

一个账户可以创建多个主页，在主页中可以展现企业或个人的个性，让用户可以分享自己的信息并参与互动。最重要的是，可以展示自己的产品和服务，传递企业和产品信息、传播企业文化和品牌，从而与用户和顾客建立更密切的联系。

为了更有效地传达信息，吸引粉丝，在创建主页的时候，需要认真地对主页进行设置，尤其是受众的选择。Facebook提供了通过地区、年龄、性别、兴趣等属性来判断受众的方法，卖家可以利用它尽可能将自己的主页向更多目标受众展示。

三、主页管理的制胜法宝

所谓"巧妇难为无米之炊",没有粉丝就没有宣传对象,因此,主页管理最重要的就是提供优质的内容,同时需要更活跃的互动。这样才能吸引粉丝,也才有推广的基础。

四、推广技巧

1. 完善个人信息

大家都知道,Facebook 是一个 SNS 社区,就和微博一样,每个人都只会关注自己感兴趣的人或者事。所以我们需要做的就是完善个人信息,让志同道合的人找到自己并成为自己的忠实粉丝。

2. 分享的内容要有价值

这里说的"价值",并不一定是指分享的内容要是"干货",只要能让目标客户觉得有用就可以,哪怕是很好玩的东西或话题,如有趣的视频甚至是漂亮的图片都可以。总之,不要没完没了地发产品的广告。但是也不能完全不提我们的产品,否则就违背了初衷。那该怎么办呢,当然是想办法将我们的产品和服务巧妙地嵌入,让客户不仅不厌烦,还会乐呵呵地购买。

3. 加入或建立群组

加入或者建立与自己目标客户群相似的群组,找到他们,建立圈子,成为好友。

4. 更新要及时

做任何事,都忌讳"三天打鱼,两天晒网",管理 Facebook 主页也不例外。保持一定的更新频率是很有必要的,这样才能引来持续的流量。

5. 忘掉矜持,主动出击

账号要有活跃度,要多去别人的圈子,参加别人的话题讨论,在十分活跃的网页发表自己的评论,最好还是在首发位置发表这些评论,让更多的人看到。总之活跃起来才能让更多的人关注自己,如果能成为一个圈里的"意见领袖",那就有更多的粉丝来关注了。

6. 加好友要谨慎

记住不要每天都大量地加好友,否则会被 Facebook 监测到并打上营销的标签,然后被封账号,所以我们需要从自己身边的朋友开始添加。

Part 3 亚马逊站外引流的"网红"明星——Twitter

在亚马逊平台上,流量和销售额是成正比的。引入的流量越多,产品的销售额越高,也越能得到亚马逊的垂青,取得好排名。排名越靠前,获得的自然流量就会越多,于是转化率就越高,销售额也会提高,这样就形成了卖家账户发展的良性循环。其实说了这么多,最关键的就是要尽可能地去为自己的店铺引流量,这里谈谈如何利用Twitter来引流。

一、总思路:先社交再营销

Twitter的用户有2亿多,流量之大可见一斑,所以它成为了亚马逊上众多中国卖家引流的重要阵地。卖家们总是不厌其烦地通过发广告、做内容、邀"红人"等方式,各出奇招地去引流。但对于刚入门的卖家,或者说小卖家来说,一开始就发广告实在是得不偿失,毕竟转化率没法保障。那么不发广告,我们又该怎么做呢?既然是社交营销,还是先社交再营销吧。

二、"忌"与"该"

忌做什么?忌刷"鸡汤文"、刷广告、刷促销。如今社交网络的趋势是强调人与人、人与品牌之间的联系与沟通,大家关注的是自己感兴趣的人或事,已经很难接受大众媒体时代的强制性广告植入。

该做什么?首先我们需要明白社交是什么?社交就是交朋友,所以先忘掉广告、忘掉推广、忘掉营销,先以交友的心态,拢聚粉丝,建立起忠诚度高的小社群。粉丝经济、社群经济绝对是大多数小企业创立品牌的最佳途径。在无数信息和用户面前,我们要静下心来思考,自己的目标客户是怎样的一群人,他们需要什么?有什么不满、不便和不安?他们感兴趣的是什么?自己有多少次及时回答并解决了客户的问题?自己有什么资源可以真诚地分享出来,让粉丝们觉得关注自己不是浪费精力,而是有用的。

三、Twitter 社交六步走

只要记住了上文所讲的思路,基本上不需要讲如何使用 Twitter 来引流,毕竟大部分卖家都会使用微博,那想玩转 Twitter 也并不算太难。只是目前在国内,我们需要用 VPN 才能访问 Twitter。至于怎么吸引粉丝,我们来谈谈基础的,因为只有做好了这些,我们才能在其他方式和功能上下功夫。

1. 持续推文

这个应该很容易理解,如果卖家不发声,粉丝怎么去了解卖家呢。持续推文是最基本的要求,也是刷存在感必不可少的方式。当然,刷存在感要把握一个度,让人不至于厌烦。

所推文章必须用心写,不能为应付差事,随便拼凑。抓住用户感兴趣的、关心的话题中自己擅长的、能做的,精心组织内容,做到每一篇推文都能过自己这一关。卖家的用心肯定能被感受到,让用户不仅愿意关注,还会引发他的共鸣,进而转发分享,那他的粉丝就能看到卖家的消息,他的粉丝可能也是卖家的目标客户,这样卖家的传播路径就拓宽了,可以形成良性循环。

2. 完善个人资料

当用户进入卖家的主页后,个人简介是他们最先看到的。如果之前他从来没有听说过你,那这里将是他对你的第一印象,也是决定你是否能快速引起他关注的一个重要的因素。这里是卖家的展示舞台,是卖家自我推销的绝佳之处。所以,卖家也可以考虑在这里巧妙地加入自己店铺的地址。

3. 关注、赞及转发

是否经常做这三个动作决定了卖家是否是一个活跃的用户,卖家的活跃度又决定了卖家的存在感。多关注一些目标客户,多给他们评论或点赞,卖家越活跃,推文被别人发现和转发的可能性就越大。不过,评论的时候不要敷衍,要认真写评论。

4. "@"功能

一定要注意 Twitter 上用户对公司或产品的评价,尤其是好的评价,如果发现有好评马上进行转发并"@"评论者。要知道,客户的评价有时更具可信度,是说服潜在客户最具有影响力的因素之一。当然,卖家也有可能碰到表达不满的客户,那就赶紧解决客户的问题,以避免这样的不良信息在网络上传播,对公司或产品造成恶劣影响。

5. 话题标签"♯"

"♯",用英文可表示为Hashtag,即我们常说的话题标签,2007年诞生于Twitter,是Twitter最具标志性的功能之一。如今"♯"已经无处不在,它改变了人们在网上分享信息的习惯。为什么利用社交媒体进行营销推广时,话题标签如此重要呢？因为一个话题标签,可以贯串Twitter上的同一个话题,让本来毫无关联的人,因为同一个标签而连接起来。虽然设计"♯"的初衷是让社交网络的用户能够通过该标签参与政治辩论、电视节目、体育赛事等实时活动的讨论,但是很显然,我们也能通过这一标签更好地定位目标群体。同时,也可以多参与Twitter上的热门话题讨论,去结识"有识之士"。

6. 图片

众所周知,Twitter中一条发言最多只能有140个字符,显然,这并不足以让卖家充分发挥,产品的优势也不能被充分表达。所以,此时图片或者视频就显得很重要了,它们能弥补文字的不足,不仅如此,图片和视频更直观,能够给人留下深刻的印象。

其实Twitter里面还有很多功能可以利用,先做好上面6点,之后再慢慢探索其他新功能。

Part 4　如何将用户上亿的折扣网站打造成引流新渠道？

亚马逊卖家做站外引流推广的渠道很多,除了Facebook、Twitter、YouTube、Google等,专业的折扣网站也是不错的选择。折扣网站发布的信息,基本都是关于产品促销的,很多国外"购物党"会定期登录浏览,看看有没有自己喜欢的产品在打折。

一、做折扣网站需要考虑的几个方面

(1)产品评估。并不是每个类别的产品都适合做促销,都适合用折扣网站来做引流,所以卖家必须对产品有充分的把握和认识,再判断能不能做促销,要不要做促销。

(2)做哪些网站的促销。折扣网站的类型和方向是不一样的,受众群体和常用人

群也是有差异的,有的科技类居多,有的服装类是主流,有的只做母婴产品等。虽然每个折扣网站在短期内都会给产品带来比较多的流量,但是否选择了合适的渠道,决定了转化率和销售额。

(3)深入了解网站规则。每个国家都有很多本土的促销折扣网,即便是同一个国家的促销折扣网在政策和流程上也有差异。所以中国卖家一定要在了解其规则的基础上进行营销,不要进行违规操作,被封了账户和 IP 就得不偿失了。

(4)要耐得住寂寞。做好折扣网站绝不是一朝一夕的事,需要的是耐心和细心,想获得稳定的收益可能历时较长,工作内容也较烦琐,开发出一批优质的"红人"或网站资源,至少需要几个月的时间,不要想着 1 个月的时间就能在多个折扣网站上做得风生水起,或是拥有大量磨合程度非常好的"红人"资源,这是不切实际的。这些资源都需要积累。

二、折扣网站举例:Slickdeals

1. Slickdeals 概述

目前为止,美国流量最大、忠实用户最多的折扣网站是 Slickdeals(www.slickdeals.net),它的特点是允许社区成员发布自己所找到的好的促销信息,再通过其他成员的投票结果判定这条信息的好坏,优质的促销信息将有机会得到更多的曝光。比如图 6.25 中的这条促销信息,就得到了 442 个大拇指,1092 条评论。

Slickdeals 具有较为强大的技术实力,后台算法也相当严密,对于想在上面发布亚马逊产品的用户还出台了两条硬性规定,一个是亚马逊店铺必须拥有超过 1000 条 Feedback,另一个则是所推广或发布的产品必须拥有超过 50 条的 Review。

Slickdeals 对促销信息的发布管控严格,禁止卖家自注册账号或者联系其他论坛"红人"发布促销信息。想要发布商品的促销信息,必须联系官方的工作人员,资质审核通过后,Slickdeals 会交给自己的编辑团队进行发布。

即便是商品促销信息发布了,商家也不能自行评论和点赞,官方认为这不是真实的用户行为,是卖家的自我营销,这样做的后果是立刻被封账户和 IP,甚至被封品牌。而针对一些经常给商家发布促销内容的"红人",Slickdeals 也加大了审核力度,因为有些"红人"是拿了报酬去做广告的,促销的产品性价比并不高。

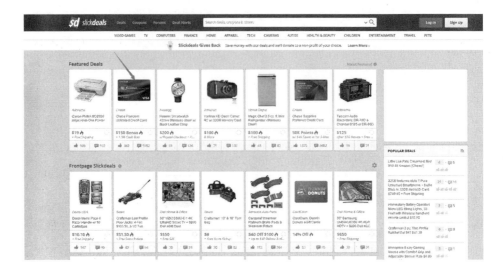

图 6.25　Slickdeals 网站页面

2. Slickdeals 平台的官方逻辑

既不能自吹自擂地发帖，官方的审核又严格，找"红人"营销同样有风险，那么亚马逊上的卖家究竟该怎么办呢？其实在回答这个问题之前，我们需要知道 Slickdeals 平台的官方逻辑是怎样的。

它是假设卖家有一款好的产品，比如移动电源，这款移动电源已经被很多购买者深深喜爱上了，并且在同等质量的移动电源里，它是最便宜的，即最具性价比，拥有绝对的质量优势和价格优势。购买者在众多同类产品中将卖家的这款产品"揪"了出来，出于无私分享的心态，将它发到论坛上与其他用户共享。而卖家给自己发帖，或者"红人"拿了卖家的报酬发帖，都不属于无私分享，所以才会被禁止。

那么问题又来了，如果卖家的产品确实好，促销力度也非常大，但是在这些购买者中没有无私的用户，或者没被无私的用户发现，或者无私的用户发现了但不知道 Slickdeals 网站，只是推荐给了身边的朋友怎么办？卖家第一步要做的就是联系 Slickdeals 官方的工作人员，看看能否与官方进行合作，通过他们发布促销信息。

如果在官方那里审核没有通过，但卖家依旧想在 Slickdeals 平台上做促销，那就需要通过另外三种方法了，要么自己注册账号并且认真运营账号；要么购买"红人"的账号；要么还是去跟"红人"谈合作。而能否成功的基础，在于卖家产品本身的质量和产品的促销力度。

产品本身必须要有足够的市场需求,比较受消费者的喜爱,促销力度很大,产品的评价和反馈都较好,促销的数量也还可以,这样才有做 Slickdeals 的资本,否则肯定会被当作"有私心"。一个质量比较差的产品,一个有没有都一样的折扣,还被"红人"或者某个账号当成宝贝发上去,说不是在营销,没有人会信。

3. 卖家在 Slickdeals 平台上如何营销

其实卖家自己注册账号去推荐自家的产品也未尝不可,但不要操之过急,不要那么明显,刚注册了账号就去发帖,然后用同一个账号频繁评论和点赞,任何平台都会立刻将这个账号判定为营销号。卖家需要把自己当成 Slickdeals 的真实用户,融入到其生态圈中去。

Slickdeals 的真实用户的正常行为是怎样的?注册后浏览官方给出的推荐或者搜索特定关键词,看看有没有自己需要的产品,再看看其他人的评论,自己也留下评论,或者给别人的评论点下"赞"或点下"踩",接着有可能就将产品买下,或者继续浏览其他的产品。

"红人"账号肯定也是从"小白"账号一步步成长起来的。卖家在 Slickdeals 里进行真实的沟通、真实的交流、真实的互动,分享一些真正具有性价比的促销产品(其他品牌的、其他类目的好产品),积累账号的活跃度和好评度,到时再给自家的产品发促销信息也是水到渠成的事。不过这条路走起来要花费的时间和心思都很多,如果卖家觉得太费事,可以找"红人"直接合作。

怎样找呢?站内短信肯定是不行的,Slickdeals 识别到站内短信的内容后,账户马上会被封掉。可以在 Facebook、Twitter、Skype 上进行同名搜索,到外国的威客网站或者自由职业者平台上查找,或者与其他亚马逊卖家进行资源的互换或直接购买。

等拿到了"红人"的联系方式后,就可以给他们发邮件或打电话了,要跟他们讲清楚合作的规则以及要促销的产品是什么、产品的链接、促销开始的时间和截止的时间、促销的数量、促销的区域限制、售价和促销价等。

等有了一两个合作稳定的"红人"后,可以让他们转介绍一些"红人"给自己,如果平时与他们的关系还不错,他们是会帮忙的。这比卖家自己不断去找"红人"效率高得多,而且还有信任转嫁在里面,被介绍的"红人"更容易接受卖家。

三、其他主要折扣网站一览

下面我们盘点几个国家的主要折扣网站。

1. 美国：Woot(www.woot.com)

Woot是亚马逊旗下的知名团购网站，在被亚马逊收购后仍保持着独立运营，口碑和流量都还不错。在Woot上，一般的商品都比较便宜，而且经常有低折扣的好产品出现，有兴趣的卖家可以尝试一下。

2. 英国：Hotukdeals（www.hotukdeals.com）

这是一个带有论坛性质的折扣网站，拥有30多万的用户，这些用户也会将自己发现的产品折扣信息发布出来与其他用户分享，因此也是亚马逊卖家一个不错的选择。

3. 法国：Dealabs(www.dealabs.com)

这是即时更新法国特价信息的一个网站，中国的网站什么值得买与其有些类似。

4. 德国：Mydealz(www.mydealz.de)

德国人比较喜欢这个网站，它每天都会发布大量的折扣信息，基本上从日常的衣食住行到娱乐活动都有，而且时常会有一些惊人的折扣商品出现，甚至是免费的产品。

5. 加拿大：Redflagdeals(www.redflagdeals.com)

该网站除提供优惠券和一些免费赠品外，还有省钱建议和购物小贴士，深受加拿大一些"购物族"的喜爱。

6. 西班牙：Groupalia(es.groupalia.com)

Groupalia目前的主营市场在西班牙国内，与衣食住行有关的各种折扣产品应有尽有，是西班牙本土的在线折扣网站。

第三节 智者当借力而行——亚马逊运营工具

 Part 1 用这些工具让他们成为超级大卖家

很多事情，当我们在做的时候，如果能够借助一些工具，往往都可以让我们事半功倍，做亚马逊同样如此。所以，今天就来为大家总结总结，在亚马逊运营中到底有哪些工具可以使用。

先来看看产品与市场调研的相关工具。

1. Google Keyword Planner(免费)

做亚马逊肯定是需要优化关键词的,这就要求我们知道哪些词的搜索率是最高的,哪些词的是比较低的,哪些是可能带来高转化率的,所以我们需要一个关键词分析工具。

Google Keyword Planner(https://adwords.google.cn/KeywordPlanner)刚好满足了这一要求。它提供了 Google 搜索引擎的历史搜索数据,可以让使用者看到每个关键词在不同地区的谷歌浏览器上面每个月所发生的搜索次数。谷歌作为全球最大的搜索引擎,可以为亚马逊卖家确定关键词提供帮助和参考,是一款非常实用的免费的关键词研究工具。

但是需要说明的是,Google Keyword Planner 只能提供在谷歌浏览器上被搜索过的关键词,在信息全面性方面稍有欠缺。

2. Long Tail Pro(付费)

Long Tail Pro(http://www.longtailpro.com/)为长尾词辅助工具。它从 Google Keyword Planner 中提取数据,实时抓取关键词信息,可帮助卖家找到真正能够吸引目标客户的长尾关键词。

Long Tail Pro 会将所提取的各个长尾词的搜索情况、竞价情况等也分析出来,所以它所抓取的长尾词可能更有竞争力,可以帮助卖家进行数字营销和亚马逊销售。

不像 Google Keyword Planner 是免费的,这款工具需要付费。

3. Merchant Words(付费)

Merchant Words (www.merchantwords.com/)也是一种关键词研究工具,主要针对亚马逊 FBA 卖家,是专业的关键词优化工具。它的数据来自谷歌和亚马逊,所以能够将搜索范围缩小到亚马逊特定商品,从而可以从中确定能够获得巨大流量的潜在的可转换的相应关键词。

Merchant Words 是一个付费工具,但费用不高,30 美元/月。

4. Camel Camel Camel(免费)

Camel Camel Camel(http://camelcamelcamel.com/)是一个价格追踪网站,也是亚马逊 FBA 卖家标配。我们知道,亚马逊上商品的价格是会不断浮动的,而 Camel Camel Camel 就是一个可以追踪所有商品历史价格的网站。它可以进行具体的 ASIN 研究,查看价格变化等信息,从而为产品研究提供参考。

使用方法也非常简单,只需注册一个账号,把亚马逊商品的链接复制粘贴到 Camel Camel Camel 的搜索栏内搜索,即可捕捉具体历史价格、排名信息,并以图表方式展示。更厉害的是,我们可以利用它来设置追踪的价格点,只要亚马逊降价到设置的价格线以下,Camel Camel Camel 就会自动发送提醒邮件。

5. Google Translate(免费)

对全球卖家而言,一个好的翻译工具是必不可少的,尤其是日本、德国、西班牙、意大利等小语种站点,我们需要一种可以将各种各样的清单、页面、电子邮件、产品说明、客户对话等进行翻译的工具,而 Google Translate(http://translate.google.cn/)恰好可以帮助我们完成这些工作。

当然,虽然论翻译水平,Google Translate 是相当不错的,能够帮我们完成很多翻译工作,但是它并不完美,所以有些重要的资料或文件还需专业人士来翻译。

6. Google Trends(免费)

Google Trends(谷歌趋势, https://www.google.com/trends/? hl=zh-CN)是一个产品研究工具,可以用来选择产品,了解这些产品的趋势线。通过查看关键词在谷歌中的搜索次数及变化趋势,分析该行业的整体趋势。

同时,这个工具也有助于库存管理,卖家可以看到一个产品的销售淡季和销售旺季,从而根据往年的情况进行备货。

7. AMZShark(7 天免费)

AMZShark(https://amzshark.com/)是一个多功能的工具,它可以追踪调查竞争对手产品的销售数据,它还可以提取竞争对手的评论、拉动关键词,帮助卖家在亚马逊寻找销售机会。

8. Jungle Scout(付费)

Jungle Scout(http://www.junglescout.com/)属于谷歌浏览器的扩展,通过这个工具卖家可以将整个页面进行总结,估计产品每月销量、单位价格、排名等信息,帮助卖家快速挑选产品。

9. FBA Calculator(免费)

FBA Calculator(https://sellercentral.amazon.com/hz/fba/profitabilitycalculator/index? lang=en_US)是亚马逊自带的计算器工具,也可能是国内外卖家最常用的工具了,可以更快更简单地计算 FBA 费用。

10. Terapek(付费)

Terapek(https://www.terapeak.com/)之前是 eBay 卖家专用工具,现在是亚马逊和 eBay 卖家寻找热销产品的非常实用的工具。通过这个工具,可以看到 eBay 和亚马逊上成千上万最热的产品和品类,帮助卖家了解亚马逊上最热的产品,了解如何刊登产品及定价,从而促进销售,赢取最大利润。

需要说明的是,每种工具都有它们的强项,但一定也有不足,需进一步改善。因此,建议大家交叉使用,这样更容易得出对于自己而言非常实用的数据。

 Part 2　亚马逊运营工具大盘点,其中至少 2/3 你用得上

在亚马逊的实际运营中,我们可以借助必要的工具来提高工作效率,并为自己做出正确的决策提供帮助,上文中已经为卖家朋友们推荐了一些实用的工具。下面我们再来盘点一下亚马逊运营工具。

1. 亚马逊全球开店助手

亚马逊全球开店助手(http://haimai.amazon.cn/)也被称为亚马逊海卖助手,是亚马逊官方为了帮助中国卖家更好地在亚马逊平台上进行销售而开发的,海卖助手主要有四大功能模块,分别是"发布商品""数据导航""举报违规"和"卖家交流"(见图 6.26)。

这几个功能都非常实用,是亚马逊根据中国卖家在运营过程中遇到的实际难题提供的本土化服务。很多的中国新手卖家,对于亚马逊后台的操作很不适应,因为它与中国本土的电商平台在后台方面差异较大,中国卖家要想彻底掌握,需要花上几个月的时间,海卖助手能够在一定程度上缩短这个周期。

另外,众所周知,亚马逊的算法一直是不公开的,所以卖家对自己的一些实际数据也并不十分清楚。通过"数据导航",卖家可以对 ASIN 每天的关键变化有很好的了解,比如当前的"销售排名"和"销售排名变化"、当前的"Offer 数"和"Offer 数变化"等。

需要说明的是,卖家不但可以输入自己的 ASIN,还可以输入自己关心的任意 ASIN,查看自己的商品与竞品的实时追踪信息,只要输入 ASIN 后点击"关注"即可添加至关注列表,最多可以添加 100 个 ASIN。添加后可通过移动端或 PC 端查看,目前

图 6.26 亚马逊全球开店助手

仅支持查看亚马逊美国站的数据。

2. Alexa

Alexa(http://www.alexa.com/)是全球知名的网站排名查询网站(见图6.27),是亚马逊旗下的一家子公司创办的,输入任何一个网址,Alexa就会自动分析它的全球排名、访客来源、访客行为、关键词来源、外部链接、流量来源比例等。虽然这些信息未必完全准确,但仍然可以给我们提供可靠的网站整体分析,要知道现在的权威新闻媒体,在评价某个知名网站的规模时,都会以Alexa上的排名为准。

图 6.27 Alexa

那么,亚马逊上的卖家使用Alexa的意义究竟是什么呢?在于对整个行业趋势的把握和判断。如果卖家处在一个成熟的行业,那么业界公认的行业排名前十的官网就是需要去关注的;如果卖家处在一个新兴的行业,那么也会有一些做得比较好的竞争对手,如果他们有官网,必然也要去关注。

每个卖家关注的侧重点可能不一样,但有几点是一定要仔细去研究的。一个是流量来源比例,会让卖家了解到这类产品在哪些国家受到的关注度最高,然后结合自身的资源和状况,看看是否能够有针对性地做一些销售计划;另一个就是搜索引擎关键词来源,也能指导卖家做产品优化;当然还有外部链接这一项,或许卖家从中能得到思路上的一些启发和借鉴。

3. Witmart

Witmart(http://www.witmart.com/)是由中国服务众包平台猪八戒网在美国的分公司创办的(见图 6.28),是一个进行全球在线服务的交易平台。如果中国的亚马逊卖家在语言方面面临一些障碍,可以在 Witmart 上发布翻译的需求,然后就会有服务商来参加任务,帮助中国的亚马逊卖家解决这个问题。

图 6.28　Witmart

当然,卖家也可以直接在猪八戒等国内服务平台上发布此类需求,但来参与的服务商大多都是中国人。如果卖家希望翻译的效果更好,Witmart 上有不少外国服务商,或许更加符合卖家的期望,翻译得更加原汁原味一些。

除了发布翻译需求外,中国卖家还可以在 Witmart 上发布图片美化、产品创意设计等方面的需求,然后从中选择自己满意的服务商给予报酬。这种国际化的商业众包模式会给中国的亚马逊卖家带来一种新的可能,只要用好了,就能以最低的成本获得最大的收益。

4. Keepa

Keepa(https://keepa.com/)是一款有关亚马逊商品价格的查询工具(见图6.29)。卖家常用的功能一般有两个,一个是查看某个产品一段时间内的历史价格情况,分析它的价格波动趋势。另一个就是价格提醒服务,对产品价格进行跟踪,可以设置一个价格预期值,当产品的价格达到这个预期值时,Keepa就会发送邮件进行提醒。

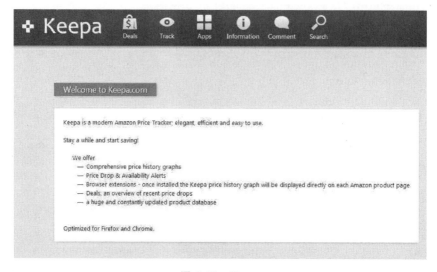

图6.29 Keepa

一些亚马逊运营高手会使用Keepa进行综合分析,分析一些"爆款"是怎么火起来的,分析一些"爆款"在火起来的过程中,价格和销量的关系是怎样的,又该如何把握二者的平衡点。比如什么时候它的销量最好,什么时候最差,什么时候提价,什么时候降价,当时做出这些决策背后的原因可能是什么?然后用以指导自己的新品营销。

价格提醒通常用在降价提醒方面,最初是很多买家在使用,他们用Keepa对自己喜欢的商品进行监测,一旦价格降到自己能够承受的范围就去购买。比如,一款帽子商家售价100美元,买家希望等它降到60美元再买,这时Keepa就派上用场了。不过现在很多亚马逊卖家也用它对竞争对手进行价格监控,以便了解他们的价格策略。

以上虽然只列出了四款工具,但想把一款工具用好,需要花费很多时间和心思。如果各位卖家朋友觉得哪一款工具对自己有帮助,就自己去亲自体验、动手实操,直到把操作方法都掌握熟练了,才能让它在帮助提高销售业绩方面真正起到作用。

第七章

亚马逊专属物流模式——FBA

Part 1　详解与亚马逊物流 FBA 有关的方方面面

对于跨境电商来说，物流是非常重要的一环，关系到买家的服务体验。发货给国外买家往往需要比较长的时间。如果卖家不能保证买家在承诺的时间内收到包裹，那么就会引起纠纷，严重的话会影响卖家的声誉。

那怎么样才能降低这种风险呢？

卖家可以选择 FBA。

一、什么是 FBA

FBA 的英文全称是 Fulfillment by Amazon，即亚马逊物流。是亚马逊提供的代发货业务。即卖家先将产品发往亚马逊 FBA 仓，再由亚马逊提供仓储、拣货打包、配送、收款、客服、退货处理一条龙物流服务，同时，亚马逊会收取一定的费用。

举个例子，如果卖家的主要销售市场在美国，那么卖家可以选择将货物发到亚马逊在美国的 FBA 仓。

二、选择 FBA，对买卖双方有何利弊

对买家而言选择 FBA 是极有好处的。

（1）缩短收货时间。亚马逊有多年丰富的物流经验，仓库遍布全世界，有强大的智能快捷的物流体系，能够缩短客户的收货时间和提高购物体验，客户更愿意选择使用 FBA 发货的产品。

（2）有全天候的亚马逊专业客服，客户购物体验更佳。

（3）产品更有保障。有些买家可能不愿在第三方卖家店铺购买商品，但会比较相信 FBA 商品。而能进入 FBA 仓的产品，经过卖家挑选，也有亚马逊把关，质量更有保障。

（4）FBA 产品会不定期做包邮促销活动，买家可以享受更优惠的价格。

（5）买家如果对购买的产品不满意，可以把产品直接退到亚马逊 FBA 仓。

对卖家而言，有好有坏。先说好的一面。

(1)可以减少某些方面的成本。卖家选择 FBA,可以借助强大的亚马逊物流体系解决常见的物流瓶颈问题,能减少时间成本和配送成本。

(2)可以提高流量与转化率。卖家选择 FBA,可以提高产品曝光率,有助于提高产品排名,增加获得黄金购物车的可能性,能让商品被更多的买家选择,提高买家的信任度,提升用户体验,增加产品销量。

(3)FBA 所导致的任何由物流带来的中差评可以由亚马逊移除,减少卖家的客服成本,对店铺的升级也有帮助。

对卖家不好的影响主要如下。

(1)每月都需缴纳仓储费。FBA 虽然可减少卖家的时间和配送成本,但 FBA 的仓储费用也不便宜。

(2)FBA 头程费用高。FBA 仓库不会为卖家的头程发货提供清关服务,当然参与了亚马逊龙舟计划的除外。

(3)产品在卖家的控制之外,失去发货、退货的操控权。下了 FBA 订单的买家如果对收到的产品不满意产生退货情况,只支持退回当地 FBA 仓,卖家无法跟进售后情况。

(4)客户退货率高,产品坏损率高。FBA 仓在收到 FBA 订单退货后不会做产品损耗程度的鉴定,而是直接做退货退款处理。被退回的产品是原路退回给卖家还是销毁,由卖家决定,但造成的损耗大部分也由卖家自己承担。

通过以上分析可以清楚看到选择 FBA 的利弊。但 FBA 是亚马逊买家比较认可的物流方式,总体来讲,选择 FBA 对大部分卖家来说是利大于弊的。

三、哪些产品适合使用 FBA

那究竟哪些产品适合使用 FBA?是大件的还是小件的?是价格昂贵的还是价格便宜的?拥有以下特点的产品非常适合使用 FBA。

(1)产品质量、性能过硬的产品。这样的产品一般不会出现退换货情况,可以很大程度上减少卖家损耗。

(2)体积小、利润高的产品。产品体积小,易于运输,可以节约成本。但需要提醒的是,产品售价不宜设得过低。因为由 FBA 发货会产生相关的手续费和各种交易费用,如果产品售价过低,利润也会降低。建议发 FBA 的产品的售价定在 6 美元以上。

总体来讲,FBA 适合那些经营质量过硬、体积小、利润高的产品的中小卖家。对其他产品而言,使用 FBA 的优势就不太明显。

四、FBA 费用的计费公式

FBA 的费用是卖家很关心的一个问题,发 FBA 时除了会产生头程费用以外,使用 FBA 仓储也会产生相关费用。FBA 总的费用公式为

FBA 费用＝亚马逊物流配送费用＋月仓储费用＋库存配置服务费

(1)物流配送费用:即使用 FBA 发货时亚马逊收取的费用,一般按件收取。每件收多少费用又跟产品的重量、尺寸有关。而且物流配送费用在不同时期都会有调整。比如最近,亚马逊北美站整合配送费用,规定自 2017 年 2 月 22 日起,"订单处理费""取件及包装费""首重和续重费"将合并为一项——配送费用(按件收取)。

欧洲站的物流配送费用,已有店铺的卖家可以在欧洲站店铺后台搜索查看,未开店的卖家可以登录全球开店网站(https://gs.amazon.cn/),了解亚马逊物流费用。

(2)月仓储费用:亚马逊的产品根据尺寸划分可以分为标准尺寸和超标准尺寸;根据性质划分,又可以分为媒介产品和非媒介产品。而卖家销售的商品绝大部分都是属于标准尺寸的非媒介产品。当卖家使用 FBA 发货时,使用 FBA 仓服务,就需要交 FBA 仓租,每月按体积(立方英尺)并据比例收费,每年也会有 1 次或 2 次调整。像最近美国站规定自 2017 年 2 月 22 日起,亚马逊物流费用将发生变更。变更后的收费见图 7.1。

欧洲站的仓储费收费标准,已有店铺的卖家可以在欧洲站店铺后台搜索查看,未开店的卖家可以登录全球开店网站,了解亚马逊仓储费用。

(3)库存配置服务费:也就是合仓费用。当卖家将发货方式转换为 FBA 发货时,亚马逊会将卖家的商品随机分仓到 1~3 个仓库。亚马逊默认是分仓的,如果卖家觉得分仓会增加自己的头程费用,在转换为 FBA 配送方式之前可以先设置合仓。也就是说,如果没有设置合仓就不用出这笔库存配置服务费,设置了合仓才需要收取,是按件收费的,具体费用取决于选择的目的地数量。

五、FBA 限制产品

那么,卖家选好的产品,FBA 仓都会接受吗？当然不是。如服装箱包、图书影像、电器数码、户外运动、钟表首饰等普通产品是没有问题的。但像一些易燃易爆的危险

月度库存仓储费		
2017年10月1日之前		
	标准尺寸	大件
1月—10月	每立方英尺0.54美元	每立方英尺0.43美元
11月—12月	每立方英尺2.25美元	每立方英尺1.15美元
自2017年10月1日起		
	标准尺寸	大件
1月—9月	每立方英尺0.64美元	每立方英尺0.43美元
10月—12月	每立方英尺2.35美元	每立方英尺1.15美元

图7.1 美国站月度库存仓储费

品,不符合包装要求的、存在残损或缺陷的商品是不能使用FBA发货的。在亚马逊的FBA限制产品中提到,如果不遵守亚马逊物流商品封装要求、安全要求及商品限制条件可能会导致库存遭到拒绝、处理和退货,日后的配送遭到阻止,或者对额外的封装工作及违规行为收取额外的费用。

六、发FBA前需要注意哪些事项

(1)卖家在后台先将需要发往FBA仓的产品进行运输方式的转换。

(2)需要精准地填写产品的重量和包装尺寸。因为这会影响后续FBA的费用,出入太大的话FBA仓会重新核算。但如果卖家把产品的重量和包装尺寸写大了,FBA仓未必会做更改,这样卖家就要多承担费用。

(3)按照亚马逊的物流要求做好产品标签和外箱标签。建议用激光打印机打印标签,注意标签与实际物品相符。

(4)后台FBA发货数量最好跟实际相吻合。如果实际发货数量比后台填写的数量多,亚马逊只会承认后台填写的数量。

(5)FBA采用红外线扫描入仓,计重也极其精确,卖家在发货前需要格外注意,尽量不要让运输的包裹重量超过50磅(约22.7千克)。

Part 2　只需通过这些渠道就可解决头程运输问题

我们都知道,只有当产品抵达FBA仓后FBA仓才会提供服务,产品从出厂到进入FBA仓这段路程,需要漂洋过海,途中出现的任何问题都由卖家负责。

一、什么是FBA头程

从工厂到目的地(亚马逊FBA仓)的整个运输流程,中间包括清关、缴纳关税等,我们称之为FBA头程。头程处理起来比较烦琐,卖家需要如何解决这个问题呢?

中国卖家选择的海外FBA仓一般集中于欧洲、日本、北美,那么卖家可以根据这些海外FBA仓的地址、货物的体积和重量、时间要求来选择不同的运输方式(如海运、空运)。

二、FBA头程运输方式

1. 空运方式

(1)空运的流程与时效。

空运的整个流程为国内提货→国内机场出发→空运到目的港→分区派送至FBA仓。众所周知,空运是比较快的,但费用也会很高。

(2)空运涉及的费用:运费、关税。

其中,运费是主要费用。使用不同的国际物流发货,运费也是不一样的。卖家可向国际物流公司咨询具体的费用,同时,国际物流公司也会根据FBA仓具体的地址、产品的体积和重量来核算价格。

通过国际物流公司进行FBA头程运输也有可能会产生关税,不同国家有关进出口货物的关税政策是不一样的,在不同时期也会有所调整。比如美国,它的海外进口物品的免税额原来是200美元,但从2016年3月起调到了800美元,只要进口物品的申报价值没有超过800美元,就不会产生关税。免税额提高了,对中国卖家来讲,也是一个很好的发展机遇。

2.海运方式

(1)海运的流程与时效。

海运会涉及清关问题,以个人名义是很难通过的,一般都是以公司名义。海运的出口方式包括整柜出口、散货出口、散杂船出口、滚装船出口。流程为卖家准备FBA产品及相关单证→订舱→放舱→安排拖车→安排报关→确认放行→快递给FBA仓。

相较于空运,海运的性价比是比较高的,但时效也是非常慢的。据悉从中国到美国,最起码需要花费25天时间。如果是大卖家且对时间没有太高要求,产品也不会因为受潮而有所损坏的话,可以选择走海运。

(2)海运涉及的费用和单证。

海运涉及的费用包括运费、税金、报关费用、舱租、柜租等。当然,具体的操作费用,卖家可向清关公司咨询,清关公司也会根据FBA仓的具体地址和运输产品的体积、重量来核算价格。同时因为货物的不同,要求提供的清关资料也会有所不同。卖家需要提前准备好单证资料,基本资料包括提单、合同、装箱单、发票等。

卖家在走FBA头程前,可以先了解选择的FBA仓所在国家的进口政策与贸易壁垒,为FBA头程运输做足准备。

三、常见的国际物流公司

目前较为知名的国际物流公司有DHL、UPS(UPS是亚马逊官方推荐的物流服务商)、FedEx、TNT等。这些公司无论是在时效、价格、服务方面还是在清关能力方面,都有较大的优势。所以,以上几家知名国际物流公司是目前中小卖家最常选择的。

Part 3　龙舟计划将颠覆中国卖家的贸易模式

一、什么是亚马逊龙舟计划

龙舟计划(Dragon Boat China Consolidation),全称为亚马逊中国龙舟集货跨境物流服务,是亚马逊物流Plus计划在中国的战略布局。亚马逊官方希望以在英、美、德、法等国多年的自有仓库为基础,为在亚马逊网站上销售的FBA商品提供一站式的运输、仓储、包装和送货等服务,最终在物流上实现产地入仓、销售地出仓。

龙舟计划提供的是拼箱(拼柜)式的物流服务,不受理小批量的零散邮寄。中国的亚马逊卖家可以通过亚马逊的飞机、船舶和货车直接将商品运往境外,改变原先依靠快递或者第三方物流将商品运到境外的传统模式,并由亚马逊负责把商品运送到销售国家的 FBA 仓,稳定、快速、高效。据悉,参与龙舟计划的客户可进行 FBA 仓的抢先预约,以确保货物能及时进仓,较普通的 FBA 货物提前 5 天进仓。

也就是说亚马逊提供 FBA 商品入仓前的头程服务,中国卖家只需要把商品运送到亚马逊在中国的仓库,然后等待商品上架销售即可。亚马逊官方将负责商品的出口通关、运输、进口清关、商品入库等一系列的事务,这将帮助中国卖家更好地开拓各国市场,比如打破欧洲境内包括跨境监管、税收、语言、货运和支付等在内的多重壁垒,将商品全面覆盖到欧洲各个国家。

它的大致流程是中国工厂(卖家)→亚马逊中国库房→海关出口→运输→海关进口→目的国亚马逊库房→终端客户。

二、龙舟计划的基本常识

龙舟计划不提供快递类服务,只提供海运和空运服务,将免费提供合仓与目的国的锁仓服务,避免因分仓造成运输成本过高。收费方面暂时没有官方报价单,可以拨打亚马逊物流电话 400-910-5669 或给官方发邮件咨询。

从范围上来看,龙舟计划基本上覆盖了亚马逊全球的主要站点所在国,包括北美(美国、加拿大、墨西哥)、欧洲(英国、法国、德国、西班牙等)、亚洲(中国和日本)。目前在国内的主要集货地有华北的北京和天津、华东的上海和宁波、广东的深圳和广州、福建的厦门、香港,这几个地方亚马逊的仓库比较多,转运方便,相信随着亚马逊在中国仓库的增多,在不久的将来,其集货地也会逐步增加。

时至今日,龙舟计划还在进行,亚马逊也欢迎卖家的加入,它能让中国卖家在邮政物流、四大国际物流和各国专线物流外多一种跨境物流选择。

目前,全球开店的用户可以直接进行龙舟计划的申请(http://z-exp.com/agf),申请资料审核通过后,有权使用部分服务,申请时需要提交的信息有用户名、密码、国内手机号、电子邮箱、公司名称、公司地址、联系人、电子版营业执照和电子版税务登记证,如果是办理了三证合一的企业,只需提供电子版营业执照。

三、龙舟计划将给中国卖家带来哪些影响

龙舟计划将给中国卖家带来极大的便利,它不但在时效方面有保证,还会节省大量的资金成本,尤其在多国清关问题上带来了便利。过去中国卖家在亚马逊上的热卖产品多是轻薄类目,比如服装、饰品、3C数码产品及周边配件、玩具、汽配等,体积和重量比较大的产品只能"望洋兴叹"。亚马逊启动龙舟计划后,将会给大型家具、按摩浴缸、户外泳池这些产品带来更好的发展机遇。

当然,对于中间商和贸易商而言,就面临更多的挑战。龙舟计划降低了生产商(厂家)入驻亚马逊的门槛,以前厂家做不好跨境电商的重要因素就是零售和物流方面流程烦琐,很难招到专业的员工来做这些事情。亚马逊通过全球开店和招商经理的指导解决了线上零售的问题,通过龙舟计划提供了一站式的物流服务,只要厂家的产品确实好,在亚马逊上做起来并不难,实现跨境零售的转型也就指日可待了。

这对广大中间商来说并不是个好消息,但却是亚马逊的大势所趋,顺势而为才是智者,这里提醒中国卖家一定要尽早布局,早布局早受益,免得之后过于被动。那要如何布局呢?这里提供四种模式,卖家需根据自身的资金实力谨慎选择。

(1)自建品牌,找工厂做代工。注册商标的费用不高,但运营起一个被人认可的国际品牌需要花费大量资金和时间,同时还需要有强大的研发团队。

(2)自建工厂,自己做生产商。资金投入大,厂房、设备、水电、税费、人工等方面都需有不小的开支,生产设备根据行业的不同价格差异很大,有的行业只需要十几万,有的行业需要上千万,量力而行。

(3)入股生产工厂,在生产端掌控一定的话语权。这和自建同等规模的工厂相比,资金投入会少一些,如果入股已有一定行业积累的工厂,发展机会相对较多,但需要对方同意。

(4)获得品牌商某款产品在亚马逊上的独家授权。这需要卖家有较强的产品判断力,选好产品,选对产品,针对自己看好的产品与品牌商签订独家授权协议,缴纳授权费或保证每月的销售业绩,具体要看双方的谈判结果。

当然,除了以上四种模式,还有其他路径,但都要与厂家进行深度的捆绑,否则在亚马逊上没有任何的优势可言,靠跟卖是走不远的。

Part 4 新手卖家不知道的 FBA 分仓合仓"小猫腻"

一、FBA 分仓与合仓的定义

FBA 产品被集中放在同一个 FBA 仓中,这种情况叫作 FBA 合仓。

亚马逊将卖家创建的一票货或同一个 SKU 的产品分到 1~3 个 FBA 仓里,这种情况叫作 FBA 分仓。

二、亚马逊是默认 FBA 分仓的

卖家在后台发 FBA 做出货计划(Shipping Plan)的时候,往往会发现亚马逊将自己所创建的一票货或同一个 SKU 的产品分到 1~3 个 FBA 仓里。

虽然分仓有好处,比如说可以占领市场、扩大销售。但是,如果要发的 FBA 产品货量不是很大、货值也不是很高的话,会将 FBA 头程的成本拉高。

那么,被分了仓,还能合仓吗?

当然是可以的。不过,在寻求合仓的方法之前,先了解一下亚马逊对 FBA 产品进行分仓的原因。

三、FBA 产品被分仓的原因

(1)亚马逊根据每个 FBA 仓的设施条件、气温、湿度和其他因素,以及卖家的产品类型,将各类型的产品分到最适合的 FBA 仓里,以合理利用仓储,防止仓库出现爆满或空置的两极分化情况。

(2)亚马逊极为注重买家消费体验,会将 FBA 产品安排在热销区或者需求量较大的区域内的 FBA 仓中。

其实,亚马逊无论是以合理利用仓储空间,还是以买家的利益来作为分仓的依据,都是非常先进与人性化的。

不过有时客户的利益和卖家的利益是相对的。所以,很显然卖家是希望进行合仓的。

四、卖家们想合仓的真实原因

因为亚马逊默认 FBA 分仓,以致卖家的物流成本提高,所以卖家们想通过合仓的方式来减少成本,但又因为 FBA 的合仓收费很高,所以卖家们才会想到用一些较为巧妙的方式来合仓,减少物流成本。

另外,FBA 合仓对于卖家来讲,除了能减少 FBA 头程费用,也有利于集中管理产品库存和及时补货,也可以避免出现将单品分散而产生产品积压、滞销的情况。

五、卖家的合仓方法

卖家可以尝试扩大仓储数量,或者将发 FBA 的产品数量填大一些,这样就算被分仓,每个仓内的产品数量就正好等于一批货的数量,或者达到自己想要的发货数量。

比如卖家想做 100 个 FBA 产品,那么在填数量时可以填 300 个,就算产品被分到 3 个仓,且按照亚马逊略有浮动的分法,3 个仓中货物的数量可能分别是 90 个、100 个、110 个,虽然不能保证每个仓的货物一定都是 100 个,但实际的数量也接近卖家想做的发货数量,同时运费也节省了。然后,卖家可选择先发其中一个 FBA 仓的产品,等卖得差不多了,再发剩下的。

此外,卖家在发 FBA 头程之前,需要按照 FBA 入库要求,打印外箱标签,贴好每一个产品的标签,核对好产品种类和发货数量。

Part 5 FBA 合仓到底要花多少钱?揭秘 FBA 合仓收费标准

其实,亚马逊是允许合仓的,卖家可以在后台进行合仓设置(见图 7.2)。合仓路径为"Account Setting"→"Fulfillment by Amazon"→"Inbound Setting"→"Inventory Placement Option"→"Inventory Placement Service"。

以上的合仓方式按照商品的尺寸和重量来收费,不同站点的收费会不一样。以美国站为例,标准尺寸且重量在 1 磅或以下的 0.30 美元/个;大尺寸且重量在 5 磅或以下的,则 1.30 美元/个(见图 7.3)。

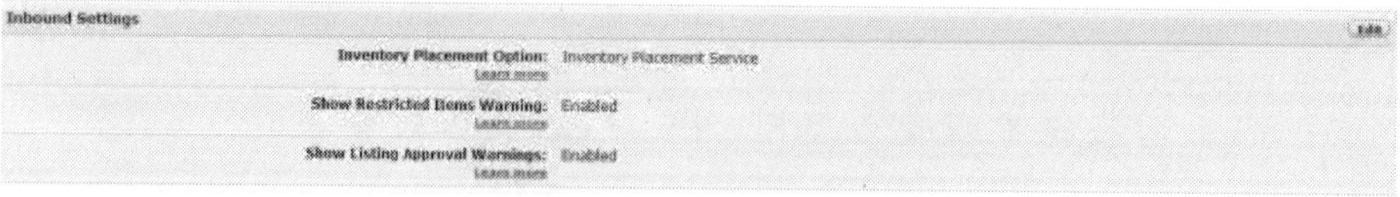

图 7.2 FBA 合仓

Inventory placement service fees

Standard size (per item)	
1 lb or less	$0.30
1-2 lb	$0.40
Over 2 lb	$0.40 + $0.10/lb above the first 2 lb

Oversize (per item)	
5 lb or less	$1.30
Over 5 lb	$1.30 + $0.20/lb above the first 5 lb

图 7.3 美国站合仓费用

FBA 合仓后,卖家可以自由调整、合并自己的货物。而且这个合仓功能,无论是开启还是关闭,都是即时生效的,非常方便。

但是这种合仓收费很高。卖家本身已经承担了 FBA 头程运费,如果再选择这种收费的合仓方式,成本会更高。

Part 6 亚马逊 FBA 仓和第三方海外仓分别适合哪些中国卖家?

为了提高买家的购物体验,亚马逊卖家可以提前将产品发往 FBA 仓或者第三方海外仓。二者同属于海外仓,作为亚马逊卖家,该如何考虑和选择呢?

一、使用 FBA 仓与第三方海外仓的相同之处

(1)二者都需要卖家提前备货,都具有丰富的仓储管理经验,无须卖家操心仓储与配送问题。

(2)都可以缩短配送时间,提升客户的满意度,对店铺的销售额增长有帮助。

(3)都需要卖家批量发货,发货的方式一般选择空运、快递、海运,能有效避免物流延误。

(4)都可以为买家提供退换货服务。

(5)无论是选择 FBA 仓还是第三方海外仓,卖家每月都需缴纳仓租费、物流费用和其他费用。

(6)产品在卖家的控制之外,但二者都提供客服功能,让卖家知悉库存情况。

二、使用 FBA 仓与第三方海外仓的差异之处

1. 选品范围的差异

FBA 仓对选品的尺寸、重量、类别有一定程度的限制,所以选品偏向于体积小、利润高、质量好的产品。

如果是选择第三方海外仓,选品范围比 FBA 仓的要广一些,像体积大、重量大的产品也能找到合适的第三方海外仓。换个说法,即能进入 FBA 仓的产品必定能进入第三方海外仓,但能进入第三方海外仓的产品不一定能进入 FBA 仓。

2. 头程服务的差异

FBA 仓不会为卖家提供头程清关服务。

部分第三方海外仓服务商会给卖家提供头程清关服务,甚至还包含代缴税金、派送到仓的一条龙服务。

3. 对产品入仓前要求的差异

FBA 仓的入仓要求较为严格,需要卖家在发货前贴好外箱标签及产品标签,如果外箱或产品标签有破损的话,会要求卖家先整理,然后才能进入 FBA 仓。另外需要提醒的是,FBA 仓也不提供产品组装服务。

第三方海外仓的入库要求不会像 FBA 仓这么高,甚至会提供上架前的整理、组装服务。

4. 对产品入仓后分配的差异

亚马逊是默认分仓的,往往会将卖家的产品分散到不同的仓库进行混储。而第三方海外仓一般会将同一卖家的货物放在同一个仓库集中管理。

此外,FBA 仓只供亚马逊平台上的卖家使用。而第三方海外仓则没这种限制,只

要卖家有货,无论在哪个平台售卖,都可以租用。此外,第三方海外仓还具有中转作用,如果卖家同时使用第三方海外仓与 FBA 仓,旺季时可以直接从第三方海外仓调货到 FBA 仓,节省时间。

5. 仓储成本的差异

选择海外仓的成本都不低。一般来说,如果货量大的话,使用 FBA 仓的成本要高于第三方海外仓的。不过,进入 FBA 仓的产品,卖家可以通过提高产品单价来分摊仓储成本。如果是进入第三方海外仓的,可以降低产品价格来吸引客户。

6. 对产品推广支持的差异

选择 FBA,亚马逊平台会增加卖家产品的曝光度,如提高卖家产品的排名、帮助卖家抢夺黄金购物车等,这些都有利于提高卖家店铺的流量与销量。

如果是选择第三方海外仓,第三方海外仓服务商是不可能像亚马逊那样,给卖家的产品提供平台或在平台上增加曝光度。卖家需要自己做站内、站外的推广来提升店铺的业绩。

7. 对于发货后产品的差评处理的差异

使用 FBA 但因物流导致客户留下中差评,可以由亚马逊移除中差评,卖家无须操心。如果使用第三方海外仓,因物流引起的中差评,第三方海外仓服务商则不能提供售后与投诉服务,就算提供了,也不一定能够成功移除客户留下的中差评。

8. 货物存放风险的差异

将货物放在海外仓,都存在潜在的安全风险。放置在 FBA 仓中,其安全与亚马逊账号安全相关联。如果卖家在亚马逊销售的产品出了问题,账号被关闭的话,那么放在 FBA 仓的货物也会被暂时查封。如果是存放在第三方海外仓的话,则不用担心会有这种风险。

不难看出,无论是选择 FBA 仓,还是第三方海外仓,都有各自的长处与短处。卖家可以根据自身的实际情况选择。

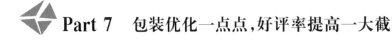

Part 7　包装优化一点点,好评率提高一大截

随着互联网的发展,网购已成为人们重要的购物方式,作为买家包裹收得多了,有

时会发现包裹的外包装出现了严重的残损情况,有时也会发现包裹裹得太紧了,拆解时费时费力,减少了收货的喜悦感,由此产生不满,直接给卖家留差评。

身为亚马逊卖家,如果只关心产品的质量、价值和优点,而不关心包装是不行的。那么,如何在降低买家拆包裹难度的同时又能保证包装完好、安全呢?这里讲一些包装技巧。

在了解包装技巧之前,先来了解一下包装的材料。

一、包装的材料

1. 包装产品所需要的材料

包装材料:纸箱、泡沫箱、牛皮纸、文件袋、编织袋等。

填充材料:废纸、气泡膜、气泡柱、颗粒泡沫、泡绵等。

封箱工具:胶带、胶纸、小刀、剪刀等。

2. 如何挑选包装材料

(1)挑选与产品尺寸、属性相符的包装材料。

产品在长途运输时,外包装难免会因为受到外力的作用产生变形。所以,我们要注重产品外包装质量与抗压强度,外包装的大小要适合产品尺寸,如果挑选的箱子大了,会拉高运费成本及浪费填充物,如果小了,则没办法封箱。在产品的外包装材料中,又以纸箱包装最为常用,通常有三层、五层、七层的纸箱,强度以三层最弱,七层最高。像服装箱包这类不怕压也不易碎的产品,建议用三层箱;而数码、电器等贵重物品,建议用五层箱,再配以气泡膜包装或填充,以确保产品在运输途中的安全。

(2)要选用品质好的包装材料。

虽然节约是美德,但一些卖家使用回收材料,如使用回收的纸箱来包装还是不妥的。因为这种纸箱可承受的压力往往已经大大降低,如果再次使用,恐怕未必经得起长途运输,可能会破损进而令产品受到影响。如果再遇上雪雨天气,可能会污染产品。所以,建议大家不要使用有裂痕的二手包装材料,同时也尽量不要使用失去耐力的泡沫纸来填充或包裹产品。

二、如何包装产品

其实打包产品的过程很简单,找好材料,进行包装、封箱即可。不过,卖家要确认产品重量是否超过箱子的使用限制,并利用填充物将空隙填满,以避免在运输途中产生箱内碰撞,但也不要让箱子鼓起来。同时也建议用宽一点的胶带,以十字交叉方式进行封箱。如果产品是比较重的,可以在封箱前在箱中放入加厚的纸板。

三、特殊产品的包装技巧

1. 节假日礼物的包装技巧

在不同的节日中,比如新年、圣诞节等,卖家除了要重视配送的时效以外,更要注意买家是否有特别的配送要求。注重细节的卖家,往往更容易讨得买家的欢心,卖家除了按照买家的要求包装以外,也可以再花点心思,比如说加上节日元素,附上小卡片或小礼品,给卖家制造惊喜。当然,如果买家要求使用的包装材料比较贵,卖家可以要求进行有偿服务。

2. 高价位、体积小的产品的包装技巧

假如买家购买价值高、体积很小的产品,比如首饰、钟表,那么买家肯定希望卖家能配个高档的包装盒。同时卖家也要注意,不要用太小的箱子邮寄产品,因为太小的箱子在运输过程中容易被遗漏,也不要在外包装上标示价格。另外,为避免发生不必要的纠纷,最好让买家亲自验收、签字以确认收货。

3. 其他特殊产品的包装技巧

电脑、手机等电子产品:要防水,最好使用原厂包装。如果是电子元件,应该使用抗静电包装,不要用颗粒泡沫、牛皮纸和报纸。

家用电器:除了用加厚的箱子作外包装以外,箱内也需用泡沫板等来防止边角的碰撞。

屏幕、玻璃、收藏品等易碎品:外包装箱必须足够大,多件产品放在一起,应该先单独打包,同时也要有足够多的缓冲材料,以确保不会相互碰撞,并在外包装箱标明"易碎"的标识。

另外还有一种情况也值得注意,假如卖家需要将多个产品放在同一个较大的包装箱中,那么可以在包装箱中内置多个小箱子,再将相同的产品放置在同一个小箱子内。这样可以最大限度避免出现因产品混装产生的挤压问题。

四、不同产品在不同环境的包装技巧

每家快递公司每天都要处理成千上万个包裹,而卖家发出的包裹从被收走到被签

收这个过程,需要经过多次中转,可能存在被运输人员野蛮对待的情况,或者经历恶劣的天气、环境。那么卖家在发货前需要充分考虑产品对外部不同环境(如湿度、温差、时效)的适应能力。比如发电子产品,就要防潮、防水;发生鲜食品,则要控制好温度与发货时间。

五、发货前的其他注意事项

(1)卖家在封箱之前,应放入与产品相关的销售单、发票。如果产品本身没有以买家所在地语言写的产品介绍,可能会导致买家不知道如何使用产品,那么卖家可以附上翻译。

(2)卖家在邮寄产品之前,要仔细核对买家的地址、电话等信息。如果是发大件的产品,建议在箱子外侧张贴地址,如果批量装箱发送,每箱货标记当前箱号及总的箱数。

六、FBA 包装须知

如果卖家是往 FBA 仓发货,更需要注重产品的包装。卖家可以在亚马逊店铺后台阅读包装与货件准备要求,这里将重点整理出来,供大家参考。

(1)对于散装商品:每件商品,包括多件式套装图书,都必须单独、牢固地包装。亚马逊不接受要求亚马逊帮忙组装多个部件的商品。

(2)对于成套销售的商品:必须在其包装上标注套装标记。在商品上添加明确表明套装商品将作为一件商品接收和销售的标签。例如,"成套销售""准备发货"或"这是套装商品,请勿拆分"。

(3)对于盒装商品:必须为六边体,必须具有无法自行轻松打开的开口或盖子。如果包装盒可以自行轻松打开,则必须使用胶带、胶水或卡钉将其封闭。

(4)对于塑料袋包装商品:需要提供警告信息,将警告信息打印在塑料袋上,或以标签形式贴在塑料袋上,打印的标签尺寸也有要求。

(5)对于使用原厂包装发货的商品:卖家必须移除或覆盖装运箱上的所有可扫描条形码。只有箱子内的商品才能有可扫描的条形码。

(6)对于商品的有效期:存在有效期的商品必须以 36 号以上大小的文字在大箱上标注有效期,且须在单件商品上标明有效期。仅印刷批号是不够的。有过期日期且要求进行额外准备工作(如玻璃罐或玻璃瓶)的商品必须小心包装,以确保亚马逊在收货期间可以查看过期日期。

七、收、拆包裹的小技巧

(1)收到包裹时仔细查看产品包装是否有破损或拆封的痕迹,如果有的话,拒收、拍照或与卖家直接联系。

(2)拆包裹时不要用蛮力,要有技巧地割开封胶,可以提前备好小刀或剪刀。

作为卖家会发现,包装看上去很简单,但实际上有许多技巧。在产品包装上用心了,买家是能感觉得出来的。

Part 8 想日出千单?先学会怎么操作转换 FBA 吧!

我们知道发 FBA 的好处是非常多的,它是推广新品、提高销量、抢占黄金购物车的一个好手段,所以很多亚马逊卖家都会选择发 FBA。而对于新手来讲,刚开始操作 FBA 时,因为缺少经验,会遇到一些问题,因此,下面特地分步骤讲解怎么将货物的发货方式转换为 FBA。

1. 进入"管理亚马逊库存"

登录卖家后台,在"库存"(INVENTORY)标签中点击"管理亚马逊库存"(Manage FBA Inventory)进入库存管理界面(见图 7.4)。

图 7.4 进入库存管理界面

2. 将发货方式"转换为'亚马逊配送'"

在库存管理页面,卖家可以通过搜索 SKU、标题、ISBN 等找到要转换为 FBA 发货的产品。

在这个页面中可以看到商品发货属性,以"商品状态"(所有、在售、不可售)、"配送

第七章 亚马逊专属物流模式——FBA

类型"(所有、亚马逊、卖家)为主要筛选条件,当然,也有其他筛选条件。在进行转换时,"配送类型"要选"所有"。

如果卖家只对单个产品的发货方式进行转换,就直接在该产品最左边的"□"中打"√",同时在该产品最右侧的"编辑"(Edit)里点击"转换为'亚马逊配送'"(Change to Fulfilled by Amazon)(见图7.5)。

图 7.5　转换发货方式

如果是将多个产品的发货方式转换为 FBA 发货,则在"状态"(Staus)处打"√",即全选,然后在"应用选定商品"下拉菜单选择"转换为'亚马逊配送'"。

3. 选择"转换并发送库存"

选好要发 FBA 的产品后,会跳到图 7.6 所示页面,点击"转换并发送库存"确认转换为 FBA 发货(下文内容以单个产品的发货方式要转换为 FBA 为例)。

图 7.6　转换为 FBA 配送

4. 卖家信息核对

点击"转换并发送库存"后,接着会跳到图 7.7 所示页面。要对"入库计划""起运地""包装类型"进行选择。

图 7.7　信息核对

在这里,要注意起运地和包装类型。

起运地:发货地址是自动生成的,有需要的话也可以修改发货地址,点击"从另一地址发货"(Ship From Another Address)。带" * "号的为必填项(见图 7.8)。

图 7.8　修改发货地址

包装类型:分为"混装发货"和"原厂包装发货"。

混装:即一箱里面有多个产品。

原厂包装发货:一箱里只有一个产品。

关于包装类型,卖家如实选择是"混装发货"还是"原厂包装发货"。

确定好起运地、包装类型后,点击"继续处理入库计划",下半页原来的灰色界面会正常显示。

5. 商品包装尺寸

"所有商品"中会显示选为 FBA 发货的产品信息,如果卖家还需要新增产品,点击"添加商品",如果需要删除,则点击每个产品后面的"×"删除。在这里,需要输入商品包装尺寸。需要提供制造商的原始商品包装尺寸(英寸)。比如说卖家是卖杯子的,杯子有包装,需要输入产品的包装尺寸(长、宽、高)和数量,然后点击"保存"(见图 7.9)。

图 7.9　填写包装尺寸

点击"保存"后,再点击下面的"继续",操作下一步"准备商品"(见图 7.10)。

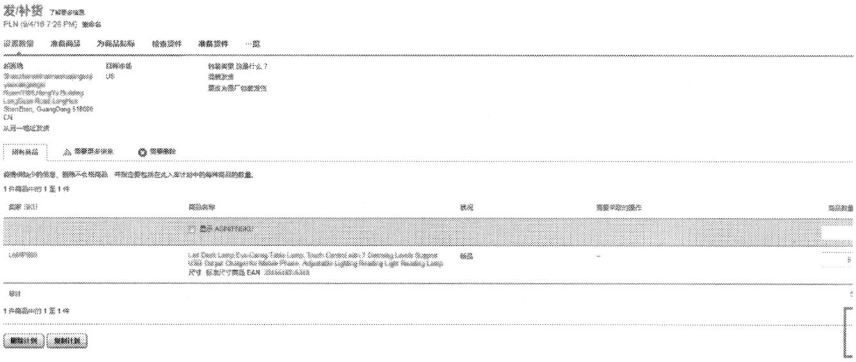

图 7.10　浏览产品信息

6. 准备商品

在这一步也会浏览到卖家之前设置的信息,确定没问题后,点击"继续",进行下一步操作(见图 7.11)。

图 7.11 准备商品

7. 为商品贴标

第 6 步完成后,会转到"为商品贴标"页面。这是比较关键的一步,因为发 FBA 仓的每一个产品都要贴上标签。在这里设置标签打印的个数和尺寸。

正常情况下,亚马逊默认使用 A4 纸张打印,卖家可以自行购买 A4 大小的不干胶纸进行打印。一般情况下,每张 A4 纸打印标签个数为 21~44 个。卖家可以根据产品包装大小来选择相应的规格进行打印。选择完成后,点击"打印此页面标签"进行打印。打印出来后,再将标签一个个贴在产品或者产品外包装上。接着再点击"继续",进行下一步操作(见图 7.12)。

图 7.13 展示的是部分产品的标签打印截图。为了让产品顺利入库,卖家需要将每个标签贴在产品上或者产品包装上,注意不要贴错。

8. 检查货件

在这一环节,检查货件的起运地、包装类型、包含商品、商品准备费等信息。在这个页面,亚马逊也会有提示:"您发往亚马逊的库存可能会根据卖家 SKU 被分成多个货件,我们将根据多种因素为每个货件分配运营中心,包括商品的尺寸和分类、您的地址等多种因素。"也就是说,卖家创建的产品可能会被分仓,也有可能全部发到一个 FBA 仓,总之,是亚马逊系统自动分配的。如果卖家不想分仓,可以提前在后台设置合仓(合仓需要另外收取费用)。确认信息无误后,卖家可以看到"目的地",即 FBA 仓的地址(见图 7.14)。

第七章 亚马逊专属物流模式——FBA

图 7.12 打印标签

图 7.13 标签

图 7.14 检查货件

检查没问题的话,继续点击"处理货件"。确认后,再点击"确认货件"(见图7.15)。

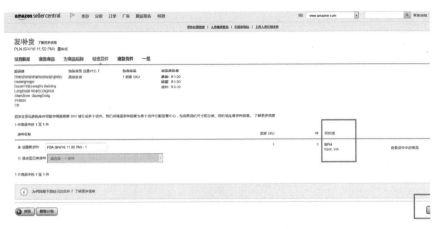

图 7.15　确认货件

9. 准备货件

此处的操作见图 7.16。

图 7.16　准备货件

(1)检查货件中的商品。

此页面亚马逊会有提示:"卖家要确保发货实物的 SKU 和数量完全与创建时填写的一致。"即卖家要对产品品种和数量进行核对,保证不选错和发错产品。

(2)选择运输服务。

运输方式分为小包裹快递(SPD)和汽运零担或整车运输(LTL/FTL)两种方式。

小包裹快递是指用单独箱子包装的商品,配送箱单独贴标配送。必须满足以下要求:

①所有箱子必须贴有亚马逊物流货件标签和承运人标签。

②箱子重量不得超出 50 磅,除非其中包含单件重量超出 50 磅的大件商品。

③箱子任何一侧的长度均不得超过 25 英寸。

汽运零担或整车运输是指将箱子固定在已贴标的托拍上进行运输。对于汽运零担，货车上可能还装有运往其他目的地的货件。如果货件符合整车运输的要求，货件将直接运往运营中心。汽运零担和整车运输配送方式需要进行配送预约。通过货车运输商品时，必须遵守以下货件包装要求。

①一个托拍上的所有箱子必须具有相同的货件编号。

②总货件重量必须不低于 150 磅。

③单独包装的托拍重量不能超过 1500 磅。

④必须使用 GMA 标准达到 B 级或更高级别可 4 面打开的 40 英寸×48 英寸木制托拍。

⑤托拍上的箱子不能伸出托拍超过 1 英寸。

⑥必须用塑料或拉伸膜将箱子固定到托拍上。

⑦重量超过 100 磅、长度超过 80 英寸或宽度超过 30 英寸的商品必须单独放在一个托拍上。

⑧如果多个箱子成套销售且总重量超过 100 磅，则必须单独放在一个托拍上。

⑨确认为可堆放的托拍可由承运人堆放。

运输方式，一般是默认填写"小包裹快递"。

承运人：默认填写"DHL EXPRESS(SUA)INC"。

(3)设置箱子信息。

这里是设置箱子的数量。卖家创建的一批货，如果产品数量比较多，需要使用多个箱子来发货，在箱子总数里如实填写箱子数量。

如果是多个箱子一起发货的，则选择"多个箱子"(见图 7.17)。

如果使用单个箱子发货，就将"多个箱子"更改为"所有物品装于一个箱子"。

这里所说的箱子，是指发货时的箱子数量。假如卖家的产品比较特殊，需要用多个小箱子包装，然后再将这些小箱子套入大箱子里面，那么这里的箱子的数量，是指所有大箱子的数量，并非指小箱子的数量。

卖家如何提供箱内物品信息呢？这里有三个选项，"使用 Web 表单""上传文件""跳过箱子信息并收取手动处理费用"。

使用 Web 表单：在相应栏目中填写箱子信息(推荐使用)(见图 7.17)。

图 7.17 设置箱子信息

上传文件:填写装箱单,并上传到卖家平台(见图 7.18)。

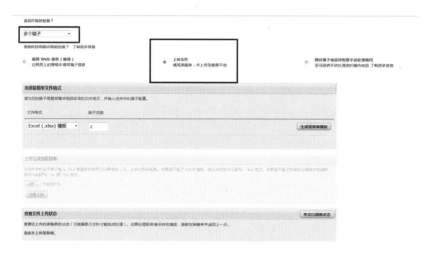

图 7.18 上传文件

跳过箱子信息并收取手动处理费用:亚马逊将手动处理卖家箱内的物品。它会根据箱内的商品总数和每件商品费用,计算出手动处理费用(见图 7.19)。

箱子的尺寸和重量这两个数据是可选的,也就是说,卖家不填也行。如果要填的话,直接将箱子的重量、尺寸输入即可。箱子数量是 1 个的,则需填写 1 个箱子的重量和尺寸;如果箱子总数是 2 个,就如实填写 2 个箱子的重量和尺寸。填写完成之后,会有箱子的总计数量(见图 7.20)。

(4)打印货件标签。

需要使用不干胶打印外箱标签,贴在外箱上面,每个箱子上的标签都是唯一的,而

第七章　亚马逊专属物流模式——FBA

图 7.19　手动处理

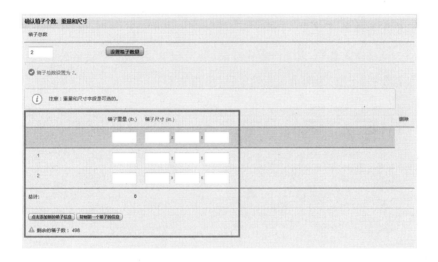

图 7.20　确认箱子个数、重量和尺寸

且必须打印所有箱子的标签并粘贴（见图 7.21）。

图 7.21　打印货件标签

部分外箱标签示意图见图 7.22。

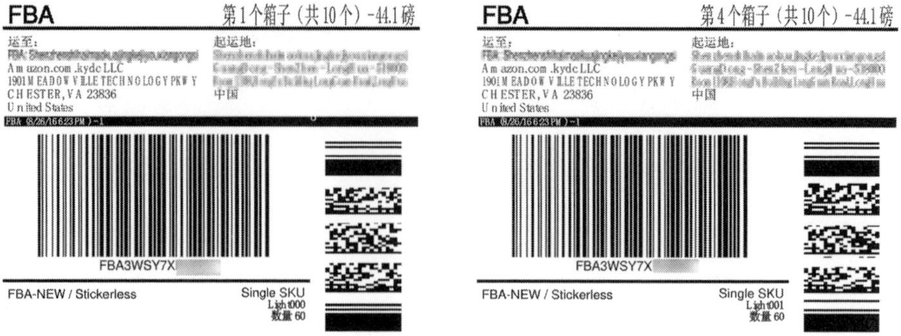

图 7.22 外箱标签示意

10. 录入物流单号

最后一步是录入单号,以上步骤完成后,装箱完毕,将货交给货运公司,发往FBA仓。卖家需要在"一览"里面录入运输单号(见图7.23)。

图 7.23 录入单号

一般情况下,每个外箱的实重不能超过50磅。如果超重,需要在每个外箱的外面打上"超重"的标识。超重标签主要起到提醒作用,无特别要求,可使用A4纸打印。

第八章

周边配套

第一节　亚马逊收款方式

 Part 1　派安盈(Payoneer)：全能型亚马逊收款方式

一、Payoneer 简介

Payoneer(派安盈)就是我们常说的"P 卡"，是 2005 年成立于纽约的专注跨境资金下发的支付企业，为跨境电商平台提供全球资金下发服务。Payoneer 也是亚马逊官方推荐的收款服务商之一，能帮助卖家从亚马逊各个站点收款，合规提款到银行账户。通过 Payoneer 账户，卖家可以实现资金的一站式管理，见图 8.1。

图 8.1　P 卡的功能

二、Payoneer 的优势

作为亚马逊官方推荐的收款方式，Payoneer 的优势在于以下 4 点。

1. 支持多币种收款

Payoneer 已开放美元账户、欧元账户、英镑账户以及日元账户，覆盖亚马逊全球开店各大站点币种，卖家可在线接收亚马逊美国站、英国站、日本站各站点资金。

2. 提款快捷

Payoneer支持提款到个人及对公银行账户,结汇人民币不受个人结汇额度限制,提款到中国香港银行账户则可选港元、美元、欧元、英镑到账。提款速度上,快则当天、慢则3天即可到账。比较灵活的一点是,如果在Payoneer注册的是公司账户,提款银行也可以用公司法人代表或股东的个人银行账户。

3. 灵活的资金出口

在目前跨境电商收款服务中,Payoneer是唯一一家可以签发万事达®实体卡的机构,在账户后台可根据需要自行申请。实体卡可选美元、欧元、英镑币种,全球通用,即可以在有MasterCard标志的ATM机提现,或进行刷卡和线上消费。

此外,针对欧洲销售合规化需求,Payoneer还推出了免手续费缴费英国和欧盟增值税(VAT)的服务。

4. 支持多平台收款

除了用于亚马逊收款,Payoneer是众多电商平台的官方合作伙伴,例如Wish、Lazada等,见图8.2。

图8.2 P卡合作伙伴

三、Payoneer的收费标准

(1)Payoneer注册免费,注册的账户为无卡账户。账户注册成功后,绑定亚马逊的任何站点也是免费的。

(2)除了以上所讲的无卡账户,Payoneer还可以签发实体卡,可在后台进行申请。如果申请Payoneer实体卡片,则每张卡片有29.95美元/年的卡片管理费,消费时根据消费币种、消费国家,可能产生1%~3.5%的跨境费或货币转换费。另外,虽然也可以使用卡片在国内有万事达®标志的ATM机上取现人民币,但是在ATM机取现除了会收取跨境费或货币转换费,还有ATM机的使用费,不推荐日常使用。

(3)从Payoneer账户提款到银行时会收取一笔提款费,目前费率1.2%封顶,系统会根据用户在 Payoneer 的累计入账情况自动调整费率。

新用户的每笔最低提款额度是 50 美元,最高 5 万美元,当升级为 VIP 后提款上限会自动提高,如果需要提前调整,可以联系客服进行操作。

最新的 Payoneer 费率结构,可以进入 www.payoneer.com/zh/fees/查看。

四、Payoneer 该怎么绑定亚马逊收款

卖家的 Payoneer 账户审核通过后,就会自动获得美元、欧元、英镑、日元收款账号各一个。登陆 Payoneer 账户→"收款"→"Global Payment Service"就能看到这些收款账号的详细资料,见图 8.3。

下面以亚马逊美国站为例,教大家如何将 Payoneer 美元账户绑定到亚马逊后台。

(1)登录亚马逊店铺收款设置页面(通常是"Settings"(设置)→"Account Info"(付款信息)→"Deposit Method"(存款方式)),见图 8.4。

(2)将 Payoneer 账户里的信息复制粘贴填入,见图 8.5。

①亚马逊美国站用美国银行账户,所以"Bank Location Country"(银行所在的国家)选"United States"(美国)。

②"9-Digit Routing Number"填 Payoneer 美国银行 9 位路由编码(ABA)。

③"Bank Account Number"填 Payoneer 美元收款账号,并非 Payoneer 实体卡卡号。

④"Re-type your Bank Account Number"再次填写 Payoneer 美元收款账号。

⑤"Account Holder Name"填写 Payoneer 账户持有人姓名,或者与亚马逊店铺的注册人保持一致。

如果卖家也需要对欧洲站五个站点绑定 Payoneer 收款账号,则可以按以下方式操作。

①德国、西班牙、意大利、法国四个站点绑定 Payoneer 欧元账号。

②英国站绑定 Payoneer 英镑账号。

绑定账户的过程中,如果有任何问题,可联系 Payoneer 客服寻求协助。

(3)多平台多店铺的收款管理

同一个 Payoneer 账户下的每个币种都可以签发多个收款账号,也就是说只需要

第八章 周边配套

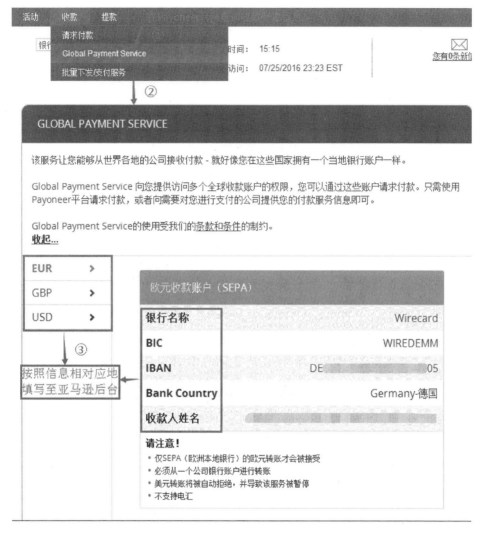

图8.3 查看账号资料

注册一个Payoneer账户,就可以有多个美元收款账号、多个欧元收款账号等。卖家可以用不同的收款账号对应绑定不同的店铺,这样并不会造成店铺关联。但是对于需要KYC证明的亚马逊站点,建议用对应的公司资料申请多个对应的Payoneer账户,以便Payoneer为卖家合规地开具KYC证明(Payoneer出具的收款账户证明也是被亚马逊欧洲站所认可的)。

最近,Payoneer新推出了"我的店铺管家"功能,可以自助签发新的收款账号,一站式管理入账数据。有多站点资金管理需求的卖家可以通过该功能进行资金管理。

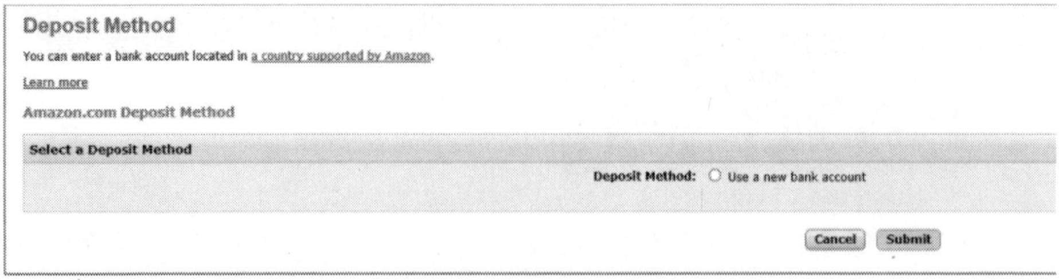

图 8.4 收款设置页面

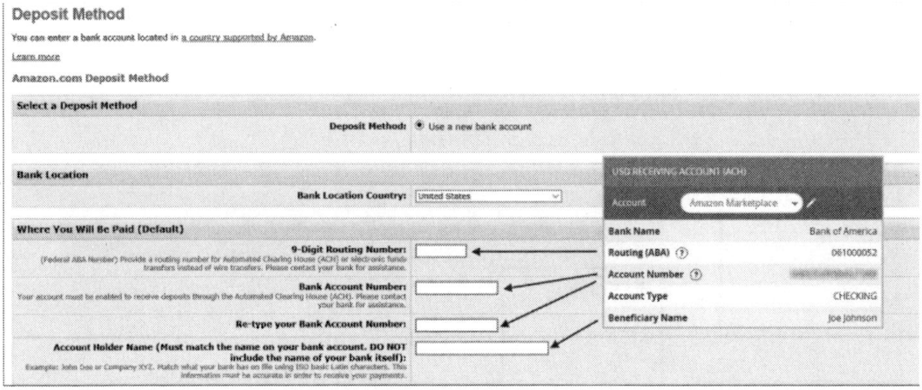

图 8.5 填写账户信息

五、如何申请 Payoneer 账户

1. 账户类型

个人与公司都可以注册 Payoneer 账户,海外公司资料也都可用于注册。

2. 账户注册

注册过程可以全部在网上自助操作完成,登录 Payoneer 官网或者通过海猫跨境的注册链接 www.payoneer.com/zh/seacat,根据提示提供个人或企业基本资料、注册地址、设定密码、添加第一个提现银行账户即可。

3. 账户审核

注册完成后系统将自动审核,根据具体情况可能会要求卖家提供身份证明、公司营业执照等资料的彩色影印件,所以,卖家需要注意查收注册邮箱里的通知邮件。

Part 2 若论国际知名性,只有 WF 卡才能与 P 卡相提并论

一、World First 简介

World First 卡,国内一般简称 WF 或 WF 卡。同 Payoneer 一样,World First 也是全球知名的外汇兑换公司,同时也是亚马逊官方推荐的收款方式。

不同于 Payoneer,World First 没有实体卡,只有虚拟账户,目前支持开通的虚拟账户有美元账户、欧元账户、英镑账户、加元账户、日元账户。

二、注册 World First 账户有什么好处

(1)收款和转账是 WF 存在的意义,也是卖家选择它的理由。WF 提供多币种服务,可以用来收美元、英镑、欧元、加元、日元。通过 WF 账户,卖家可以在线将款项提到国内银行账户上,具有安全、快速、转账方便、操作简单的特点。

(2)WF 卡除了能收亚马逊跨境电商平台的销售款,也能接收其他线上交易平台(如 eBay、Newegg)的销售款,见图 8.6。

三、World First 的收费标准

(1)World First 开户免费,无年费、无入账费。

(2)使用 World First 账户将美金、英镑或欧元转换成人民币,并且每笔转账金额不少于 250 美元或等值的其他货币,现可享受 1% 费率封顶的优惠。现有客户或 2017 年 7 月 31 日前成功注册的客户均可享受此优惠。其他货币转账以及具体情况可以联系 World First 的账户经理进行咨询,World First 客服电话为 400-720-8757,报注册邮箱或者电话可以查到自己 WF 卡的客户经理。

四、WF 账户的类型与亚马逊店铺类型有何关系

WF 账户分为个人账户和公司账户。

以个人名义注册的 World First 账户,只能提款到账户持有人的个人账户。

图 8.6　WF 卡合作伙伴

以公司名义注册的 World First 账户,只能提款到公司名下的公司账户。

比如 A 以个人名义注册了 World First 账户,那么 A 的 World First 账户只能转账到 A 的个人银行账户,不能转到其他人的账户。

再比如 B 以公司名义注册了 World First 账户,那么 B 注册的这个 World First 账户只能转账到 B 公司名下的银行账户,不能转到其他人、其他公司的账户上。

这种公对公、私对私的转账模式,使得亚马逊店铺、WF 账户、其他银行账户三者间的关系非常简单。所以是用个人名义还是用公司名义注册 World First,只取决于卖家想用哪种银行账户来收款,跟在亚马逊用何种名义开店铺是没有关系的。

不过告诉大家一个小秘密,如果以公司名义注册 WF 账户,与之绑定的亚马逊店铺的销售款就只能转到公司的账户上,这样会涉及收税问题,对卖家来讲也算是一笔支出。

五、如何注册 World First 账户

1. 准备注册资料

如果是申请 World First 个人账户,则需要准备如下资料。

(1)申请人提供身份证正反面扫描件,完成个人身份认证。

(2)申请人提供含有其姓名和现居住地地址的个人信用卡账单或个人水、电、燃气费用账单,账单必须为最近 3 个月之内的邮寄纸质账单或电子版账单(不接受物业公司发的账单),完成地址认证。

如果是以企业名义申请 World First 企业账户,除了提供以上文件以外,需要另提交以下资料。

(1)公司注册文件(如营业执照)和组织机构代码。

(2)股东和董事信息。

如果申请人无法提供有效的个人信用卡账单或个人水、电、燃气费用账单进行地址认证,又该怎么办?这时,申请人可以选第 2 种办法完成地址认证:直接联系 WF 官方邮箱(hkpartnerships@worldfirst.com),将自己的个人地址(地址上不能出现公司名字,最好是私人地址)提供给 WF 公司,并要求 WF 公司邮寄激活码,那么 WF 公司收到邮件后,就会免费给申请人邮寄含有激活码的信件,申请人在收到后再告知 World First 激活码,即可完成地址认证。

2. 开通 WF 账户流程

World First 官网地址为 https://www.worldfirst.com/cn/online-sellers/,按页面相关提示完成注册即可。整个注册流程相对简单,包括填写注册信息→邮件确认注册情况→进一步完善 WF 后台资料→WF 客服电话确认→开通成功。

在电话确认这个环节中,WF 客服除了确认申请人的身份以外,也会确认申请人需要开通哪个币种(如美元)的 WF 账户。客服确认后,WF 账户会在 1 个或 2 个工作日后开通。

六、WFO 网上平台

待账户开通成功后,用户就可以登录 WFO 网上平台(World First Online),查看账户余额、交易记录,添加收款账户信息以及创建收款人进行转账,转账到国内银行账户

上一般需要 2~4 个工作日。

另外，虽然 World First 没有限制用户对 WF 卡的最短持有时间，但 WF 毕竟是专业的金融公司，难免有些严格。如果有 WF 的账户却不用，又或者连续 3 个月的交易金额并不理想，World First 会发邮件提醒开户人必须想办法在 3 个月内提升账户的交易额度，不然 WF 会关掉此账户。不过，卖家可以联系 World First 的客户经理，说明情况，这样的话，World First 账户就不会被冻结了。

 Part 3 各路"豪侠"齐上阵，P 卡、WF 卡谁能拔得头筹？

亚马逊每隔 14 天会将货款打到卖家的收款账户，卖家需要在店铺后台绑定一个收款账户来接收资金。在亚马逊上，卖家可以选择不同金融公司提供的收款方式来收款，比如美国银行账户、Payoneer 账户、World First 账户等。其中，美国银行账户对申请资质要求较高，因此选择这种收款方式的卖家相对较少，卖家一般偏向选择 Payoneer、World First 账户。上文详细介绍了关于 Payoneer、World First 的情况，不过到底使用哪种收款方式比较方便呢，下面我们将两者做个对比供大家参考。首先，介绍一下各自的发展历史吧。

一、发展历史

Payoneer，是一家 2005 年于美国成立的外汇兑换公司，是亚马逊官方推荐的收款方式之一，提供全球支付解决方案，可以像美国公司一样接收美国 B2B 资金。

World First，是一家 2004 年在英国成立的外汇兑换公司，也是亚马逊全球开店官方推荐的收款方式。

二、安全性

Payoneer 公司持有美国 Money Transmitter 执照，并在美国金融犯罪执法网络（FinCEN）注册为货币服务企业（Money Service Business，MSB），是国际万事达卡组织（MasterCard®）授权的服务商。

World First 的母公司 World First UK 有限公司是由英国金融行为监管局（FCA）

依据 2011 年《电子货币条例》授权发行电子货币的(许可证号 900508)。需要说明的是,FCA 是英国金融投资服务行业的中央监管机构,负责监管银行、保险以及投资业务。

三、卡的性质

Payoneer 支持开通无卡账户,也支持申请实体卡;而 World First 只支持开通无卡账户。这里所述的无卡账户,是指虚拟账户。

四、提供的收款账户

Payoneer 提供美元账户、欧元账户、英镑账户、日元账户四种收款账户,可以分别从美国、欧盟、英国和日本公司接收资金。一般情况下,开通 Payoneer 账户时就默认开通美元、英镑、欧元三个币种的账户,如需开通日元账户,卖家要致电 Payoneer 客服申请。

World First 提供美元、英镑、欧元、加元、日元五个币种的账户。

两者均支持提取人民币。

五、开户费用与申请资质

(1) Payoneer 账户、World First 账户均可免费注册。

(2) Payoneer 账户和 World First 账户均可以用个人名义或公司名义进行申请。

六、申请注册的方式

1. Payoneer 账户的申请注册方式

自行登录官网申请,官网注册地址为 http://www.payoneer.com/Chinese/Index.aspx。

2. World First 账户的申请注册方式

(1) 自行登录官网申请,官网地址为 https://www.worldfirst.com/cn/online-seller。

(2) 可以联系 WF 卡客服(客户经理)申请注册,也可以提供资料由客服代为注册。

七、年费与转账费率

Payoneer、World First 的收款账户均可通过登录各自官网进行网上自助转账,但在转账费率方面存在区别,具体如下。

1. Payoneer 卡的年费与转账费率

(1) Payoneer 实体卡收费：Payoneer 实体卡账户管理费 29.95 美元/年。没有申请实体卡的则无须缴纳年费。Payoneer 实体卡可在国内 ATM 机取现,但跨境提现费用较高,如无提现需要则无须办理实体卡,同时也不建议在境内提现或刷卡。

(2) Payoneer 无卡账户：美国账户入账收转账金额 1% 的费用,其他账户免费入账；提现费用方面,全部账户(美元账户、欧元账户、英镑账户、日元账户)转账费率均为 2%；无汇损。

2. World First 卡的年费与转账费率

(1) World First 卡无年费,卖家登录 WF 后台提现的手续费为提现金额的 1%～2.5%；无汇损。

(2) 如果是通过 World First 的客户经理提现,除了要收取提现金额 1%～2.5% 的手续费用以外,当英镑(欧元)账户的单笔转账金额小于 500 英镑(欧元)时,需收 10 英镑(欧元)的费用；当美元(加元)账户的单笔转账金额小于 1000 美元(加元)时,需收取 30 美元(加元)的费用。

八、网上自助转账到账时间

亚马逊每隔 14 天打款到卖家的收款账户,货款到账后,从 Payoneer 卡、World First 卡转账到国内银行账户所需的时间如下。

Payoneer 卡需要 3～5 个工作日到账。

World First 卡需要 2～4 个工作日到账。

另外,建议在工作日上午 10 点之前转账。

九、注册后是否提供多个子账户

假设卖家在同一个站点运营两个店铺,如果用同一个收款账户容易引起关联,所以就需要有两个账户来分开收款,那 Payoneer、World First 都提供多个收款账户吗？

详情如下。

1. Payoneer 卡

(1)针对美国站,卖家如有需要,可以向 Payoneer 公司申请多个美元账户(子账户),分开绑定亚马逊店铺,只要卖家没有操作失误是不会关联的。

(2)欧洲站需要 KYC 审核,同一个站点一个公司只能对应一个店铺、对应一个 Payoneer 账户,申请子账户没有意义。

2. World First 卡

卖家如有需要,可向 World First 公司申请多个美元账户,分开绑定亚马逊店铺,并且不关联。但只针对于美国站。

十、其他说明

1. 关于 Payoneer

(1)P 卡一个人只允许申请一张,收卡地址只能为个人地址。

(2)Payoneer 公司账户只能提现到注册公司对公账户或者法人代表、股东的个人银行账户。

(3)个人可以申请 Payoneer 实体卡,年费为 29.95 美元/年。企业账户属于无卡账户,没有配套的实体卡,也没有年费。

2. 关于 World First 卡

(1)WF 卡无须缴纳年费,没有有效期限制,没有提款额度限制。

(2)以个人名义申请的 WF 卡只可以提款到申请人的银行账户。以公司名义申请的 WF 卡只能提款到公司银行账户,不能提款到私人银行账户。

第二节　跨境物流

Part 1　一目了然！史上最全的跨境电商物流模式介绍

跨境电商要做好,物流是其中尤为重要的一个部分,选择合适的物流方式,不仅可以节省成本,还可以将客户体验提升一大截。然而,不同于国内物流,跨境物流距离远、时间长、成本高,不仅如此,中间还涉及目的国清关等相关问题。整个环节下来,中间的种种难题令众多卖家伤透了脑筋,各种花样繁复的物流方式也让卖家云里雾里摸不着头脑。鉴于此,海猫跨境来为您好好地捋一捋跨境电商的五种物流方式,供您参考和选择。

一、跨境电商物流的五种核心渠道

目前,跨境电商企业所采用的物流方式主要有以下五种核心渠道:邮政包裹模式、国际商业快递模式、专线物流模式、UPS-SCS以及海外仓模式。其中,据不完全统计,中国出口跨境电商70%的包裹都是通过邮政系统投递的,其中中国邮政占据50%左右。

1. 邮政物流

邮政物流网络遍布全球,比其他任何跨境电商物流方式都要广。其中,使用邮政小包的跨境电商占比70%以上,邮政小包包括中国邮政、马来西亚邮政、新加坡邮政等。

2. 国际商业快递

是指在两个或两个以上国家(或地区)之间所进行的快递、物流业务。目前,国际商业快递主要有DHL、UPS、FedEx、TNT四大商业快递巨头。国际快递的时效快但成本高,高价值、体积小的产品(如手机)则适合使用。

3. 专线物流

又称物货专线,跨境专线物流一般是通过海运、航空包舱等方式将货物运输到国外,再通过合作公司进行目的国的派送。它能够集中大批量发往某一国家或区域的货物,通过规模效应降低成本。跨境电商使用的物流专线包括美国专线、欧洲专线、澳洲专线、俄罗斯专线等。

4. UPS-SCS服务

UPS-SCS,全称UPS Supply Chain Solutions,是UPS集团旗下企业,主要从事空运、海运、仓储服务以及提供全面的供应链解决方案。其实就是UPS的一种定制化大件货物门到门服务,单票清关、单票派送,从提取到派送全程可在UPS官网跟踪,价格低,目前主要为美国、加拿大FBA服务。

5. 海外仓

海外仓模式是指为卖家在销售目的地进行货物仓储、分拣、包装和派送的一站式控制与管理服务。操作步骤包括头程运输、仓储管理、本土配送、信息更新四大部分。

二、五大跨境电商物流模式对比

这五种跨境电商物流模式有不同的优势和劣势，综合对比见表 8.1。

表 8.1　五大跨境电商物流模式对比

跨境电商物流渠道		优　势	劣　势
邮政物流		价格便宜；退回没有费用；e邮宝更是电商小货的必选渠道	时效慢；e邮宝只收2千克以内的货物，其他大件货物没有价格优势
国际商业快递	DHL	是四大快递中时效最快的，渠道也是最稳定的	价格贵，发往FBA的货需要做关税预付
	UPS	价格适中，有5~7个工作日和3~4个工作日的时效，到欧美FBA的货物容易清关	不收贴黄胶带的箱子，比DHL要慢一些，排起仓来速度非常慢
	FedEx	价格是国际商业快递里最低的，正常的时候有5~7个工作日和3~4个工作日的时效	发往FBA的货清关不算太顺畅，价格变动快，经常排仓
	TNT	到欧洲价格便宜，易清关，价格比较稳定	不接FBA的货，时效不是太稳定，出问题的概率相对其他快递高些
专线物流		一般都是双清包税；空加派，收件人不用担心清关问题；时效性和费用介于邮政小包和国际商业快递中间，比较贴合跨境电商的发货需求	相比四大国际商业快递速度稍慢，时效没那么有保障，但比邮政包裹快；易丢货；清关异常概率比较高
UPS-SCS 服务		价格低于商业快递，时效快于专线物流，单票清关，单票派送，比专线更安全可靠	价格高于专线物流

续表

跨境电商物流渠道	优势	劣势
海外仓	节约了整体的派送时效,方便退换货	库存压力大,仓储成本高,资金周转不便;对企业的供应链管理、库存管控要求较高

以上五种跨境电商物流模式,都有各自的优劣势,卖家可以根据自己对时效、成本的要求选择使用其中一种,或者综合使用。

此外,为了减少国际物流中的运输风险,各位卖家在选择物流公司时,还需要关注一下对方公司的实力。比如,是否具备10人以上的公司规模,没有的话风险相对会大很多,是否有制单、港前、港后、财务、收发部等相应组织及人员配备,毕竟没有10人以上的国际物流团队,实力有待商榷,一旦出问题,怕是无力承担或操作上跟不上。

总之,对于跨境电商卖家而言,还是需要根据自己的产品特点,比如尺寸、安全性、通关便利性等来选择合适的物流方式。像家具这类大件的产品就更适合海外仓模式,而不是邮政包裹渠道。在淡旺季时也需要灵活变通,使用不同的物流方式,以确保物流时效。简单来说就是明确了各种不同物流方式的特点后,根据实际需求选择多样化的物流方式,以达成成本与购物体验的双重保障。

最后,在了解清楚自己适合使用哪一种跨境物流模式后,再去挑选合适的物流服务商合作。关于跨境物流服务商,可以登录海猫S2S平台(http://www.iseacat.com/S2S)查询了解,目前入驻海猫S2S平台的物流服务商包括庆方国际物流、捷宇物流、易派国际物流、三态速递。

 Part 2　不同发货方式的时效和价格,读懂了才知道哪种适合现在的你

中国卖家做亚马逊,对跨境物流操控能力的强弱在一定程度上决定了其利润率和转化率,良好的物流操控能力未必能让产品排名上升,但糟糕的物流操控能力一定会导致差评不断。跨境物流涉及通关、运输时间、运输方式、清关等一系列问题,即便不是自发货而是用FBA,也需要先把货物通过跨境物流送到FBA仓库,也就是我们常说的 FBA 头程。

受制于地理因素,物流环节可以说是亚马逊中国卖家目前的痛点之一,单件商品运费高、递送速度慢、破损率和丢包率难以控制等问题都让人头疼。因此,能否找到高性价比的跨境物流,成为了中国卖家做好亚马逊极为重要的一个环节。选择好了,不但会缩减物流成本,还会得到客户的支持和信赖,反之则会招致差评,让辛苦优化的产品曝光、排名和转化率急剧下降。

一、亚马逊的几种发货方式

目前亚马逊发货的主要方式有三种:FBA、第三方海外仓和自发货。这里做一个简单的对比。

1. FBA

优势:物流速度快,增加客户信任度,提高产品的排名,如果因为物流原因收到了买家的差评,亚马逊会帮助移除。

劣势:总体费用稍高,头程操作烦琐,需要自己进行清关,买家退货率容易提升,增加压货成本,退货地址只支持美国(发美国 FBA 的情况下)。

2. 第三方海外仓

优势:降低物流成本,加快物流速度,有利于开拓当地市场,费用比 FBA 的稍低。

劣势:库存压力大,有积压风险,第三方海外仓管理水平参差不齐。

3. 自发货

优势:减少压货成本,仓储费用少,操作上具有灵活性。

劣势:产品曝光和排名比选用 FBA 的少,容易因物流原因得到顾客差评,没有 Prime 标志,很难争取到 Prime 会员的青睐。

二、亚马逊自发货有哪些物流模式

自发货选择什么渠道,一般要根据所售产品的特性(种类、货值、尺寸、安全性)、客户的时效要求和所在地、物流预算以及淡旺季来综合判断。

一般来说,不同的物流有着不同的时效,价格也不相同,因此针对不同的物流类型,控制成本的方法也会有差异。通常情况下,主要有邮政物流、快递渠道、专线物流这三种,而它们的特点分别是:邮政小包价格相对便宜,但重量受限;快递时效性强,能快速到达,但一般价格较高;专线专注于物流,一般更加安全高效,好评率高。

1. 邮政物流

邮政物流的渠道网络遍布全球,比其他物流方式的覆盖面广,对于亚马逊中小卖家而言,2千克以下的产品可选用邮政小包,2千克以上的产品可用邮政大包,当然一些情况下也可以考虑用 EMS 或者 e 邮宝,下面主要给大家讲解邮政小包。

邮政小包是邮政系统推出的物流方式,以个人邮包的模式发货。为大家所熟知的有中国邮政小包、新加坡邮政小包、德国邮政、荷兰邮政、瑞士邮政、英皇邮政、比利时邮政等。它价格便宜、清关方便,时效性方面没有什么优势,尤其是到了销售旺季的时候,卖家的客服可能会收到比以往更多的客户投诉。

邮政小包一般都有相应区域规定和区域优势,比如中国小包不支持刀具和含液体、带电产品的运输,荷兰小包就没有类似要求。

小包一般分为两种形式,挂号和平邮,挂号会提供可查询的跟踪号,用跟踪号能够在网络上查询到物流信息,这项服务需要额外收取挂号费。如果不挂号,基本上无法对包裹进行跟踪,遇到旺季(比如黑色星期五、圣诞节等),邮寄到客户手中需要30~50天,即便卖家很焦急,也只能查到中国海关的出关信息。

邮政小包目前仍占据着巨大的市场,且在很长一段时间内仍会是中小卖家主要选用的物流方式,然而它不太适合亚马逊上的中国卖家,因为小包要经过多个环节的扫描和转运,丢包和破损的概率相对较高,可能会招致亚马逊买家的差评。如果卖家有比较强大的售后团队并希望节约成本,可以在初期考虑使用这种发货方式,具体还要看产品类型和发往国家,只要能在亚马逊规定的时间范围内妥投,亚马逊上的买家也能接受就可选用邮政小包。

2. 快递渠道

主要有 DHL、TNT、FedEx 和 UPS 四大巨头,它们的速度和服务无可挑剔,但价格也偏贵,一般的商家很难承受。它们自建全球网络,进行世界各地的当地化物流服务,可以把货运到全球大多数的国家和地区,并且在官网能得到实时的物流追踪信息。

四大巨头有着各自的优势领域和地区,DHL 的是欧洲地区,TNT 的是中东和东欧,UPS 的是北美地区,FedEx 的是东南亚地区,在其各自的优势地区基本上2~4个工作日可以送达。

另外,快递渠道对于产品本身还有一定的要求和限制,带电的、仿牌的、特殊类目的产品基本上是无法实现递送的,适用于货值较高、客户要求时效性、2千克以上的货物。

3. 专线物流

跨境专线物流的模式通常是集中大批量货物发往目的地,通过规模效应降低成本,是针对某个国家或地区的快递公司的自主渠道,如中东、美国、俄罗斯等。价格比商业快递低一些,但时效性也差一些,目前比较著名的有燕文物流、中外运安迈世等,可以对包裹进行追踪,按具体的路线来收费,一般4～7个工作日可以到达。

邮政物流、快递渠道和专线物流的侧重点不同,在价格、稳定性、时效等方面的差异性很大,具体如何选择,还要看亚马逊中国卖家针对的客户群体、地域和货物重量、货值、货物体积、产品的利润等。

Part 3　亚马逊新手初期可以使用的物流方式:邮政物流

邮政物流可以递送各国的邮政航空大、小包,主要得益于万国邮政联盟(联合国下设的主管国际邮政事务的一个专门机构),它通过设立一些公约来促进国与国之间的邮政合作。其中邮政小包由于价格较低、邮寄方便,适合递送2千克以下的包裹,受到了一些亚马逊中国卖家的青睐。

一、常见邮政物流介绍

1. 中国邮政小包

①中国邮政小包。

也称为中邮小包和航空小包,价格方面优势明显,可以将产品送到全球几乎任何一个国家或地区的客户手中,重量限制在2千克以内(除阿富汗只接受1千克以下的小包以外)。

中邮小包目前可对接200多个国家和地区,时效方面参差不齐,部分地区时效尚可,但大部分地区时效无法和商业快递相媲美。中国邮政也并未对中邮小包的寄送时限进行承诺,像寄至巴西、俄罗斯这些国家的邮政小包基本上超过40天才能在官网上显示买家已签收,即便是到发达的欧美国家(美国、英国、加拿大等)也需要7~20天的时间,个别包裹可能所需时间更长。

平邮的中邮小包不受理查询,挂号的中邮小包在大部分国家可以实现全程的物流信息跟踪,在部分国家只能显示签收信息,非常影响亚马逊中国卖家对货物的轨迹进行及时的跟踪,且由于各个国家和地区的邮局服务水准的差异,丢包率略高。

如果选择中邮小包,记得要对包裹的状态、过程进行密切的关注(查询地址为 http://intmail.183.com.cn)。

②香港邮政小包。

香港邮政小包的发展历史较长,又称易网邮,是香港邮政推出的一款针对国际邮寄的产品,主要针对小件物品,前身为大量投寄挂号空邮服务。

香港邮政小包可以算是最早应用在跨境电商领域的发货方式,综合质量较高,是各类小包中时效、清关、价格等方面相对稳定的产品。要求包裹重量在2千克以内,外包装长、宽、高之和要小于90厘米,且最长边小于60厘米。可寄达全球200多个国家和地区,因为直接送往香港邮政机场的空邮中心,不必经过多环节的中转,因此降低了丢包率,也节省了派送的时间,其离岸处理一般只需要1天,最长也不超过3天。

香港邮政小包平邮包裹不提供查询服务,挂号包裹的离港信息在香港邮政网站可查询,离港后的信息可到目的国的邮政网站查询。

2. 中国邮政大包

简称中邮大包,是中国邮政推出的一种普通包裹服务,可以寄达全球200多个国家和地区,价格实惠,清关能力强。

中国邮政大包的运费相对比较低廉,不计算体积和重量,没有针对偏远地区的附加费,可以较大限度地降低物流成本,选用FBA的情况下,也可以考虑用这种方式来发头程。

我们需要注意中国邮政大包的退件方式,邮局会在发件人填单的时候确认是否需要退回,如需要退回会根据发件人选择的退回方式收取相应费用,不退回默认弃件。

3. EMS

EMS即特快专递邮件业务,在各国及各地区的邮政、航空、海关等部门均享有优先处理权,基本上不提供商业发票就可以清关,可走敏感货物(非易燃易爆、侵权产品、有价证券、现金等禁(限)寄物品),即使无法通关也能够免费送回国内,不额外收取费用。

不过 EMS 不可以一票多货且信息滞后,查询较麻烦(查询网址为http://www.ems.com.cn/)。

4. 新加坡小包

新加坡向来以国家信誉闻名,因此从新加坡出口的小包通关率会高一些,其在东南亚市场上的优势比较明显,无论是时效、收费还是配送服务都能够令人满意。

新加坡小包可发带内置电池的产品,目前递送手机、平板电脑等含锂电池的商品往往将新加坡小包作为运输渠道。新加坡小包在出关时不会产生关税,但在目的地国家需要根据每个国家海关的不同规定,来决定是否缴纳进口关税。

5. 瑞典邮政小包

瑞典邮政挂号小包在欧洲路线中时效性较好,在欧美大部分国家比中国邮政有优势,尤其在俄罗斯通关和投递速度较快,且价格方面并没有贵多少。在全世界范围内设置了分支机构和分拨中心,员工超过 3 万名,可以说是北欧最大的邮政物流处理中心。在某些时段对带电池的产品的管制并不严格,可用于寄送带电的产品。

瑞典小包支持多数国家包裹的全程跟踪查询,自寄件之日起超过 3 个月的包裹不再受理查件要求,参考运送时效为 7~25 个工作日。

6. 瑞士邮政小包

在欧洲线路的时效性较好,瑞士邮政小包在欧洲地区由瑞士邮政统一进行清关,享有邮政方面的优先处理权,通关能力强,通关速度快,扣关率低,但价格相对较高,欧洲申根国家免报关(截至 2011 年申根成员国增加到 26 个),一般 4~12 天可以投递完毕。

如果挂号邮件有延误,瑞士邮政在一般情况下都不会给予赔偿。如果挂号邮件有损坏或遗失,可获得的赔款不会超过失物的全部或受损部分的市值,不退挂号费,最高赔偿不超过 320 港元。

二、寄送国际邮政包裹的注意事项

(1)国际邮政包裹寄件人和收件人的名字、电话、地址、邮编等必须填写清晰、无误。

(2)包裹上收件人和寄件人的地址必须用英文填写,不可以用中文或者其他国家的文字。比如包裹要邮到日本的东京,既不能用日文写,也不能用简体中文、繁体中文或拼音写,因为这样无疑会加大各国邮政系统在员工语言培训方面的难度,耗时耗力,而按照英文来填写地址最方便快捷。

(3)国际航空条款规定的禁(限)寄物品不能邮寄,比如粉末、液体、易燃易爆物品等危险品,以及烟酒、现金及有价证券、侵权产品等。当然,不同的邮政对于其他物品也有各自的规定,具体以各国邮政官网公布的为准。

(4)在封装方面也要注意,要根据所寄物品的特性、大小、货值、轻重、路程等,采取最为适宜的包装方式,不能使用塑料袋和蛇皮袋等,要防止封皮破裂和内件露出。

(5)要注意邮政编码的填写,填写错误或者不完整可能会导致包裹的延迟发放,一些邮政机构会对发往偏远地区的包裹加收一部分费用,称为偏远附加费,一般通过邮政编码来确定。

(6)小包发往俄罗斯必须提供客户的全名(全称),否则货物无法妥投。

三、使用邮政包裹如何做到趋利避害

(1)要熟悉自己所销售的产品,根据亚马逊的要求和产品特性(大小尺寸、通关便利性、安全性)来选取最适宜的物流模式。大件物品(如办公桌)就不适合采用邮政包裹,即便是采用邮政大包也要慎重一些,比如中邮大包在部分国家限重10千克,最重也只能寄30千克,而且投递速度和信息的更新速度都很慢。

(2)在亚马逊的物流模板设置上,要向买家提供多样化的物流选择方案,列明不同物流方式的优缺点,让客户自己选择,避免后续的纠纷和麻烦。在某些国家邮政包裹的丢包率和延期非常严重,建议不要使用邮政小包。

(3)记得未雨绸缪,在淡季、旺季灵活使用不同的物流方式,避免因旺季自己常用的小包爆仓而措手不及。与此同时,不同的邮政小包,在不同的地区、不同的时段清关和时效方面的差异也是巨大的,可以进行多渠道发货,进行渠道的分流,来规避运营风险。

(4)使用邮政小包邮寄产品时,最好进行挂号,不要为了节省挂号费而整天提心吊胆。发货后,要及时跟进货物的运输情况,如果网上货运跟踪信息不全(只有发货记录,没有妥投记录等),要及时联系买家确认收货情况。

(5)若亚马逊买家长时间没有收到货物(一般来说是卖家发货后20天左右),卖家就应该联系货运代理负责人或当地的邮局,进行相应的查询并通知客户,以避免亚马逊买家发起A-to-Z索赔,如果网上显示货物已经到了买家所在的国家或地区,也可以建议买家直接联系当地的邮局进行咨询。

Part 4　并非人人都需要使用海外仓,它的优势和劣势有哪些?

一、使用海外仓的优势

1. 交通便利,功能多样

海外仓一般位于交通便利的地方,有些海外仓也靠近枢纽机场,适应直邮、直购、保税备货、一般贸易的各种清关模式,既有进口备货功能,也有出口备货功能。对于跨境电商来讲,选用海外仓可以如虎添翼。

2. 降低物流成本

跨境电商以一般贸易的方式将货物输出至海外仓,以批量发货的形式完成头程运输,比零散地用国际快递发货要节省成本,一些产品还能享受出口退税的优惠政策。

3. 缩短配送时间,提升客户满意度

比如同时用商业快递从国内发货给美国卖家,邮政小包需用 7～15 天,快递需用 3～7 天,甚至更长。如果使用海外仓进行发货,仅需要 2 天左右。加快配送速度,缩短配送时间,也就缩短了整个订单的交易时间,让消费者享受到本土化的购物体验,更容易获得买家的信任,以及提升客户满意度。

4. 可以退换货,提高海外买家的购物体验

每个买家都是十分看重售后服务的。如果境外买家购买了产品,因为各种因素需要进行退换货的话,卖家让买家将货退到国内会很不划算。如果是退到海外仓的话,就方便许多。海外仓能给买家提供退换货服务,也就能改善买家的购物体验,提高买家的重复购买率。

5. 有助于卖家扩大产品销量,占领市场

这点作用就不用细讲了,卖家们为什么要使用海外仓?因为使用海外仓能够卖出更多的产品,赚到更多的钱,占领更大的市场。

6. 能使卖家更严谨地对待选品问题

使用海外仓发货的产品,一来需要保证质量,二来需要适合当地买家的需求,这样

才能令卖家盈利。这样的话，卖家会更严谨地对待选品问题。

7. 卖家无须操心仓储与配送问题

将货物发往海外仓，相当于将仓储与配送这一块的业务外包给海外仓服务商，海外仓服务商拥有专业的团队和丰富的仓储管理经验。只要卖家下达发货指令，他们就会为卖家处理订单。卖家不必将时间花在产品仓储、库存盘点和打包配送这些环节上。

8. 能有效避开跨境物流高峰

以节日为例，每逢西方国家的节假日，如圣诞节、万圣节或黑色星期五，国内卖家会集中在节后大量发货，势必会严重影响物流的运转速度，进而影响买家的收货时间。漫长的等待会让买家产生不满的情绪，甚至取消订单，这样很容易令卖家流失掉客户。这时海外仓的优势就凸显出来了，卖家如果提前将货物批量发到海外仓，那么只要下达指令进行配送就行了，没有高峰期物流慢的困扰。

二、使用海外仓的劣势

1. 卖家无法像管理自己的仓库一样管理海外仓

货物发到海外仓后，卖家就无法接触到货物，可能会不太放心。不过卖家可以提前去实地考察，如果觉得海外仓服务商提供的仓储环境和货物管理方法都还可以，再将货物交给对方。

2. 库存压力大，仓储成本高，资金周转不便

只要卖家的产品存放在海外仓一天，卖家就要支付一天的仓储费用。假如出现了销量不理想的情况，那么货物会一直压在仓库中，就会继续增加仓储成本，除了增加库存压力，还会使卖家的资金周转不便。鉴于此，卖家可以选择在销售旺季时使用海外仓，在淡季则不用或少用海外仓。

Part 5　远程运作海外仓，应学会这些技能和方法

1. 需要提前备货

海外仓的产品都是批量出境的，在上架销售过程中，受市场等多方面因素的影响，可能存在滞销的风险。所以卖家需要提前对产品的销量做出预测与判断。如果觉得

市场不错的话,可以多发一些产品到海外仓;如果无法预估未来的销售情况,就先少发一些,等销量好的时候再进行补货。

2. 做好货物清关

卖家一般是以货物的形式将产品通过海运或者空运发到海外仓储地点,需要挑选清关能力较强的货代公司或国际物流公司,保证货物顺利清关,到达海外仓。

3. 对海外仓进行实时的库存管控

卖家选择了海外仓,相当于将仓储、配送、物流、库存管理等业务都外包给了海外仓服务商。那么,海外仓服务商有义务把库存信息共享给卖家,让卖家实时掌握库存情况。

在发货过程中,作为卖家指定的第三方仓储服务商,需要按照卖家的指令做好货物包装、配送、售后服务,如出现特殊情况,需要及时反馈给卖家。

4. 重视线上推广和多渠道营销

使用海外仓,产品一旦滞销,各方面的成本只会有增无减,所以卖家一定要集中精力做好产品销售。其实,在很多电商平台上,促销、打折、秒杀、拼团已是常规的销售手段,卖家除了要积极参与之外,还可以进行站外营销,如邮件营销、社交媒体营销(Facebook、Twitter、YouTube等),或者通过其他站外推广方式进行引流。除此之外,卖家也可以在多个平台同时运营,或者积极发展当地代理商。

5. 及时补货

根据需求进行定期补货,如果发现某些产品卖得不错,也可以多补一些以保证不会断货。卖家可以根据销售情况做库存分析,及时采购,保证货物充足。

6. 适时清仓

卖家要控制海外仓的库存量,如果产品长期压仓,也是一个问题。

对于滞销品,卖家可以做低价促销,或者改变产品描述、放在比较好的位置重点展示,或者是重新搭配,价值不高的可作为赠品。

 Part 6　门要当,户要对,哪些产品与海外仓最匹配?

对于跨境电商而言,想要获取更高利润,让买家认可自己的服务,就必须缩短配送时间,而物流是个关键点。对卖家而言,在货物运输过程中物流爆仓、延迟的现象屡见不鲜。在这种背景下,不少卖家会提前将货物发到海外,就这样,海外仓应运而生。

一、海外仓兴起的原因

海外仓是顺应跨境电商发展趋势出现的一种仓储模式。海外仓不仅具有物流、仓储功能,还是卖家们获取品牌推广、售后服务、信息收集、海外维权等综合服务的窗口,能够有效帮助卖家解决很多问题。

二、海外仓的类型

海外仓的主要类型有跨境电商平台相关的海外仓(如FBA仓)、第三方海外仓(如专业的海外仓服务商或国际物流公司提供的海外仓),也有一些是大卖家自建或与他人合建的仓库。不过,在海外自建仓库的成本是比较高的,并不是所有卖家都能承受。以下所讲内容以第三方海外仓为主。

三、使用海外仓的成本组成

使用海外仓所产生的成本的计算公式如下。

海外仓储成本＝货物头程费用＋仓储月租及处理费＋本地配送费用

货物头程费用:货物从中国运到海外仓所产生的费用,包括运费、关税、支付给清关公司的服务费和其他杂费。

仓储月租及处理费:卖家的货物储存在海外仓所产生的仓租费用,以及海外仓服务商在处理货物进仓、上架、整理和更换包装、标签时收取的费用。

本地配送费用:买家下订单后,海外仓服务商负责发货时所产生的费用,包括快递费用和包装费用。

四、哪些产品适合使用海外仓

1. 质量好、价格与利润高的产品

虽然海外仓对产品种类等没有太多限制,但是并不代表所有的产品都适合使用海外仓。不会因长途运输、多次周转而有所损耗或影响使用的及价格高、利润高的产品才适合。

2. 销售周期短的产品

最好是热销的产品,因为产品销量好的话,库存周转才会快,这样才不会产生压仓或滞销,也有利于卖家回笼资金。当然,不同区域、不同季节的热销产品是不一样的,卖家们需要随时关注市场动态,制订好销售策略。

3. 库存充足、易补货的产品

使用海外仓之前,卖家最好先进行市场动态分析、货源分析与库存分析,除了要求产品质量好以外,也要求产品的货源充足,补给稳定。如果无法保证货源与补给,那么也不适合使用海外仓。

4. 尺寸、重量大的产品

如果使用国际快递运输尺寸、重量大的产品到海外,一来运费昂贵,二来会受到产品规格限制。如果以一般贸易的形式完成运输会方便很多,卖家可以使用空运或海运进行批量运输。这样可以有效降低物流成本。

第三节 税收与知识产权

 Part 1 绝对"干货"!此文包含了你最关心的增值税(VAT)的相关问题

现在,增值税基本上成了中国跨境电商卖家的一个心病,仿佛是悬在头顶的一把剑,随时都有可能重伤自己。这一点作者也是深有体会,尽管如此,作者还是竭尽所能地为大家再梳理一遍,或有不尽准确的地方,还望予以指正。

一、欧盟 VAT 与 EORI

增值税(Value Added Tax,以下简称 VAT),指在欧盟国家销售货物或者提供服务,或将货物从境外进口到欧盟境内,进口商代国家税务局向消费者收取的税金,也就是货物售价的利润税。相信这个大家都能理解。

VAT 由进口增值税(Import VAT)、销售增值税(Sales VAT)两个独立缴纳的税项组成。当货物进入欧盟,货物缴纳进口增值税;当货物销售后,可以退回进口增值税,再按销售额交相应的销售增值税。

那 EORI 又是什么呢？EORI 是 Economic Operators Registration and Identification 的缩写,凡是在欧盟国家内有经济活动,尤其是有进出口贸易的企业或个人必备的一个登记号,是由欧盟成员国的海关颁发给企业或个人的与海关交流的唯一必备数字标识,一国注册全欧盟通用。

那 EORI 和 VAT 又是什么关系呢？商家在入关申报时,提供给海关的并不是 VAT 税号,而是这个 EORI 税号。换句话说,不管卖家有没有 VAT 税号,只要是以进口方的名义进货到欧洲,在欧洲清关的时候,都必须向海关提供 EORI 税号。那如何得到 EORI 税号呢？通常在申请 VAT 税号的同时就可以激活这个登记号。此外,企业或个人在进行增值税和关税扣税以及 VAT 抵扣的时候,也都必须拥有 EORI 税号。

二、正规路线下如何申请 VAT 税号

虽然现在大部分中国企业都还是通过使用货代的 VAT 税号来进行欧盟区内的经营活动,但是这种方式毕竟还是有风险的,如果按照正常程序和要求去申请自己的 VAT 税号要如何操作呢？

中国企业或个人一般都需要通过欧洲的税务代理来处理,税务代理会承担相关 VAT 问题的税务法律责任,也就是说,中国企业办理 VAT 税号,是需要欧洲当地的第三方税务代理机构来办理的。

怎么找到欧洲当地的第三方税务代理机构呢？那就要先找到一个靠谱的代注册公司了。现在注册 VAT 的代理机构比较多,有一些混乱的现象,如不专业、不负责任、税务申报拖延等。所以在选择 VAT 代注册机构的时候,需要擦亮眼睛,货比三家。

那有人要问了,我可不可以自己去办理呢？不能说不可以,但是相当麻烦,而且很多条件卖家可能都无法满足,比如带当地办公地址的租赁合同,再比如董事的 NI 号码等。所以还是上述申请方式要简单一些。

此外,需要说明的是,按照欧盟的税法规定,货仓在哪里就要注册哪里的 VAT 税号,换句话说,如果一家中国公司注册的是法国的 VAT 税号,并不能"合法"地使用欧

盟其他地区的海外仓。这是不是说法国的 VAT 税号不可以用于其他欧盟国家的清关呢？并不是！但是需要将货物转到法国来进行仓储和销售，否则在其他欧盟国家入关时缴纳的增值税想作为法国公司增值税的进项，可能希望渺茫。

三、VAT 申报

还是先来说说 VAT 与关税扣税应具备哪些条件吧。

1. VAT 与关税扣税应具备的条件

(1)在欧洲国家注册的进出口企业。

(2)在欧洲有固定的经营场所。

(3)有离岸外汇银行账号，并与国家税务局签订扣税协议。

(4)有固定的联系人与联系电话，以便确认交税，通关放行。

(5)有 EORI 税号。

只有满足了以上条件，卖家才能使用 VAT 税号清关和缴纳进口增值税。当然，现在的很多企业，并没有办理自己的 VAT 税号，而是使用货代提供的 VAT 税号清关，这也就是说使用了货代的 VAT 税号，进口增值税由货代代为缴纳。

2. 如何申报 VAT

(1)VAT 如何结算和退税。

在英国，VAT 税号无须年审，但每个季度需要向英国税务海关总署(Her Majesty's Revenue and Customs, HMRC)进行一次当季度 VAT 申报，结算退税(进口增值税)和缴税(销售增值税)，核算出实际要缴纳的增值税。即便没有销售额，也需要每季度定期做税务申报。

$$进口增值税 = (货值 + VAT\ Value\ Adjust + 关税) \times 20\%$$

其中 VAT Value Adjust 是英国税务海关总署对申报价格的调控标准，不同的关口和渠道标准都可能不同。

$$销售增值税 = 最终销售价格/6$$

$$实际缴纳增值税 = 销售增值税 - 进口增值税$$

在缴纳增值税时，如果卖家在进口时缴纳了增值税，则主要有以下两种情况。

当销售增值税＞进口增值税时，卖家应补缴抵扣不足的销售增值税；当销售增值税

<进口增值税时,卖家将获得退税。但退税是有条件的,具体来说包括以下 7 个条件。

①在欧洲国家注册的进出口企业。

②在欧洲有固定的经营场所。

③有离岸外汇银行账号,并与国家税务局签订扣税协议。

④有固定的联系人与联系电话。

⑤有 EORI 税号。

⑥至少雇用一名欧洲当地的员工。

⑦进出口商的银行账户必须有销售进项进行抵扣。

卖家将货物运到英国,但是都没销售出去,销项少于进项,税务局也会给卖家退税,但是这个退税,税务局有可能会去卖家的仓库里面进行实地确认,看是否真有这么多库存。有些卖家会将销售项报低,这种操作同样存在一定的风险。

(2) 申报 VAT 所需资料。

申报工作一般也是交由代理机构代为处理。申报时需要提供以下资料。

①缴纳进口增值税时得到的证书 C79。

②企业在英国的购买行为收到的带有 VAT 的有效购买账单。

③销售收入汇总。

这些与 VAT 相关的政策性知识就先告一段落,下面来说说大家最关心的问题,那就是 VAT 与亚马逊之间的关系,以及亚马逊卖家该如何处理 VAT。

四、亚马逊扮演的是一个什么样的角色

对于这个问题,海猫跨境也联系了招商经理,他的解释是:"对于 VAT 的问题,亚马逊也不方便去做太多的解释,因为是税务问题,跟亚马逊没有多大关系,亚马逊只是去配合。对于卖家来说,只要你在一个国家销售,你就应该去注册当地的 VAT 税号。注册以后,你应该按正规的手续去报税。"也就是说,税务是国家的事情,亚马逊也是当地的一个平台,国家要查税,平台当然要配合,亚马逊能做的也只是在政策推行之前告知卖家要按照国家的法律行事。如果某个国家的税务局在某一个时间段有重大政策调整,对电商平台盯得很紧,被查的亚马逊卖家如果没有 VAT 税号,没有按时申报增值税的话,卖家也只能自己承担应有的责任。

五、亚马逊卖家需要办理 VAT 税号吗？不办理的话，该如何规避风险呢

亚马逊卖家到底要不要办理 VAT 税号呢？如果不办理，以后会不会有问题呢？

按照欧盟相关法律，凡是货物已经在欧盟当地销售的，即便是使用当地第三方物流仓储服务的商家，都要依法缴纳增值税。因为产品是从当地发货并完成交易的，所以，严格意义上来说，没有 VAT 税号在欧盟地区做跨境电商是不合法的！并且从亚马逊账号安全方面来讲，亚马逊卖家是必须办理 VAT 税号的。

在如今事情还并不算明朗的情况下，卖家一定要冒险暂不办理的话，那也只能是继续按照现在常规的做法来进行了，就是使用货代公司的 VAT 税号进行清关和扣税。但是显然存在极大的风险，违反了当地税法，一旦被海关盯上，在亚马逊上有销售记录，但同时税务人又不是卖家自身，也无人关缴税记录的情况下，卖家只能按照销售额的 20％一次性完税！

再说，即便税务局和海关不怀疑卖家，但一旦税务局给亚马逊施压，亚马逊只能对卖家采取措施了，比如下架产品，更严重的可能是封店。此外，即便是税务局不追查，由于在亚马逊后台提供的是货代的 VAT 税号，这个 VAT 税号可能同时被多个卖家使用，那关联的可能性自然就大了，同样有封号的风险。

总体来说，做跨境电商不能稀里糊涂，必须知道如何降低风险，如果可以正规化尽量正规化。

＊关于进口增值税的计算公式争议较大，一种是进口增值税＝（申报货值＋头程运费＋进口关税）×增值税费率（20％），一种是进口增值税＝（货值＋VAT Value Adjust＋关税）×20％，本文采用第二种方法。

Part 2　误区太多！小心因不懂涉外知识产权让亚马逊店铺被封账号

中国企业通过跨境电商，走向了国际市场，而且走到了对知识产权保护最为严格的欧美市场。不得不承认的是，中国卖家的知识产权保护意识还是比较缺乏的，加之对涉外知识产权的不了解，一旦在这方面踩了"雷"，那后果真是不堪设想，毕竟一个关于侵权的投诉就可以让卖家的产品在亚马逊全线下架，甚至封号。在这种情况下，了解涉外知识产权的相关知识就很有必要了。

一、商标、专利、版权三者如何分辨

1. 商标

商标包括图形（如苹果公司）、中文（如安琪月饼）、外文（如 SONY）、数字（如 12580）、颜色组合，或上述要素的组合（如格力的商标），也可以理解为传统意义上所说的品牌（见图8.7）。

图 8.7　商标

根据国际尼斯分类，商标在大部分国家一般会被分为以下45个类别，其中划线部分为比较热门的类别（见图8.8）。

2. 专利

专利一般指的是专利权，即国家依法在一定时期内授予发明创造者独占使用其发明创造的权利。

在我国，专利分为发明专利、实用新型专利以及外观专利三种类型，其中，发明专利最有含金量。这三者又有何区别呢？发明专利是指对产品、方法或其改进所提出的新的技术方案，如结构、材料、加工工艺（方法）、配方、系统。实用新型专利是指对产品的形状、构造或其结合提出的适于实用的新的技术方案。而外观专利则指对产品的形状、图案或者其结合以及色彩与形状、图案的结合所作出的富有美感并适于工业应用的新设计。

第1类：化学原料	第2类：涂料油漆	第3类：日化用品	第4类：油脂燃料
第5类：医用药品	第6类：金属材料	第7类：机械设备	第8类：手工器械
第9类：电子仪器	第10类：医疗器械	第11类：电器设备	第12类：运输工具
第13类：军火烟花	第14类：珠宝钟表	第15类：乐器	第16类：办公用品
第17类：橡胶制品	第18类：皮革皮具	第19类：建筑材料	第20类：家具
第21类：厨房洁具	第22类：绳网袋帐篷	第23类：纺织纱线	第24类：布料床单
第25类：服装鞋帽	第26类：纽扣拉链	第27类：地毯席垫	第28类：运动用品
第29类：食品	第30类：方便食品	第31类：水果花木	第32类：啤酒饮料
第33类：酒	第34类：烟草烟具	第35类：广告贸易	第36类：金融物管
第37类：建筑修理	第38类：电信通信	第39类：运输旅行	第40类：材料加工
第41类：教育娱乐	第42类：科研服务	第43类：餐饮住宿	第44类：医疗园艺
第45类：社会服务			

图 8.8　商标分类

需要说明的是，各个国家的专利体系并不相同，比如在美国，就没有实用新型专利，仅有发明专利和外观专利两种类型。

3. 版权

版权即著作权，是指文学、艺术、科学作品的作者对其作品享有的权利，包括财产权、人身权(见图 8.9)。

二、专利、商标及版权的地域性和时效性

1. 专利

专利具有排他性、地域性和时效性。所谓排他性就是未经专利所有人允许不得使用。地域性则是指所申请的专利仅在申请国或地区有效，比如在中国申请的专利到了美国则不能使用。时效性则是指专利仅在一定期限内有效。

至于这个期限，各个国家不尽相同，即便是一个国家内，不同的专利类型，期限也是不同的。比如在我国发明专利最长有效期限为 20 年，但实用新型专利则是 10 年。不仅如此，在专利保护期限之内，每年必须缴纳专利费，否则专利会被视为无效，这样专利就变成了公开技术，大家都可以使用了。

文字、口述作品
音乐作品
戏剧作品
曲艺作品
舞蹈作品
杂技作品
美术作品
摄影作品
汇编作品
计算机软件著作权

地图
示意图
模型作品
建筑作品
电影作品
类似摄制电影方法创作
完成的作品
工程设计图
产品设计图
多媒体汇编作品
其他作品

图 8.9　涉及版权的作品

2. 商标

商标同样具有地域性和排他性,也就是说即便卖家已经在中国注册了品牌商标,但是如果并没有在美国注册,则是不受美国法律保护的,在亚马逊同样得不到保护。说到申请商标,这里需要提一下,各个国家和地区商标申请的原则不大一样。这里以中国、美国、欧盟为例来说明。

(1)中国。中国商标的使用是遵循"注册优先"的原则,即谁先在政府注册谁就受到法律的保护。此外,在商标公告之前,中国会对商标进行实质审查,而且如果商标是由中文、英文和图形三部分组成,中国会对这三个部分分开进行审查,这也就意味着,其中的任何一个部分没有通过审查,则这个商标就无法通过审查。

(2)美国。美国遵循的是"使用在先"的原则,即商标权的获得以商标的实际商业使用为基础,商标注册证仅作为权利证明的一种初步证据。这就是说,在美国注册商标时,必须提供使用证据。如果只是准备进军美国市场,尚未在美国市场上使用过该商标,那该怎么办呢?这个时候可以有以下两种方式进行操作:①先去注册亚马逊,将产品上架到亚马逊店铺,然后将该页面截图保存,再附带亚马逊店铺链接,这份资料就可以作为很正规的商标使用证据。②如果卖家的公司与美国的一家公司有销售往来,则可以提交销售合同、相关的票据,或者海关进出口的清单等一系列证据来证明卖家在美国使用过该商标。

(3)欧盟。不同于中国,欧盟对商标注册并没有实质审查这个环节,也就是说,只要卖家的商标不对社会造成什么不良的影响,商标提交上去之后就会直接被公告,就算近似的商标也可以公告。但是,别以为就这么简单,在欧盟有很多律师会监控这些公告,一旦被监控到是近似商标,他们会通知商标相关权益人。所以说,在欧盟注册商标的风险主要来自于商标相关权益人之间的反对意见,也就是异议。

3. 版权

凡是在中国登记的版权,受伯尔尼公约的相同保护,目前该公约已有167个成员,我国于1992年10月15日成为该公约成员。全球目前有约224个国家和地区,即在中国登记的版权,受伯尔尼公约的保护。

 Part 3　注册美国商标成功率90%以上的好方法

一、注册美国商标的程序

1. 查询自己的品牌是否能注册

为了避免做无用功,建议先去美国商标网进行查询,确认商标是否已被人注册过。网址为http://www.uspto.gov/。

2. 准备资料

如果经过查询卖家认为可以注册,接下来就是准备资料了。需要准备的资料包括以下几种。

(1)申请人资料(身份证、营业执照)。

(2)商标资料(商标名称或设计Logo,图标需清晰)。

(3)注册商品或服务类别。

(4)商标使用证据(本国商标注册证明文件,带商标标识的商品、包装、合同单据、报关单等,最早在美国使用的日期等)。

(5)联系人姓名、电话、传真、中文地址(英文翻译)。

3. 提交申请

资料需提交给美国联邦专利商标局(United States Patentand Trademark Office,PTO)。

4. 商标审查

PTO 会进行相关审查,确定是否符合商标注册的基本要求。如果符合,PTO 会签发公告日期并会给申请人发一份通知。如果不符合要求,提交的所有材料将全部退还给申请人。

如果在审查过程中有任何形式或实质上的理由拒绝该商标注册,PTO 会发函注明退回理由或需要改动的地方。需要提醒的是,该函必须回复,回复期为 6 个月,否则会被视为该申请无效。答复通过后,会安排公告,若未通过,将最终驳回。

5. 刊登公告

如果没有被退回或者申请人答复理由成立,那么该商标就会被刊登在商标公告(the Official Gazette)上。PTO 将会告知申请人公告日期,公告期为 3 个月,任何人都可以向商标局提出异议,如果无异议,大约在 3 个月左右进入登记阶段。

6. 登记发证

如果在公告期间无人提出异议,PTO 将会颁发注册证书。此时,卖家的商标宣告申请成功,®标志可以拿去用了。该商标有效期为 10 年,在这 10 年里,卖家的商标将受到美国法律的保护。

二、申请基础

需要说明的是,在提出申请美国商标的时候,需要明确申请基础(Filing Basic),一共有 4 种情况,分别是意向申请(Intent to Use)、实际使用(Use in Commerce)、基于国外注册(Section 44 Application)、延伸范围申请(Section 66 (a) Application)。

(1) 意向使用:即现在未在美国进行实际使用,待后期会投入使用。在这种使用意向下申请的,相关的使用证明可在初步授权后 6 个月内提交,每次可延长 6 个月,最多不得超过 3 年,并需缴纳额外费用。

(2) 实际使用:即已经在美国投入使用,需要提供在美国已经投入使用的证据。

(3) 基于国外注册:申请人就同一商标在美国以外的任一国家获得了注册,即可基于国外商标提出申请,同时声明优先权。其申请的商品(服务)相同(在美国申请时范围必须限制在于中国注册时的商品(服务)范围内),需要提供商标注册证复印件、注册日期等。

(4)延伸范围申请:和基于国外注册差不多,不同的是,延伸保护申请的前提是申请人在母国已经注册了该商标,这个申请基础才适用。比如申请人国籍是中国,并且同一个商标已经在中国注册成功,商品(服务)相同(在美国申请时范围必须限制在于中国注册时的商品(服务)范围内),需要提供商标注册证复印件、注册日期等。

三、注册后的维护与续展

根据美国商标法规定,已成功注册的商标,应自注册日起第 5 年到第 6 年期间向 PTO 提交使用证明,以维持该注册商标的有效性。如因特别事由未使用注册商标的,应说明理由并表明不放弃使用该商标,否则将导致该商标被撤销。与此同时,如果注册人自商标注册之日起连续五年在美国使用其注册商标,则可通过申请获得"无可争辩性"的权利。一旦获得"无可争辩性"权利,注册人则拥有在贸易中使用其商标的独占权的确凿证据,并且任何第三方再也不能以该商标缺乏显著性为理由要求撤销该商标注册。此外,美国注册商标有效期为 10 年,每次续展依然需提交使用证明或不使用理由,否则,PTO 将撤销该商标注册。

四、建议

申请美国商标一般来说耗时较长,需要 8~12 个月才能拿到。所以,最直接有效的方法,还是以个人或者公司名义委托专业的代理机构,如海猫 S2S 代注册服务商方信知识产权、OKS、火名知识产权、亚易知识产权去申请。这样就不用费心去海外找代理,而且专业的代理可以进行前期的专业查询,以确定这个商标是否已经在当地被人注册过,近似商标有多少,根据卖家自身的情况,该做出什么样的调整等。

Part 4 一言不合就侵权?你需要了解商标侵权与专利侵权的自判技巧!

不知道从什么时候起,跨境电商卖家开始被各种侵权投诉吓得胆战心惊。卖台灯的担心台灯的外观侵权,卖衣服的担心衣服外观侵权,连卖枕头的也担心其枕头外观侵权……遇到这种问题我们需要冷静看待。一方面,我们为卖家对知识产权日益重视而感到欢喜,但另一方面又觉得有些不可思议,为什么卖家们会担忧至此呢?到底是跨境电商平台的过度作为？还是卖家中有人利用平台对知识产权的投诉处理漏洞肆意妄为呢？

为什么这么说呢？因为现在的情形给人的感觉就是，只要有人投诉侵权，电商平台就会马上对被投诉一方进行制裁，或下架产品，或取消销售权，甚至是关店。可是，被投诉一方真的就侵权了吗？可能侵权了，也可能没有侵权，只是部分人利用或滥用平台的投诉机制，而很多卖家尤其是中小卖家无力去维权辩驳，就会经常不了了之。

平台设置这样的投诉机制，使得不花钱就能达到排他的目的，所以才让人觉得这是过度作为。但无论是哪一种可能，我们都无法阻止和改变，唯一的选择就是做好自己，保护自己。

而对卖家而言，如果想消除这种担心，最直接有效的方式当然是拥有自己的专利。而且，最好是在公开销售之前就去申请专利，因为外观专利和发明专利随公开时间的长短，其新颖性将逐步下降。在很多国家，外观公开6~12个月后就会因为缺乏新颖性而不能再申请外观专利了。

除了申请专利之外，卖家还可以通过注册商标来避免侵权。不同于外观专利及发明专利，商标随着使用时间的增加，其价值与显著性日益变强，因为商标使用时间越久，品牌的消费群越大，辨识度也越高。

同时，做亚马逊，走品牌化道路才能让企业走得更远。那如何才能品牌化？第一步应该是建立品牌声誉，品牌不仅代表其产品的质量，同时也反映出产品风格。而第二步就是对产品款式样式的保护，以防止其他人模仿自己的款式，也就是申请各种发明专利或外观专利。

事实上，无论是准备申请商标或专利的企业，还是无品牌无专利的卖家，想要在国际市场上不受侵权的困扰，都需要首先学会检索与自己产品相关的专利或商标，以判断自己是否存在侵权的风险，从而更好地规避风险，保护自己。

在这里，我们简单分享一下由深圳方信知识产权提供的关于欧盟商标、美国商标和美国外观专利的检索技巧及渠道，希望帮助卖家对自己的产品是否侵权能够做基本的判断。

一、欧盟商标查询

(1)欧盟商标查询网址：https://euipo.europa.eu/eSearch/。

(2)进入网站出现如图 8.10 所示界面,输入商标名,点击"Search"。

图 8.10　进入网站查询商标

(3)如果没有相似的商标,会出现图 8.11 所示结果。

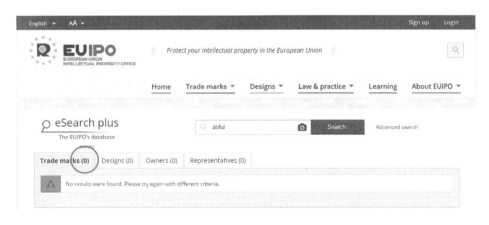

图 8.11　显示无相似的商标

(4)下面以"fidget"为例,进行商标检索,可以查询到 8 个匹配的相似商标(见图 8.12)。

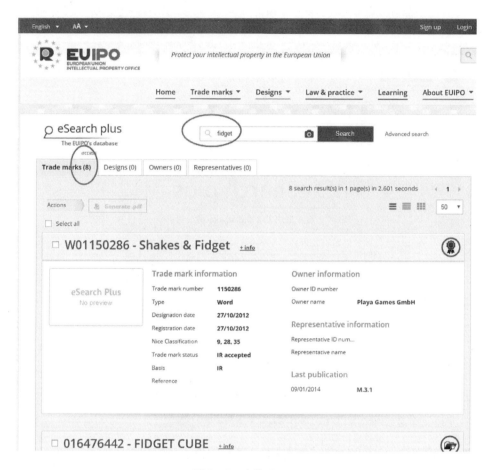

图 8.12　查询 fidget

二、美国商标查询

(1)打开查询链接(https://www.uspto.gov/trademark)进入界面,点击"TESS"(见图 8.13)。

(2)点击"Basic Word Mark Search (New User)",见图 8.14。

(3)在"Search Term"处输入商标名称,点击"Submit Query",见图 8.15。

(4)以"fidget"为例,查询到 102 个匹配的相似商标,见图 8.16。

三、欧盟专利查询

(1)打开查询链接(https://www.tmdn.org/tmdsview-web/welcome),出现以下

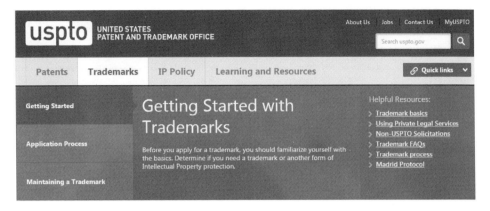

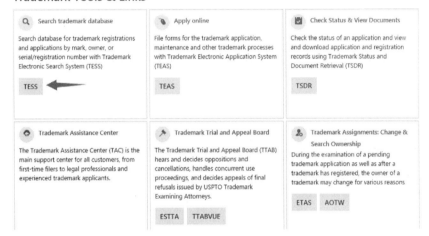

图 8.13　美国商标查询(1)

界面,在框内输入外观设计的名称或者关键词,点击"Search",见图 8.17。

(2)以"fidget spinner"为例,查到共有 11 个匹配记录,可以逐一点进去看具体的申请日期、申请号、申请国家、状态等,见图 8.18、图 8.19。

四、美国专利查询

(1)打开查询链接(https://www.uspto.gov/patents-application-process/search-patents)进入界面,选择图 8.20 所示方框中的方式进行检索"Quick Search"(快速查询)、"Advanced Search"(高级查询)、"Patent Number Search"(专利号查询),一般用"Quick Search"即可。

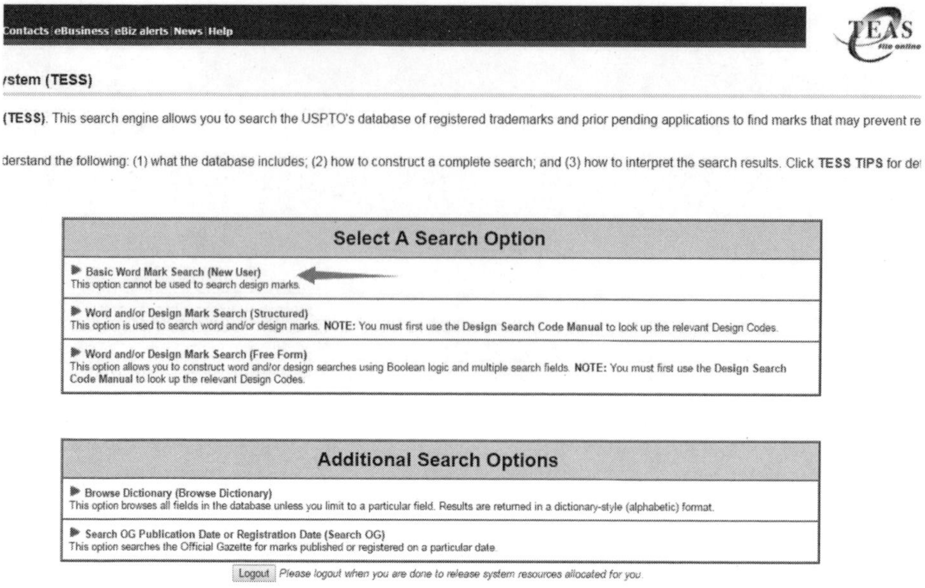

图 8.14 美国商标查询(2)

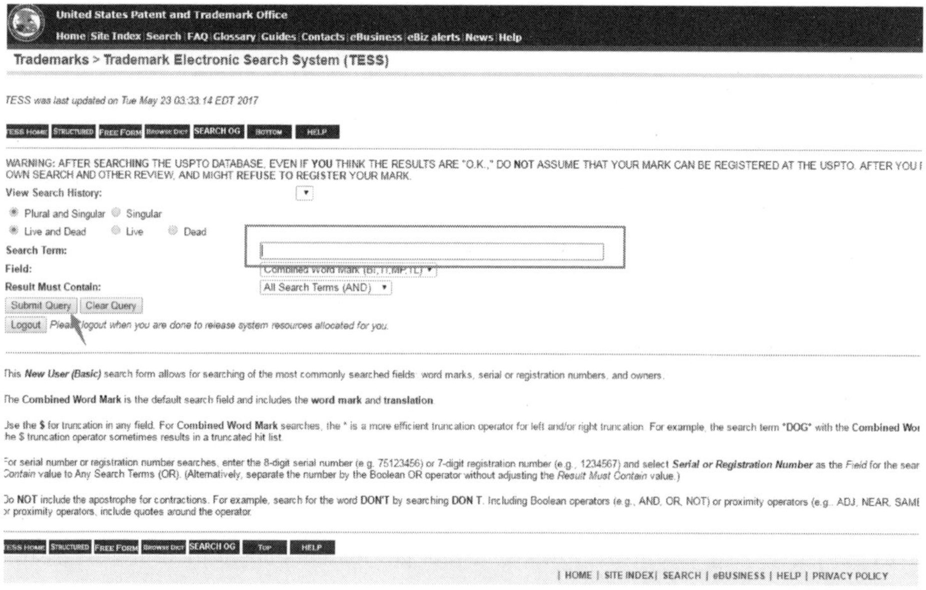

图 8.15 美国商标查询(3)

(2)在"Term 1"处输入需要查询的专利关键词,点"Search"即会出现结果,见图 8.21。

图 8.16　美国商标查询(4)

图 8.17　欧盟专利查询(1)

(3)以"Spinner Toy"为例进行检索,见图 8.22。

搜索"Spinner Toy"这个关键词有 10 个匹配的记录,见图 8.23。点进去逐一对

图 8.18 欧盟专利查询(2)

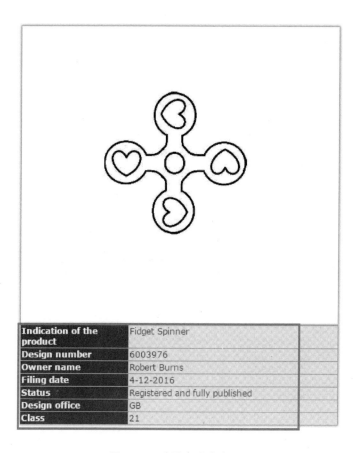

图 8.19 欧盟专利查询(3)

- Patent and Trademark Resource Centers (PTRCs)
- Patent Official Gazette
- Common Citation Document (CCD)
- Search International Patent Offices
- Search Published Sequences
- Patent Assignment Search

USPTO Patent Full-Text and Image Database (PatFT)

Inventors are encouraged to search the USPTO's patent database to see if a patent has already been filed or granted that is similar to your patent. Patents may be searched in the USPTO Patent Full-Text and Image Database (PatFT). The USPTO houses full text for patents issued from 1976 to the present and PDF images for all patents from 1790 to the present.

Searching Full Text Patents (Since 1976)
Customize a search on all or a selected group of elements (fields) of a patent.

- Quick Search
- Advanced Search
- Patent Number Search

Searching PDF Image Patents (Since 1790)
Searches are limited to patent numbers and/or classification codes for pre-1976 patents.

- View Patent Full-Page Images
- How to View Patent Images

图 8.20　美国专利查询(1)

图 8.21　美国专利查询(2)

比,如果觉得两者相似,会引起混淆,那么就有侵权的风险。

之前有种说法,一个产品的外观只要有多少个"点"不同就属于不相似了,其实这是具有误导性的,相似性判断要根据不同的产品来判断,而不是单纯去看有多少个"点"不同。

判断时应以普通消费者的眼光和认知水平为准,不应当以该外观设计专利所属者

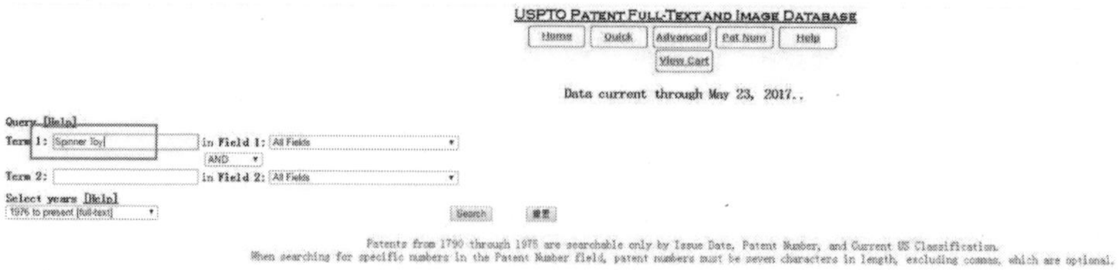

图 8.22　美国专利查询(2)

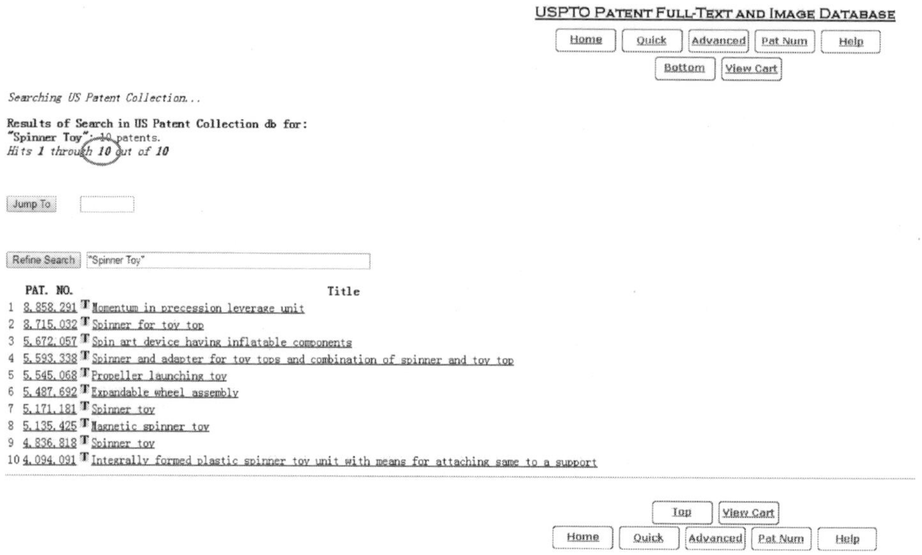

图 8.23　美国专利查询(3)

的审美观察能力为准。当两款产品整体形状相同、视觉效果一样,只有局部微观不一致时就很可能存在风险,因为这个"不一致",可能从消费者角度来看是一个并不会留意的细节。

相对于专利侵权,商标侵权则容易判定一些,只要别人未经授权使用他人的商标或者申请高度相似的商标,都是侵权。但是,专利侵权,比如外观专利,不仅复杂而且较难断定,尤其是那些常见的产品,款式样式本来就很多,新款 B 是新款 A 的变种,新款 B 不满足申请外观专利的条件,但这并不等同 B 会对 A 的外观造成侵权。对于和原有的款式样式不相似,但又不能获得外观专利保护的产品,建议的做法就是申请商标,通过品牌效应来塑造品牌风格。

五、面对目前的平台规则,一旦被投诉,卖家该如何应对呢

(1)查清楚对方的商标专利申请情况。

(2)与亚马逊官方沟通,自证清白。

(3)积极和投诉方沟通,直接了解真实情况。

(4)审视自己是否侵权。

(5)请知识产权律师代为沟通。

(6)如果确实没有侵权,而平台不做反应,直接上诉。

第九章

亚马逊常见问题解答

Part 1 亚马逊全球开店问题解答

一、注册通道、营业执照、手机号码问题解答

Q:海猫有专属招商经理注册通道吗,有对接招商经理的邮箱吗?

A:有。您可以使用海猫专属的亚马逊招商经理注册通道,登录 http://www.iseacat.com/S2S 获取预登记链接,登记后招商经理会认真处理,一般在3~7个工作日下发注册链接。

Q:现在都必须用三证合一的营业执照注册亚马逊店铺吗?用以前老版的营业执照能不能通过审核呢?

A:是的,必须用三证合一的营业执照才能通过亚马逊的审核。

Q:我要注册欧洲站点,想变更营业执照地址,但是招商经理快要发注册链接给我了,那我应该先注册,还是先变更地址呢?

A:建议先变更地址,如果注册后再变更地址的话可能会引起审核。

Q:我在注册亚马逊账户时,公司地址应该填哪个?

A:不管营业执照上的地址和公司实际运营地址是否一致,在注册亚马逊账户的时候,一律以营业执照上的地址为准。

Q:香港公司能申请亚马逊店铺吗?跟内地公司相比,香港公司申请亚马逊店铺有没有比较特殊的要求呢?

A:香港公司可以注册亚马逊店铺。也没特殊的要求,只是在提交审核资料的时候,营业执照上有所不同,其他注册流程都是一样的。

Q:用香港公司注册美国站,商业登记证上的地址是香港地址,信用卡用法人代表的(账单地址在深圳),在内地运营,这样会有影响吗?然后用香港的地址注册,会有账号关联风险吗?

A:没问题的,不需要改为实际地址。注册的时候信息按照商业登记证书上的香港地址填写。

Q:注册以后邮箱可以修改吗?

A：可以修改。

二、信用卡问题解答

Q：我不太清楚我的双币信用卡账单地址是哪一个，我在注册亚马逊店铺时，账单地址可以写居住地址、办公地址或者营业执照地址吗？

A：你要打电话给银行，问清楚你当时办理信用卡时预留给银行的地址是哪一个，后台的信用卡账单地址不能随便乱写，要跟银行预留的地址一致。

Q：请问注册欧洲站时用的双币信用卡不是法人代表的行不行？

A：不行，现在要求用法人代表或股东的双币信用卡，尤其是英国站。

Q：审核时提交的信用卡账单中的账单地址可以手写吗？

A：手写的都不被认可，必须是银行打印出来的账单并盖章。

Q：我注册亚马逊账号时，信用卡持卡人那里是不是写拼音，名写前面，姓写后面？账单地址应该填写哪里的地址？

A："持卡人姓名"按照银行卡上刻着的名字和顺序书写。"账单地址"处填写在银行预留的账单邮寄地址。

Q：Visa信用卡怎么还款？必须要存入美元还款吗？我刚去银行他们说必须要用美元存入信用卡。

A：这个与银行有关，有的银行可以付人民币，有的需要购汇。如果银行的人都那样说了，那你就要去银行兑换美元存入信用卡。

Q：我的信用卡出了点问题，月租没有扣成功，我现在要替换信用卡，可以在店铺后台直接更换信用卡信息吗？换上以后会不会直接扣掉没有扣成功的月租呢？

A：可以在店铺后台直接更换信用卡。放心，更换成功后会扣月租，亚马逊不会做亏本的事情。

Q：我做欧洲站，每个月在信用卡上扣月租，但是为什么除了扣月租以外，每个月还多扣了1～2欧元？

A：关于这个情况，有海猫学员曾经致电信用卡中心客服了解，银行的解释是为了验证境外货币账户的真实性与安全性，这扣了的1～2欧元会返回来，没有真实打到对方账户，相当于到了像中间托管的机构。也就是说这1～2欧元不是亚马逊平台扣的。具体的情况你可以致电信用卡客服了解。

Q：我已经用我的手机号打了很多次亚马逊中文客服电话了，请问我还可以用来登记注册亚马逊账号吗？

A：一般来说，一个手机号只能跟一个账号有关系，不能多个账号都用一个手机号，当然，这只是弱关联。而且你打电话给亚马逊中文客服时，对方就会问你的卖家账号是什么，那对方会默认这个账号对应你哪个手机号。如果没登记就没事，登记了就不太好。

三、收款（P卡、WF卡账户等）问题解答

Q：我发货后，货款什么时候到账户上呢？

A：当点击"确认发货"后，钱就到卖家的亚马逊账户了。

Q：转账周期在哪里看？

A：点击"付款一览"→"查看付款摘要"→"预计转账日期"。

Q：我注册欧洲站时，卖家账户信息显示公司法定名称为公司营业执照上的拼音，但是我的P卡显示的收款公司是我们公司的英文名称，这样可以收款吗？

A：这样虽然不会影响P卡收款，但KYC审核时可能会出问题，你可以趁还没进行KYC审核，用P卡注册邮箱发送你公司的营业执照到P卡客服邮箱（chinese.support@payoneer.com），然后在邮件上说明要改名字。一定要以营业执照上的公司名称为主。

Q：我可以使用非法人代表的P卡来绑定亚马逊北美站吗？加拿大站的也可以绑定P卡美元账户吗？

A：可以。北美站所有的国家站点都可以绑定P卡美元账户。

Q：我在注册P卡时，有哪些问题需要注意呢？

A：第一，现在注册亚马逊欧洲站，需要提供以公司名义注册的P卡，北美站则没有这个要求。

第二，以公司名义注册的P卡，除了能绑定对公账户以外，只可以绑定法人代表或股东的个人银行账户。而以个人名义注册的P卡除了可以绑定本人的借记卡，也可以绑定其他人的账户。

第三，以公司名义注册P卡时，需要输入公司网站链接，如果卖家没有官方网址、

淘宝店铺链接等,填亚马逊首页地址即可,如美国站(https://www.amazon.com/)、日本站(https://www.amazon.co.jp/ref=footer_jp)、英国站(https://www.amazon.co.uk/ref=footer_uk)。

Q:WF卡的提款有上限吗?能在中国境内提现吗?能注销吗?

A:第一,WF卡提款是单笔无上下限,除了1‰～2.5%的手续费以外,无附加费用。

第二,不能在境内ATM机提现。

第三,WF卡可以注销,注销不麻烦。

Q:我有两个北美站店铺,用个人的WF卡怎么绑定才不会关联呢?

A:你可以致电WF卡开子账户,在绑定时,账户持有人姓名不要写一样的就可以了。你的WF子账号申请下来后,账户持有人的姓名都是一样的,但是你绑定亚马逊的时候要更改一下,绑定时可以把账户持有人姓名改成店铺名字,这样的话账号不一样,账户持有人姓名也不一样。

Q:香港银行账户能直接绑定亚马逊后台作为收款账户吗?

A:可以的,恒生、汇丰银行的账户都可以直接绑定到欧洲站和北美站,后台有香港银行账户的绑定选项。

四、欧洲站KYC审核问题解答

Q:欧洲站在KYC审核期间,产品能正常销售吗?

A:可以。但如果店铺销售额达到1.5万欧元还没通过KYC审核,就会被取消销售权。

Q:做KYC审核时需要上传法人代表的个人费用账单,这个账单可以是与注册时填写的法人代表的居住地址对应的任意一张信用卡账单吗?

A:可以的。KYC审核时提供的法人代表账单上的名字和地址与注册时填写的法人代表的名字和居住地址一致就行了。

Q:KYC审核时法人代表信用卡账单上的地址需要是公司注册地址吗?

A:欧洲站没有规定法人代表信用卡账单地址一定要是公司注册地址,可以是个人的家庭地址。

Q:注册店铺时用的是A信用卡,KYC审核时能用B信用卡吗?A、B信用卡都是法人代表的。

A:可以的,只要有法人代表的名字和地址就可以。

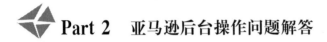

Part 2 亚马逊后台操作问题解答

一、店铺、类目、产品刊登、分类审核问题解答

Q:产品在不同的类目,流量也会不同吗?

A:是的,从不同类目进来的流量是不同的。

Q:亚马逊的"Customer Questions & Answers"是怎么设置的? 可以自问自答吗? 用中国的 IP 注册的买家账号也可以吗?

A:可以自问自答,也可以邀请别人提问题,然后自己来回答。中国买家注册不了美国的账号,美国人才可以注册,收货地址要是当地的。

Q:我要亚马逊各站点后台登录链接。

A:美国站点为 https://sellercentral.amazon.com/gp/homepage.html;日本站点为 https://sellercentral.amazon.co.jp/gp/homepage.html;欧洲站点为 https://sellercentral.amazon.co.uk/gp/homepage.html/。

Q:无法上传产品是什么原因?

A:如果是系统原因,可以多试几次,刷新页面或者重启页面;如果是类目审核,可以去亚马逊平台上了解产品分类审核的具体要求。

Q:我的产品详情页面有商品信息质量警告,是什么回事?

A:可能是信息没有填写完整,你点击"编辑"按钮进去,会有提示。

Q:我想在亚马逊平台上卖别人家的同款比基尼,但是现在在卖的卖家已经注册商标了,我可以跟卖吗?

A:比基尼很容易侵权,好多热卖产品都模仿了"维多利亚的秘密"。对方已经注册了商标,如果你能拿到授权可以跟卖,拿不到就不可以。不然人家会告你侵权,要下架。卖比基尼一定要注意外观会不会侵权,这个产品很敏感,一个扣结或者一条系绳都可能设有专利。

Q:我想上架电动折叠盘的车子,上架前需要提供什么资料吗? 能发 FBA 吗? 产品是带电池的。

A:建议你先正常上传,正常情况下应该可以发 FBA,根据经验来看,有可能在转换为 FBA 时要求上传 MSDS 表格。

Q:做分类审核时需要提供什么样的发票?

A:提交正规的增值税发票证实购货渠道(普通的增值税发票带有店铺网址也可)。发票内容需包含供货商名称、地址、电话以及店铺网址,采购方的名称、地址、电话,货品名称、数量、金额等。发票为 90 天内开具的为宜。所购产品一定要属于所申请的类目。

Q:店铺的展示名字(店铺名称)可以修改吗?

A:可以改。

Q:亚马逊的 Prime 会员可以跨站点购买商品吗,比如美国站注册用户在欧洲站买?

A:不可以。

二、标题、关键词、长描述问题解答

Q:请问产品标题里的主关键词,是选择搜索量最大的词,还是选择排名最靠前的词?

A:选择搜索量最大的。

Q:我在亚马逊销售苹果表带,我的产品标题可以含"Apple watch band"字段吗?

A:你没有 Apple 品牌方的授权,产品标题形式应该改为"watch band for Apple"。

Q:在产品的长描述中怎么使用代码? 我用了代码好像不行。

A:加粗;
换行。

Q:在写长描述时,如果行与行之间是空两行的话,是不是需要用两个
?

A:是的。

Q:我想更换一下产品的类目,在哪里修改?

A:可以直接点击产品的"编辑"按钮,找到"More Details"里面的"Category(item-type)",点击"Edit"修改。

三、UPC 码和 EAN 码问题解答

Q:如何获得 UPC 或 EAN 码?

A:1.在较为正规的渠道购买。

2.在淘宝上购买(有一点风险)。

3.使用UPC码自动生成器生成(有很大风险)。

4.由生产制造商向当地的编码中心提出申请(中国物品编码中心网址http://www.ancc.org.cn)。

5.如果在亚马逊上做了品牌备案,有GCID码则无须再购买UPC码或EAN码。

正规的UPC码或EAN码全部都有授权证书,建议最好在正规渠道购买。

Q:我购买了带有条形码的UPC码,我在亚马逊上传产品时只输入了UPC码字段,但并没有用到条码,这个条形码是没有用的是吗?

A:那些条形码是有用的,后续你如果需要修改标题、品牌名称,只要你将条形码贴到产品上,并且拍照给亚马逊,证明你是该产品详情页面的拥有者就可以修改信息了。因为只有产品详情页面的拥有者才知道和拥有这个UPC条形码。

Q:我上传产品填写Title(标题)、Brand(品牌)、Manufacturer(制造商)的时候总是有提示弹出来,是不是我的UPC码已经被用了?

A:多试几次,有可能是系统判定错误,如果还是不行,就要换一个UPC码。同时也建议找正规渠道购买UPC码,从淘宝上买的或者生成器生成的很容易跟别人的冲突。

Q:欧洲站点和美国站点不同账号用相同的UPC码会导致关联问题吗?

A:会,最好不要用同一个,而且用同一个,美国站上的信息怎么改,欧洲站上的信息就会怎么变。

四、变体问题解答

Q:我可以在同一个产品详情页面里面设置变体的颜色和尺寸么?比如说手机壳有几个不同的颜色,还有几个不同的尺寸(比如6、6S、6P、7、7P),我可以全部放在一个产品详情页面里面么?

A:可以双变体,共享流量。

Q:我的同一个产品有两个变体,我可以把其中一个变体放在A类目,另外一个变体(配件)放在B类目吗?也就是说,两个子变体的类目可以不一样吗?

A:可以的。

五、图片问题解答

Q:是不是只有亚马逊才能在主图位置放置视频?

A:这是对特定卖家开通的权限,一般要大卖家才能申请。具体权限可以咨询亚马逊客服。

Q:发了 FBA 后,可以修改主图图片吗?

A:可以改。不过在产品上架时间较长、出单稳定的情况下,亚马逊怕卖家换产品卖,会将其锁定,这时修改主图就要向亚马逊申请了,和标题的改法一样。不然你自己改了也显示不出来。

Q:我看到有人销售数据线,产品图片上有苹果图标和安卓图标,如果我也放类似的图片,算不算侵权?

A:算侵权,没有得到授权不能使用这些图标。

Q:我在美国站做一个变体时,我一般先不上传图片,后面修改好了再上传图片,我刚才在欧洲站也这样操作,但无法保存,说我的产品信息不全,这是什么回事?

A:在欧洲站要所有的信息都上传全了才能保存成功。如果变体没有上传图片是无法保存的。

六、跟卖与黄金购物车问题解答

Q:我可以跟卖别人发 FBA 的产品吗?

A:没有侵权的话,可以跟。

Q:Test Buy 是什么意思?

A:有卖家跟卖你的产品,你也在亚马逊平台上做了品牌备案,你可以把跟卖你的卖家的产品买过来当作证据,这就是 Test Buy,可以提交给亚马逊,进行品牌侵权投诉。

Q:做 Test Buy 去购买产品的时候,用中国买家的账号去购买会不会被对方发现?

A:一般会用国外的账号购买。

Q:我把发 FBA 的产品的价格调得太低了,导致没有黄金购物车,这该怎么办,是不是要改回原价?

A:只要不是大幅度改价,是不会影响黄金购物车的。

Q:我在美国站的产品的黄金购物车莫名其妙不见了,然后又莫名其妙地回来了。

我的黄金购物车的拥有率在97%左右,这个数值我搞不懂可能受哪些指标影响,请问黄金购物车拥有率是根据什么计算的?我的产品查不到被人跟卖,但是黄金购物车有缺失率怎么办呢?这款产品还是我们自己的,不可能有其他人在卖,类似产品倒是有,跟卖不是要一模一样,我们还做了品牌备案呢。

A:亚马逊会通过它自己的一套机制来判定黄金购物车的归属,综合因素包括产品价格、是否发FBA、转化率、账号绩效等。并且亚马逊的这套判定标准是不会向外透露的。

Q:我修改过标题和品牌,但是在前台还是显示没改过。而品牌下方有一行字"available from these sellers",点击这个进入页面,就可以看到我修改之后的标题和品牌。为什么修改后的标题和品牌没在前台出现,还非得点"available from these sellers"进另一个页面才能看到呢?

A:因为你的这个产品还没有黄金购物车,所以会这样,你找个有黄金购物车的产品看下,应该就不会这样。

七、关于Review与Feedback的问题解答

Q:请问几个产品详情页面合并成一个产品详情页面之后,原先各个产品详情页面下的Review会丢失吗?

A:不会。

Q:我可以直接发站内短信要求客户移除或修改评价,或者是留好评吗?

A:可以用站内短信,也可以用邮箱,索要好评、移除差评都可以,但要注意表述,别诱导,别强制。

Q:如果某个产品的一个变体因为断货变成不可售,那这个变体的Review会消失吗?如果该产品被我删了呢?比如货断了,我不想再补货了。

A:不可售时Review不会消失。如果你删了产品,Review就真没了。

Q:请问一下,可以让客户Feedback和Review都给吗?还是只能给一个呢?

A:都可以给。

Q:如果我把一个子变体下架了,它对应的Review还会在前台显示吗?

A:会的。

Q:买家给了我一个1星差评,我已经连续给他发了2封邮件,现在有回复了,他要我免费送一个产品给他,我们在站内联系的,我是向他要地址和联系电话,还是在后台

设置一个免费优惠码给他,让他在网上下单呢?

A:都可以。

Q:产品有差评,把产品下架后,差评还会出现在绩效里面吗(差评还没有删)?

A:差评是 Review 还是 Feedback? 如果是 Review,Review 本身不会影响绩效,不会出现在绩效里面,Feedback 和 A-to-Z 索赔才会出现。

Q:有位客户下了单,因为产品出现了问题,已经进行退款了,但还是给我打了1星差评,遇见这样的事该怎么处理?

A:你可以发邮件向他道歉,或者提出给他一些赔偿,不过有可能没有效果。所以建议用电话沟通,你可以在电话里请客户帮忙移除差评,客户或者会帮忙,或者会直接拒绝。

Q:有一位顾客买了个东西留了一个差评,他是给在另外一家店铺买的产品做了差评,但这个评价同时也放在我们的产品上,我用邮件联系不上他,也没电话,请问遇到这种情况怎么办?

A:你可以申诉,在产品评论那里点击"Report abuse"。

Q:假如 A、B、C 三个商品合并成一个变体,一个买家在 A 商品上留了 Review 还可以在 B 商品上留吗?

A:Review 是针对于子商品的,而不是一个整体,所以如果买了 A 商品就可在 A 上留 Review,如果买了 B 商品就可在 B 商品上留 Review。

 Part 3　亚马逊物流、仓储、售后问题解答

一、FBA 转换与创建问题解答

Q:转换 FBA 时,"起运地"处需要添加地址,是填中国地址还是美国地址?

A:可以填营业执照上的地址,或者实际发货的仓库地址。

Q:FBA 计算器在哪里?

A:英国的为 https://sellercentral-europe.amazon.com/gp/fba/revenue-calculator/index.html/,或者 http://services.amazon.co.uk/services/fulfilment-by-amazon/pricing.htmlFBA,美国的为 https://sellercentral.amazon.com/hz/fba/profitabilitycalculator/index? lang=en_US。

以上是 FBA 费用计算器,你把产品 ASIN 码复制上去,就会计算出你的产品大概所需的 FBA 费用,但不包括 FBA 仓储月租费用。

Q:我在转换为 FBA 时,提示"此请求包含的 1 件选定商品中,有 1 件商品需要您注意",这是什么情况? 我是需要点击"保存"继续吗?

A:没有用,要先提交资料,审核过了才能发 FBA。含电池的货物要上传电池资料(如 MSDS)。

二、FBA 标签问题解答

Q:打印亚马逊条形码(FNSKU 标签)有什么要求吗?

A:所有亚马逊条形码必须使用黑墨打印在带有可移除不干胶的白色不反光标签上。尺寸必须介于 1 英寸×2 英寸至 2 英寸×3 英寸之间(例如,1 英寸×3 英寸或 2 英寸×2 英寸)。

对于激光打印机,卖家账户中的工具支持以下标签尺寸。

每页纸 21 个标签(A4 纸上 63.5 毫米×38.1 毫米)。

每页纸 24 个标签(A4 纸上 63.5 毫米×33.9 毫米,A4 纸上 63.5 毫米×38.1 毫米,A4 纸上 64.6 毫米×33.8 毫米,A4 纸上 66.0 毫米×33.9 毫米,A4 纸上 70.0 毫米×36.0 毫米,A4 纸上 70.0 毫米×37.0 毫米)。

每页纸 27 个标签(A4 纸上 63.5 毫米×29.6 毫米)。

每页纸 30 个标签(US 信纸上 1 英寸×25/8 英寸)。

每页纸 40 个标签(A4 纸上 52.5 毫米×29.7 毫米)。

每页纸 44 个标签(A4 纸上 48.5 毫米×25.4 毫米)。

对打印机的要求:可以使用热敏打印机或者激光打印机。不要使用喷墨打印机打印亚马逊条形码。

Q:FBA 标签如何打印?

A:在转换为 FBA 配送时,你在后台下载下来的 FNSKU 标签默认是 A4 格式的,直接使用 A4 的不干胶打印。

Q:打印标签的机器哪种比较好? 热敏打印机可以吗?

A:可以的,你可以在淘宝买,买的时候注意问客服有没有配套的标签编辑软件,这样就不需要按照亚马逊给出的 A4 格式去打印了，而是直接编辑单个条码。比如某产品有 100 个，就可以直接编辑好这个产品的 FNSKU，然后打印 100 张。

Q：我已经创建了 FBA 配送，但是没有点击打印标签就退出来了，我现在可以从哪里进去选择打印标签？

A：返回管理库存列表，勾选产品最左侧的方框，然后在"应用于×件选定商品"里选"打印商品标签"。如果打印单个产品的标签，可直接点击该产品的编辑按钮，选择"打印商品标签"。

Q：FBA 标签贴错了怎么办？两个颜色贴反了怎么办？货已经发出去了。

A：你可以在后台问亚马逊客服，让亚马逊重新处理标签，但更换标签是需要收费的，或者直接让海外仓处理，你可以判断一下哪个更划算。

Q：FBA 超重标签怎么打印？

A：超重标签可以用 A4 纸打印，没有特别的要求，10 cm×10 cm 大小的最好了，就是面单那种大小，主要起提醒作用，不要太小就行。

Q：请问 FBA 产品的 FNSKU 标签条形码可以贴在纸盒的底部吗？

A：可以的，只要能看到，扫描得出来就可以。

Q：我发头程到美国的 FBA 仓库，需要贴哪些标签？

A：1. 每一个产品都贴 FNSKU 标签和"Made in China"标签。

2. 外箱贴 FBA 面单、物流面单、"Made in China"标签。

Q：我现在跟卖了 A 的产品，A 的货已经在 FBA 仓了，我现在也要发和 A 一样的货去 FBA 仓，这样做可以吗？如果可以，那我现在发过去的货会不会和 A 的货混在一起？亚马逊能区分得出来吗？

A：可以，ASIN 码、FNSKU 标签不一样，货可能会混在一起。怎么样区分那是亚马逊的事了。你要关注自建产品详情页面的人会不会允许你跟卖，会不会投诉你。

三、FBA 头程发货问题解答

Q：我将产品的发货方式从自发货改成亚马逊 FBA 配送后，原有的产品会变成无法销售的状态，我如何将产品的状态变成可销售状态？

A：你可以在它入仓前将它转换为自发货，快要入仓时再转为 FBA 配送。你也可以直接创建跟卖，跟卖是自发货的。

Q:发货到 FBA 仓库,但单号编码写错了,可以改吗?我已经填进亚马逊后台了,也标记了已发货。

A:可以改。

Q:在订单管理里可以直接查订单跟踪信息吗?还是必须要把跟踪单号复制到物流网站查看是否签收呢?

A:要把跟踪单号复制到物流网站查看。

Q:我的产品入 FBA 了,但一直显示"预留",不显示"可售",是怎么回事呢?

A:有两种原因,一是产品被客户预定了;二是亚马逊 FBA 仓库在转运。

Q:创建的 FBA 有规定多久要发货吗?

A:没有,不发都可以。

Q:我们是在不同时间创建的 FBA 入库货件,前后相差 2 天左右,亚马逊分配到的地址是一样的,所以使用同一家货代一起发往亚马逊仓库,亚马逊是可以一起接收的对吧?

A:2 个货件发往同一个亚马逊仓库地址,可以一起接收。

Q:在同一天发货,2 家店铺的货的 FBA 仓库地址都一样,我能不能把这 2 票货合 1 票货发走呢?这样会不会被关联?

A:不会关联,但最好是让快递给你两个店铺的货物分别贴上物流面单,不要让亚马逊在收货的时候发现是同一家公司在操作。

四、亚马逊 FBA 订单与配送问题解答

Q:怎么查看 FBA 发给客户的件客户是否签收?

A:邮件里面可以查到 FBA 发货记录,上面会有单号及发货记录,比如用了哪家快递等。

Q:FBA 的订单在订单管理里面是不会显示出来的吗?

A:可以使用高级搜索,处于等待中的 FBA 订单可以显示出来。已完成交易的,在订单管理里显示。

Q:亚马逊 FBA 库存如果只剩下一个,这个别人能买吗?还是说亚马逊会保留这一个不让人买?

A:可以买。

Q：使用 FBA 发货，但客户需要发票，这个发票应该是亚马逊开，还是卖家开呢？

A：亚马逊不提供发票，我们自己写个 PI（Proformar Invoice，形式发票）给客户就行了，客户可能就只是需要一个凭证而已。

五、FBA 售后与退货问题解答

Q：请问一下，我的一个产品详情页面的产品要换 Logo，到时候用新 Logo 的产品可以用同一个 ASIN 发到亚马逊仓库吗？那到时候用旧 Logo 的产品没卖完，用新 Logo 的产品到了仓库，客户收到用新 Logo 的产品，跟我图片上的 Logo 不一样，会有问题吗？就怕客户收到用新 Logo 的产品，然后投诉说跟图片上的 Logo 不一样。

A：1. 可以用原来的 ASIN。

2. 亚马逊也没有先进先出、旧的必须先发的发货规定。你要去问一下 FBA 的当地客服。咨询他们怎么操作仓库里的货物。

3. 这种客户很少，基本没有。如果有，客户一般也会先发邮件联系，你可以解释说包装升级换代了。

Q：客户说我的产品有点问题，需要我发一个新的，我要怎么操作呢？是用 FBA 派件，美国站的。

A：要客户联系亚马逊。由 FBA 配送的订单不需要卖家做处理，只是可能买家会留差评。

Q：请问买家不是 Prime 会员，FBA 产品退货，他需要支付运费吗？

A：需要买家联系亚马逊的前台客服帮他处理。联系路径为点击亚马逊美国站主页右下角的"Help"，然后点击打开页面的最下边一行的"Need More Help？_ Contact Us"，用此途径就可联系买家支持。具体如何收费需要前台客服帮他判定。

Q：我的一个产品已经超出了 30 天退货期，客人还是发信息申请退货了。我该如何处理呢？可否直接在 PayPal 上退部分货款呢？

A：如果订单金额不多的话，可以尝试用 PayPal 退款，或者直接在订单里面退款。

Q：自发货的退货应该不能退到 FBA 仓库吧？如果可以退，费用划算吗？还是说接退回国内来呢？

A：1. 可以退到 FBA 仓，但需要开通 FBA 服务，比如贴标服务，FBA 重新入仓，相当于你重新入库，费用是否划算要看具体情况。

2.退货的话,得看你的货值。货值低的话,就没有必要再退回来了,你可以跟客户沟通一下重新发货或直接退款等;如果货值高,你可以找第三方货代运回国内,当然这个成本也不低;你也可以找其他海外仓或者海外朋友来帮你处理。

六、FBA发货与自发货问题解答

Q:如果我们发邮件提醒客户货发出去了,已经快到了,这些邮件是不是都是要通过亚马逊后台去发送邮件呢?

A:通过注册邮箱或者站内后台发,在订单里面点击联系人就可以发。

Q:跟卖FBA发货的产品,但选择自发货形式,货物入仓之前,这个产品页面是怎么样显示的呢?

A:购物车中配送方显示卖家配送。FBA配送的是不可售的,不会在前台显示,在前台相当于没有FBA配送。

Q:我用FBA发货,货已经到美国FBA仓了,但产品还是没有显示为销售状态,现在有客户买了一台自发货的。我可以选择亚马逊帮我发货吗?我不想从国内发货,想直接让亚马逊那边代发出去,这样可以吗?

A:可以的。

Q:跟卖别人的产品,是不是我自己也要发FBA呢?

A:可以发FBA,但是这样会有风险,万一别人不准跟卖了,你在FBA仓的库存就很难处理了。

Q:我是自发货的,使用e邮宝,需要在e邮宝官网上下单吗?

A:在官网和货代系统都可以。

七、FBA发货与取消订单、退款问题解答

Q:客户说产品有些损坏,让我退一部分款给他,可以直接通过亚马逊退给他吗,还是我私下退给他?私下退的话用什么卡转给他?

A:你可以直接在亚马逊后台退部分款给他,也可以私下退款。私下退款可以用PayPal退款。但因为站内的邮件亚马逊都是经过加密的,所以你不能在站内联系买家要PayPal账号,可以直接打电话给买家,向他要PayPal账号。

Q:后台哪里可以看到客户取消的订单,就是那种客户付款了,但是后面又取消了

的订单。

A:你可以使用高级搜索。

Q:请问产品的包装上面有二维码可以吗?比如说我卖瓶子,瓶子包装盒有二维码,这样可以吗?

A:可以。

Q:我设置北美站的配送时间后,在前台显示20天才送达,时间太长了。如果我自己从中国发货,我怎样可以让这个时间不显示?因为我发快递不用这么长的投递时间,一般7~10天就可以送到。

A:不可以。亚马逊的配送方式只有两种:普通配送和快递配送。相对应的时间都是固定的,你要么选快递配送,要么选普通配送,这是默认的,没法改。

八、FBA货物移除问题解答

Q:亚马逊FBA库存中"不可售数量"的产品,一般要怎么处理?

A:可能是运输途中弄坏的了,可以选择销毁和移除。

Q:我有一批货在美国FBA仓,某个产品出问题被移除了,现在我将其从亚马逊FBA仓移出来,发到我美国朋友的家里,然后重新换标,再发给我另一个账号,这样会产生地址关联吗?

A:不会。

九、其他运营问题解答

Q:美国站的店铺可以和加拿大站的店铺共用FBA库存吗?

A:不可以。

Q:从美国东部的亚马逊仓库发货到美国西部的城市,美国西部的FBA运费是不是要比美国东部的贵?

A:美国西部的运费要便宜一些,亚马逊仓库邮编以56789开头的比以1234开头的便宜。

Q:买家订单里面好像看不到电话,这个怎么发货啊?可以不写电话吗?

A:可以不写的,大多数买家都不会留电话,你可以写00000。

Q:我做北美站,我的产品售价30美元,平台费用一共是7美元,我可不可以在减免金额那里填 25 美元,那客户是不是只需要付款 5 美元?

A:免费赠送的产品,平台佣金还是会扣的。这样等于你免费送了一个样品给客户做测评,另外还得自己付 7 美元的平台费用。这个费用,亚马逊每过一段时间会跟卖家在后台进行结算,订单成交以后可以从交易记录中查看(亚马逊现在已经不允许通过赠送产品做测评了)。

Q:假如我在美国站开店,那有没有可能买家是欧洲的?

A:可能是有的,但是欧洲的都会在欧洲站购买,一般不会出现在美国站上。如果真有的话,这也需要卖家选择了"欧洲"为配送范围,否则的话,买家是不能下单的。

Q:我有一种灯以及配套的充电器,但充电器的插头不一样,分英规插头和欧规插头,我现在往英国发 FBA(英规插头),同时也想卖到法国(欧规插头),我能做灯+插头的变体吗?

A:1.不可以,规格不一样。要销售到法国的,应该在法国站刊登这个产品,在英国站做变体没有意义。

2.规格不一样不要共享库存。其他没有分规格的可以共享库存,有规格的东西就单独列。

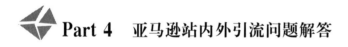

Part 4　亚马逊站内外引流问题解答

一、CPC 广告问题解答

Q:我在做站内 CPC 付费广告的时候,我自己在前台点击要扣费用吗?

A:要扣费,一个 IP 扣一次。

Q:我从早上 9 点关闭 CPC 点击广告,到下午 1 点看时,广告费依然涨了很多,好像没有关闭一样。这里面有没有特别的讲究?是不是我暂停了广告,广告就不会再投放了?

A:是的。停了就不会投放了,那应该是之前消费的,数据显示延时了。

Q:站内推广中,我可以随意改某个关键词的属性吗?例如我本来推的关键词是广泛词,可以改为精准词吗?如果我添加一个精准词的话,那个广泛匹配的词需要删掉吗?

A:需要加个精准的。可以删掉。

Q:我的标题里没有包括某一个关键词,这个关键词可以精准推广吗?比如我的产品标题里面没有"LED Light Strip"这个关键词,我可以推广 LED Light Strip 这个关键词吗?

A:标题中没有这个词,肯定也是可以推广的。精准词应该是高转换词。"LED Light Strip"这个词精准与否,是由你自己来判断的。

Q:点击付费用完了,我上午就提升了限额,但是一直没有反应,是要等第二天才生效吗?

A:数据更新会延迟,但广告已经在运行了。

二、满减促销问题解答

Q:请问有优惠码的产品是不是3折或4折卖给客户,客户购买之后就没有认证购买标志?

A:是的,折扣太低没有认证购买标志。亚马逊邀请认证的卖家和买家才可以用免费或是折扣商品交换 Review,折扣过低(比如低于3折)是不会有认证购买标志的。

Q:同一个产品的不同变体在做促销时,能共用一个优惠码吗?可以用父体的 ASIN 码吗?

A:不能,变体都是单独存在的。不可以,因为父体不在前台展示。

Q:我在站外站内同时用优惠码做促销,我可以看到是通过哪种优惠码成交的订单吗?

A:设置的优惠码折扣需要不一样,错开才看得出来。

Q:有个客户说他很喜欢我的产品,想让我发一个优惠码或者是免费送一个给他,由他给我们测评,但是现在不是不能做测评了吗?所以,如果我在站内回复他或者是发优惠码给他,亚马逊会查我吗?会不会影响我的账户?如果我不回复他,又会不会有影响?

A:如果以正常的促销折扣销售,亚马逊是允许的。你这个情况属于用折扣换评价,现在亚马逊禁止送折扣产品或者免费产品索要 Review 的行为,现在对刷单管得严,对方如果没留邮箱,在站内最好不要回应客户。因为卖家在站内发的所有邮件,亚马逊都能查到。

三、秒杀问题解答

Q:如何参加秒杀活动?

A:一种是跟招商经理申请报名,另外一种是在后台向亚马逊官方申请。两种申请方式没有区别。

Q:我在参加秒杀活动,最高秒杀价格是7.19美元,这是参加秒杀活动的价格吗?建议促销数量是105,这是什么意思?最多只能是105个吗?

A:7.19美元是能标的最高价格,自己标的价只能是低于或者等于这个价格。建议促销数量105是指你准备的产品数量要大于这个数量,这个是只能多不能少的。

Q:能直接点击折扣网站的链接进入亚马逊网站购买产品吗?会不会被亚马逊判为刷单?

A:当然是自然搜索好,直接点击链接购买也不能判定为刷单。但如果通过这种方式购买的次数多,肯定是有问题的。

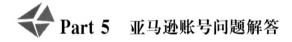

Part 5　亚马逊账号问题解答

一、硬件关联问题解答(IP地址、路由器、MAC地址等)

Q:我们用的网是光纤不是宽带可以吗?是从小区单独牵一根线到这里,不过不是常规的网线,是一种特有的网络传递线。

A:只要这个网络没有登录其他的亚马逊账号当然是可以使用的。但如果你不确定是否有其他人在用,建议问一下网管。

Q:拉网线的时候,用一台注册过亚马逊的电脑(在没有登录账号的时候)测试过那条线的网络速度,那新拉的网线到时可以在另外一台电脑上注册新的账号吗?

A:没问题,可以用。

Q:想问一下,用中国联通的无线上网卡连接笔记本登录账号,IP会关联吗?

A:无线上网卡的IP是固定的,只要你的电脑一直使用这个无线上网卡登录同一账号就没有关系。

Q：如果用 4G 网卡，那么我可以用不同的电脑使用这张 4G 网卡来操作我的账号吗？

A：可以，但那些电脑都不能登录其他亚马逊账号，只能登这一个。

Q：我有台电脑以前登录过其他的亚马逊账号，现在换地方了，想上新的账号，我重装系统、格式化硬盘，这样会产生关联吗？

A：电脑可以重装，修改分区方式、MAC 地址。但最好还是使用新电脑。

Q：用一台电脑登录亚马逊卖家账号和买家账号会产生关联吗？

A：一个店铺注册下来，会赠送一个买家账号，不会关联。但如果是登录别的买家账号，就存在关联的风险。

二、注册信息问题解答

Q：我用 A 公司的资料注册了美国站，用 B 公司的资料注册了英国站，这两个账号可以在一台电脑登录吗？

A：不可以，会关联。

Q：我们有 3 个公司，股东和法人代表都一样，之前的 A 公司注册亚马逊因关联被封了，现在想变更 B 公司的法人代表和股东，和之前的股东、法人代表完全不一样，那么 B 公司还可以继续注册亚马逊吗？有没有影响？会不会关联？

A：变更成与 A 公司不一样的法人代表或股东，甚至监事都不要一样，这样用 B 公司注册是没有问题的，另外注册的时候要使用新的电脑和网络。

Q：以前的账号被封了，现在可以用以前的地址再注册新公司吗？公司名字完全不同，会不会关联？新注册时我会在原地址上多加几个字，但是小区名、房号与之前一样。

A：我举个例子，比如"××大厦 1101 号"改成"加油站后面××大厦 1101 号"，最终地点都是"××大厦 1101 号"，两个公司的门牌号一样，存在关联的风险。关联是通过多个因素一起判断的。如果你的注册地址跟被封的账号使用的公司地址一样，这就是一个关联的因素。至于是强关联，还是弱关联，我们也判断不了，建议尽量减少可能产生关联的因素。

Q：之前我的身份证注册过 P 卡，用在一个被封了的亚马逊号上面，但那个亚马逊账号不是用我的身份注册的,我不是法人代表,也不是股东,只是 P 卡收款账号是我的,现在我的身份是不是不能再用来注册亚马逊账号了?这次我想用自己的身份注册账号,信用卡也用我的,收款我用别人的,如果收款用我的 WF 卡是不是也会关联?

A:1.可以用你的资料注册亚马逊账号,但不能再使用绑定过被封了的账号的 P 卡账户了。

2.使用 WF 卡不会关联。你的收款账号只要和之前的银行账号不一样就行,同名的人太多了。

Q:如果我以前的亚马逊账号被冻结了。那在原来的 IP 下用过的其他没有登录过亚马逊账号的电脑可以用来注册新的账户吗?

A:你用没用过的电脑连接新的网络,这个原则上是没关系的。关联分为硬件关联跟软件关联,首先那台电脑由于没有注册过店铺,也就是"干净"的。然后你换过一根新的网线,软件上 IP 也是新的了,等于以前这台电脑没有跟亚马逊发生过关系,亚马逊抓取不到这台电脑的 MAC 地址(不过,要是我自己的店铺的话,我还是不会这么做)。

三、VPN、VPS、操作习惯与关联问题解答

Q:一个亚马逊账号能在两台电脑上同时登录吗?

A:可以。

Q:如果一台电脑登录了其他的亚马逊账号,会不会关联上?

A:会。属于硬件关联,一台电脑不管什么时候都不能登录两个同站点的亚马逊账号。

Q:我们团购了 Jungle Scout 插件,如果我和我的朋友同时登录这个软件,会不会造成亚马逊账户关联?

A:不会。

Q:我回家过年,但还要运营公司的亚马逊账号,我是买阿里云还是无线网卡好呢?我很担心 IP 关联问题。

A:建议使用无线网卡。

Q:我的北美站账号出了问题被关了,也会牵连到欧洲站吗?

A:这个看情况,如果有严重的问题,比如存在侵权行为被关店,可能会导致你另

外一个站点的账号一起被关;如果你的店铺只是因为绩效太差而被关了,但你其他站点账号表现不错、指标良好,那也可能不至于两个站点的都被关。

Q:我的账号使用VPS登录,会不会有问题?亚马逊允许吗?

A:VPS没有那么安全。网络、电脑是做亚马逊的基本,想做好亚马逊,建议还是不要在这方面节省成本。

Q:同一条网线,不同的电脑,可以登录同一站点的主账号和子账号吗,会不会关联呢?

A:不会关联。

Q:VPN共用会导致账号关联么?

A:会关联。

Part 6　亚马逊商标注册、品牌备案问题解答

一、商标注册问题解答

Q:深圳区域的个人申请美国商标补贴需要什么资料?

A:你可以登录深圳市市场监督管理局的官方网站(http://app01.szaic.gov.cn/patent.web/UI/Patent/TradeMarkWebApplication.aspx)申请商标资助,在上面根据申请商标的信息对应填写,填写好后需要打印下来,然后携带身份证复印件、资助申请表、商标证书原件及复印件、商标代理委托合同以及发票原件和复印件、商标中文译件去深圳市专利局进行办理即可。

Q:注册电子类目商标,然后做服装类产品,商标可以用在服装类产品上吗?

A:可以用,但不受保护。

Q:商标是以个人名义注册的,但我的亚马逊北美站店铺是用公司名义注册的,怎么证明商标就是公司的,是合法有效的?

A:现有的商标所有权人和注册亚马逊的身份不一致没有关系,亚马逊没有规定两者一定要相同。你只要在亚马逊品牌备案页面将品牌备案的信息都填上,再提交就可以了。

无论你的店铺类型是个人卖家还是专业卖家,与用个人名义申请商标注册并不冲突。但是一定要先在美国申请下来,申请品牌备案需要填写商标证书。

Q:我们公司想注册一个美国商标,但是我们不希望被客户看到这个商标,那是否只能用个人身份来注册商标呢?

A:商标信息是公开的,既然不想让客户看到,那就只能用个人资料注册商标了。是允许个人授权将商标给公司使用的。

Q:注册亚马逊账号时公司名称、地址跟商标上的不一样可以吗?我注册亚马逊店铺时,公司名称和地址是用拼音填写的,而申请商标时用的是英文。

A:有以下两种方法。

1. 可以在亚马逊后台将你的注册地址改成跟商标上的地址一致。不过欧洲站改地址可能会引起亚马逊审核账户。

2. 后台地址不改,当你提交了品牌备案申请后,留意一下亚马逊的反馈邮件。如果它反馈你的公司名称、地址存在差异,你可以解释清楚自己的公司名称、地址只是因为一个用了拼音一个用了英文,但实际是同一家公司的这个事实,应该是可以通过的。

二、商标与关联问题解答

Q:我现在使用之前被封的账户注册时使用的营业执照来注册美国商标,这样有没有问题呢?注册下来的商标能用于现在的账户吗?

A:关联是从多种因素去判定的,正常情况下应该不会因为这个就被判为关联,因为有时还会存在将一个商标授权给多家公司使用的情况。保守起见,建议你用安全的公司资料去注册。

Q:我之前申请了商标注册,已经备案,但这时账号就被封掉了,如果商标真正申请下来,还能继续使用吗?会不会有关联?

A:不会关联,商标和账户没关系。

Q:我们的公司资料之前用来注册过一个美国站账号,现在新店铺想注册一个商标,还可以用这个公司的资料来注册商标吗?会不会关联呢?

A:关联的问题很复杂,不会因为一两个因素就被判为关联,是多个因素交叉才会引起关联。正常来说,品牌是不会造成关联的,你也可以通过授权方式授权给其他店铺,是没有任何问题的。

三、品牌备案问题解答

Q：一个店铺可以拥有两个品牌么？

A：可以。

Q：是不是亚马逊平台上，一个商标只能进行一次品牌备案，其他店铺只能进行品牌授权备案？

A：是的。

Q：我们公司品牌下的一个商品一直被一个朋友的店铺销售，如果我们做了品牌备案，对他卖的这个产品同样有保护作用吗？

A：不会有，但你朋友如果去申请了品牌授权备案，就可以受保护了。正规的授权书亚马逊是认可的。

Q：一个品牌可以授权给多家店铺进行备案吗？

A：可以授权备案，在亚马逊后台有"品牌授权者"选项，有别于品牌拥有者。

Q：注册商标，公司名字是用英文好还是用拼音好？

A：根据公司习惯去使用就可以了，有些公司用拼音，有些用英文翻译，都是可以的。

Q：我在美国站用商标做了品牌备案，还需要在加拿大站再做一个品牌备案吗？

A：商标是有地域性保护的，美国商标只在美国受保护，加拿大商标只在加拿大受保护。是否要在加拿大站备案，你看下是否有需要，有的话就要办一个加拿大商标，然后再做品牌备案。虽然说美国商标也可以在加拿大站进行品牌备案，但是只能免于使用 UPC 码，保护力度不大，即使备案成功也不会受到保护。

Q：比如我的品牌是 ABC，但是"ABC.com"的域名被注册了，但我已经注册了 ABC 这个品牌，那我在做品牌备案时，使用的网址域名可以改成".cn"作为后缀吗？

A：可以的，但建议用".com"作后缀，不要用".cn"。你可以在品牌名称后面添加一些其他的相关字母。

Q：请问我在亚马逊平台上进行品牌备案，提供的网站上可以放其他品牌的产品吗？

A：进行备案时最好不要放。

四、关于 GCID 码问题解答

Q：申请商标备案后，亚马逊给的 GCID 码是不是只能用于商标注册类别的产品？其他类的产品能不能用？

A：备案的那一类型的产品都可以用 GCID 码，其他类型的不可以。

Q：我的一个店铺做了品牌备案，有 GCID 码，那另外一个店铺可以用这个店铺的 GCID 码吗？会不会关联？

A：GCID 码只能是做了品牌备案的那家店用，授权的那家店铺不能使用。

Q：我没有注册商标，也没有在亚马逊上进行品牌备案，能在产品标题写上"test"吗？

A：可以写，被亚马逊查到了就会被禁止，但一般不会查。

Q：我的品牌只是受理书下来了，还没正式注册，标题里面的品牌名称是不是要加™这个标志？还是说可以不加？

A：不用加，因为加了可能会屏蔽前面的品牌名称。

五、品牌侵权投诉问题解答

Q：有一个单词"Origami"，看起来是中性词，但我担心用了它会侵权，在哪里能查是否侵犯知识产权？

A：1. 在商标局官网能查这个词有没有被用来注册过商标。你可以登录美国商标网站(http://tmsearch.uspto.gov/)查询。

2. 经查询，这是一个中性词，特别是在折纸工艺品这一块，是一个行业名称，在其他不相关类别的确是有人注册了商标。不过即使有有效的商标，这也是一个中性词，只要你自己有商标，而且只是用这个词描述产品，而不是用这个词做商标，那就不会侵权。

Q：我卖的 iPad 外壳图案有点像变形金刚的形象，会不会侵权？

A：没有授权肯定会。

Q：有一个卖家，他一开始就抄我们的图片，产品的描述也是抄的，现在他们把图片改了，但描述没有改，我们可以投诉他们吗？我们还没有做品牌备案。

A：抄描述也算版权侵权，没有做品牌备案是无法投诉的。你可以尝试跟亚马逊沟通，或者直接写邮件给那个卖家。

Q:我已经做了品牌备案,在上传产品的时候,标题里面用了自己品牌的名字,但是上传的产品和图片上面没有 Logo,这样有什么问题吗?

A:只要客户不投诉就没有什么问题。

Q:我们有一款产品已经在美国注册商标,准备入驻亚马逊,但发现亚马逊已有人卖,跟我们的一模一样,就是产品上没有我们的 Logo,但他的标题写了我们的品牌名,这种情况下,我们需要重新刊登产品吗?还是跟卖?

A:先不忙着刊登产品或跟卖,你可以发邮件给这个卖家看下是什么情况。你注册了当地的商标,是品牌方,对方未经你的授权出售产品属于品牌侵权,你可以跟对方谈下条件,如果对方不同意,你再投诉他们品牌侵权,投诉的前提是你在亚马逊平台上做了品牌备案。

六、专利问题解答

Q:专利是怎么样在亚马逊上做备案的呢?

A:亚马逊没有专利备案,只有品牌备案。

Q:专利还分国内的专利和国外的专利吗?

A:专利和商标一样都有地域性,在哪个国家申请就受到哪个国家的保护。所以产品如果有专利,市场是在美国,需要到美国申请专利。

Part 7　运营工具、折扣网站问题解答

Q:哪个软件能监控别的亚马逊卖家的销量?

A:比如 Jungle Scout。

Q:亚马逊联盟是不是要绑定亚马逊账号?如果绑定了,会不会有风险呢,如果不绑定,该怎么样才能用这个平台?

A:单独申请也可以,不用绑定。

Q:如何生成一条超链接?

A:可以在紫鸟数据魔方里面生成。

Q:我做北美站,能推荐一些比较好的折扣网站吗?

A:Jumpsend 网站很不错,用好了,这一个网站就够用了。

Q：我想知道选品工具有哪些？

A：Malllib(米库)。

Q：现在还能使用优惠码在站外折扣网站做促销吗？会不会违反亚马逊(北美站)的规定呢？

A：这样留的评价容易被删除，权重低，数量太多会被亚马逊发现，不建议用。

卖家如有更多需求可通过以下方式寻求帮助。

亚马逊卖家论坛：http://bbs.iseacat.com/。

亚马逊卖家资源工具导航：http://dh.iseacat.com/。

第十章

大咖聊跨境

Part 1 百事泰董事长徐新华:还没有转型的传统企业中,99%的会在未来3~5年活不下去

大咖简介

徐新华

百事泰集团董事长

Bestek 品牌创始人

专访简介

在传统企业转型跨境电商的过程中,已经有一些企业走在了前面,他们抓住了先机,选对了时机,成为了转型成功的标杆,广东百事泰电子商务股份有限公司就是其中最为成功的一家,它是由传统工厂转型为跨境电商并成功上市的第一家企业。针对传统企业的转型步伐,百事泰董事长徐新华表示:"一个字,快!越快越好。"在转型路上,徐总还有哪些宝贵经验可以让我们加以借鉴呢?

Part 2 国人在线创始人刘海波:企业转型跨境电商"快字诀"的核心

大咖简介

刘海波

深圳市国人在线信息技术有限公司创始人、董事长兼CEO

专访简介

近年来,跨境出口电子商务异军突起,越来越多的中国传统企业开始转型为跨境电商,走向国际市场。但更多的则是想转型却还在观望或正在找寻突破口的企业。针对企业的迷茫,《海猫专访》特别邀请了国人在线董事长刘海波刘总来跟大家一起聊聊该问题。

第十章　大咖聊跨境

Part 3　海贸会会长刘智勇：企业转型跨境电商如何将产品做到极致

大咖简介

刘智勇

海贸会会长

深圳市跨境电子商务协会创会会长

广东省跨境电子商务协会创会会长

专访简介

如今，跨境电商已经成为中国传统企业避不开的话题，那中国企业转型跨境电商的前景到底如何，转型路上企业到底靠什么走向世界市场呢？对于该问题，跨境电商第一社群组织——海贸会会长刘智勇先生有话说。

Part 4　成者科技 CEO 周康：很多人并不是做不好海外众筹，而是不懂怎么做海外众筹

大咖简介

周康

大连成者科技有限公司创始人

专访简介

2015年底，一款国产智能扫描仪 Czur Scanner 在美国众筹平台 Indiegogo 上一枝独秀，表现不俗。仅用了短短两个月的时间，众筹金额即达 649706 美元，被 Indiegogo 官方七次电邮首推、近50天首页推荐，获得国外近百家大小媒体报道，共有100多家海外代理商主动联系购买样品。

海外众筹成功背后有哪些秘诀呢？一起来听听研发这款智能扫描仪的大连成者科技有限公司创始人周康先生谈谈海外众筹的独家秘籍。

 **Part 5　深圳千岸创始人何定：亚马逊运营的全部秘诀只有四个字——产品为王**

大咖简介

何定

深圳市千岸科技有限公司创始人、CEO，美国伊利诺伊大学计算机学博士

曾任 Sun Microsystems 高级软件工程师，中国最早一批亚马逊操盘手引路人

专访简介

昔日红火热闹的传统出口贸易不复当日风采，越来越多的企业纷纷转型做跨境电商。这其中，大多数人或企业选择了亚马逊。然而，初涉跨境电商，总伴随着许多未知，选品、平台规则、操作技巧、运营推广等问题与困惑，都亟待突破。一起来看看千岸科技创始人兼 CEO 何定先生眼中的亚马逊是个怎样的平台，以及做好亚马逊需要注意的事项。

 **Part 6　傲基联合创始人胡瑞明：欧洲市场的产品开发及选择有哪些当地化特性**

大咖简介

胡瑞明

深圳市傲基电子商务股份有限公司联合创始人，傲基国际产品副总裁兼品牌总监

全面负责品牌产品的设计、开发管理，擅长产品设计、项目策划和新型商务项目开创，具有丰富的跨境网站营运、跨境电商产品营运的实战经验

专访简介

傲基电商 2015 年年度报告显示，2015 年度营业收入为 9.11 亿元，较上年同期增长 90.90%；净利润为 1739.54 万元，比 2014 年同期增长 228.55%。事实上，早在 2013 年 5 月 31 日，傲基在德、法、意三地的市场销售额就已占到公司销售总额的

70%～80%，并呈现出 B2C 网站与 eBay、Amazon 等第三方平台齐头并进的趋势。如此傲人的成绩背后，必定有其成功的逻辑。那就一起来听听深圳市傲基电子商务股份有限公司联合创始人、傲基公司副总裁兼品牌总监胡瑞明先生给我们带来的关于跨境电商选品及品牌建设的满满"干货"。

 **Part 7　ThiEYE品牌创始人王燕斌：缔造"小而美"品牌的秘诀**

大咖简介

王燕斌

深圳市环球意科科技有限公司创始人，ThiEYE品牌创始人

圈内人称"极客Geek"，是一个视创新、技术和时尚为生命意义的人

专访简介

ThiEYE品牌运动摄像机，凭借小巧灵活、防水可穿戴等特点，一上市便迅速俘获了全球年轻人的心。目前，ThiEYE已进入美国、德国、英国、法国、西班牙、意大利、马来西亚、迪拜等国家和地区，成为众人追捧的运动摄像品牌，成为中国品牌走向世界的代表之一。本次特邀ThiEYE品牌创始人王燕斌分享他在打造全球性品牌中的经验和心得。

 Part 8　丹宏昊天CEO王继宏：真心要做好跨境电商生意，海外售后这一步跳不过去

大咖简介

王继宏

深圳市丹宏昊天电子商务有限公司创始人

专访简介

如今的市场产品同质化严重，客户争夺日趋白热化，竞争不断加剧，行业利润越来越低。如果你想脱颖而出，那唯一能拼的就是服务，唯有优质的服务才能决胜于市场，才能打造出一个好的品牌。具体到跨境电商企业，也是同样的道理。然而，做好远离本土的海外售后服务谈何容易，这正是一直困扰众多中国卖家的一个大难题。我们特邀丹宏昊天CEO王继宏先生来为大家讲解如何做好海外售后服务，拿下海外客户。

Part 9　俄优选创始人陈聪：俄罗斯是跨境电商的下一站，我们该如何进入这个新兴市场

大咖简介

陈聪

哈尔滨俄优选电子商务有限公司创始人、CEO

专访简介

提到出口跨境电子商务，人们往往都把目光集中瞄向北美、西欧的国家，那里互联网普及率高，消费能力强，物流、支付等基础配套设施完备。然而，虽不能说欧美电商风口期已过，但也必须说，这块市场的竞争在日益加剧。越来越多的跨境电商卖家开始寻找新的突破口，就这样，俄罗斯开始进入大家的视野，成为众多卖家意欲开拓的新蓝海。此次专访特邀专注俄罗斯市场二十余年的俄优选创始人陈聪先生，来为我们讲述他眼中的跨境电商下一站——俄罗斯。

Part 10　影歌科技创始人谢奕：跨境电商新趋势，分销助品牌快速打开局面

大咖简介

谢奕

深圳市影歌科技有限公司创始人

专访简介

深圳市影歌科技有限公司成立于 2005 年，是一家集摄影器材研发、制造和销售于一体的综合性企业。影歌科技创立 Aputure(爱图仕)品牌，主要致力于开拓国际市场，发展迅速，短短时间内，爱图仕品牌蜚声海外，这中间，谢总到底有哪些独特的经验呢？此外，在品牌运营上，他又是如何看待自营及分销这两种模式的呢？来看看影歌科技创始人怎么说。

Part 11　价之链创始人甘情操：跨境电商还是蓝海，仍大有作为

大咖简介

甘情操

深圳价之链科技有限公司创始人、CEO

专访简介

据悉，近日跨境电商企业价之链顺利挂牌新三板，成为了进入资本市场为数不多的跨境电商企业之一。这预示着价之链将迎来一个高速发展期，它能否把握住这个机会，未来的战略布局又是怎样的呢？它能否给跨境电商行业带来不一样的思路和方法呢？一起来看看价之链 CEO 甘情操对跨境电商现状和趋势的看法，以及他如何看待跨境卖家做品牌这件事。

Part 12　有棵树董事长肖四清：大卖家已占先机，小卖家路在何方

大咖简介

肖四清

深圳市有棵树科技股份有限公司创始人、董事长

专访简介

2014 年 9 月，有棵树凭借其极具优势的商业模式，得到了资本市场的垂青，吸引来了 A 轮融资，以 5 亿人民币的估值，获得了 1 亿人民币的融资。2015 年 6 月，有棵树再以 16 亿人民币的估值，获得了 B 轮融资 4 亿人民币。2016 年 4 月，有棵树成功挂牌新三板，并计划于 2017 年登陆主板。如今，有棵树在华南城的办公室扩充到 8000 多平方米，员工从 2014 年的 300 人增加到 2016 年的 1800 人。不可否认，有棵树在跨境电商行业中，走在了前面，成为了跨境电商众多卖家中的一个，而且还是令人称羡的大卖家。在目前的跨境电商发展形势下，类似有棵树的大卖家显然已经占得了先机，那新进入的中小卖家是不是就无路可走了呢？让我们一起来看看有棵树董事长肖四清是如何解读的。

附录

Part 1　亚马逊北美站注册流程指南——招商经理通道

一、注册亚马逊北美站需要哪些资料

(1)注册邮箱(建议使用 Hotmail、QQ 邮箱等,不建议使用网易邮箱)。

(2)三证合一的公司营业执照。

(3)店铺名称(英文名称,卖家自拟)。

(4)双币信用卡(带 Visa、MasterCard 标志,法人代表、股东或其他自然人的都可以)。

(5)收款账户(P 卡、WF 卡、当地银行收款账户等)。

(6)全新的手机号码(法人代表或者其他自然人的都可以)。

二、注册亚马逊北美站具体流程是什么

(1)使用招商经理通道预登记,通过海猫专属的亚马逊招商经理注册通道(http://www.iseacat.com/S2S)3~7 天可以收到链接。

(2)对接招商经理,获取注册链接。

(3)输入注册邮箱,之后创建密码。

(4)输入公司名称,并勾选"同意",接受协议。

(5)输入店铺名称,按照营业执照填写公司信息并进行电话验证。

(6)添加双币信用卡信息。

(7)进行美国税号审核。

三、亚马逊北美站注册流程

1. 打开招商经理发来的注册链接

注意,注册过程中,所有信息使用拼音或者英文填写。

2. 创建账户,按要求输入邮件地址(见附图 1)

3. 填写公司信息(见附图 2)

附图 1　创建账户

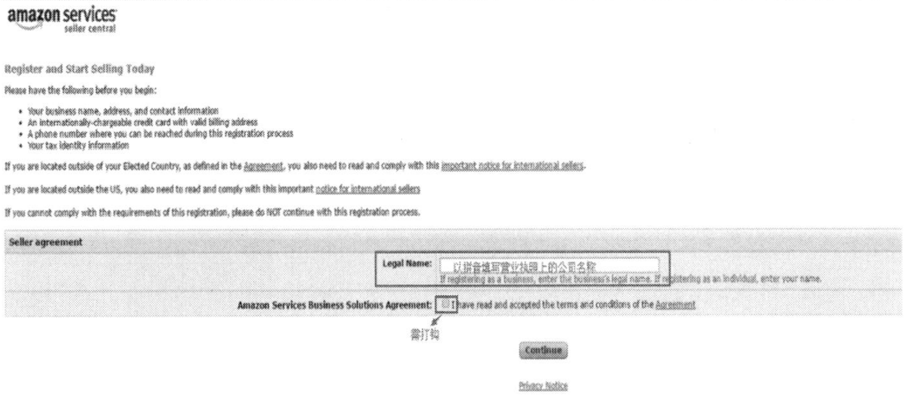

附图 2　填写公司名称

4. 使用拼音或英文继续输入卖家信息(见附图 3)

5. 填写双币信用卡信息(见附图 4)

(1)填写可以支付美元的双币信用卡(有 Visa、MasterCard 标志,任何银行均可)。

(2)填写的地址要与银行信用卡预留地址一致。

6. 验证电话号码(见附图 5)

通过听取电话或者接收短信的方式获取验证码。点击"立即与我联系",会接到系统打来的电话,然后电脑上显示 4 位数字,接通电话把 4 位数字输入进去,即可完成验证。注意很多时候系统会出问题,验证出错,尝试 2 次不成功后,可换个号码或者短信

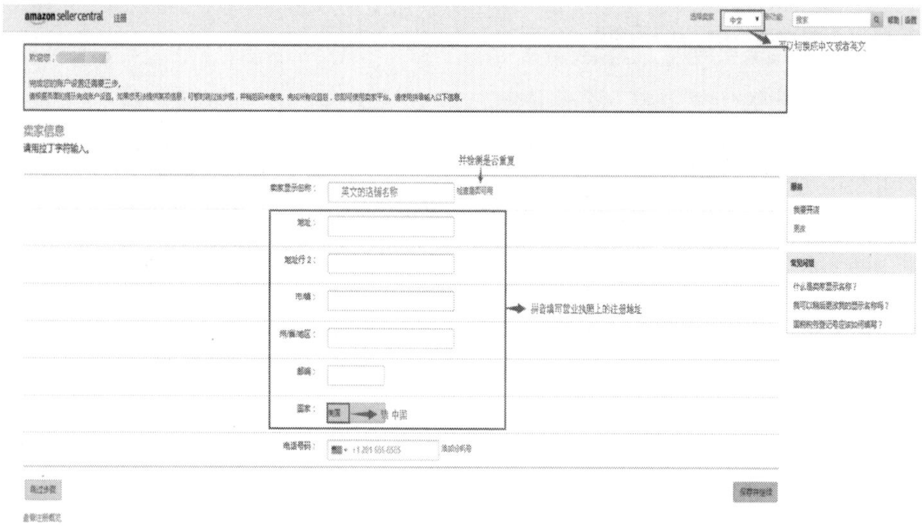

附图3　填写卖家信息

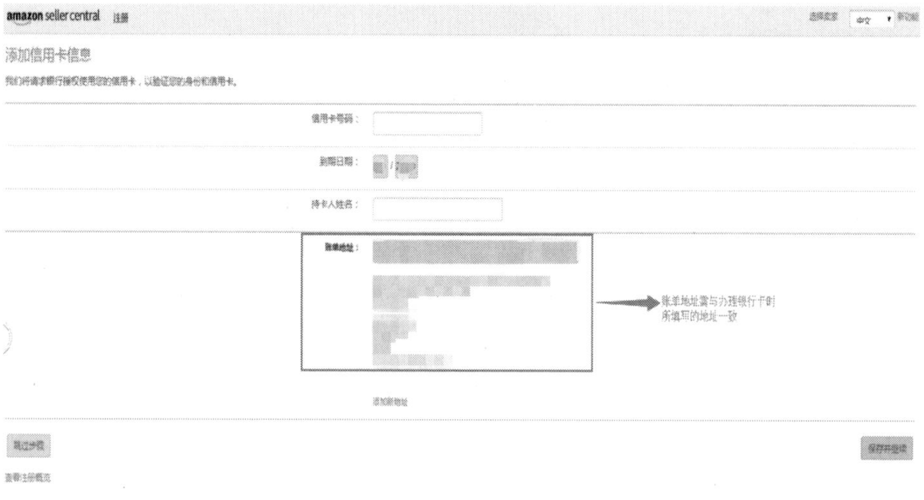

附图4　填写双币信用卡信息

验证,3次不成功需要1小时后才能继续。

7. 进行税务审核(见附图6~附图8)

美国的纳税审核是一个自助的审核过程,它将指导卖家输入身份信息确认账户是否需要缴纳美国相关税费。大部分身份信息会从卖家之前填写的信息中提取出来预先填入,为了尽可能高效地满足美国税务部门的要求,卖家在审核过程中需确保回答

附图 5　验证电话号码

所有问题并输入所需的所有信息。中国卖家也必须完成此审核流程才可完成注册。

附图 6　进行税务审核(1)

8. 选择之后在亚马逊上需要销售产品的性质与类别(见附图 9、附图 10)

完成上述步骤后,卖家账号注册就已完成,可以进入卖家后台进行管理了。

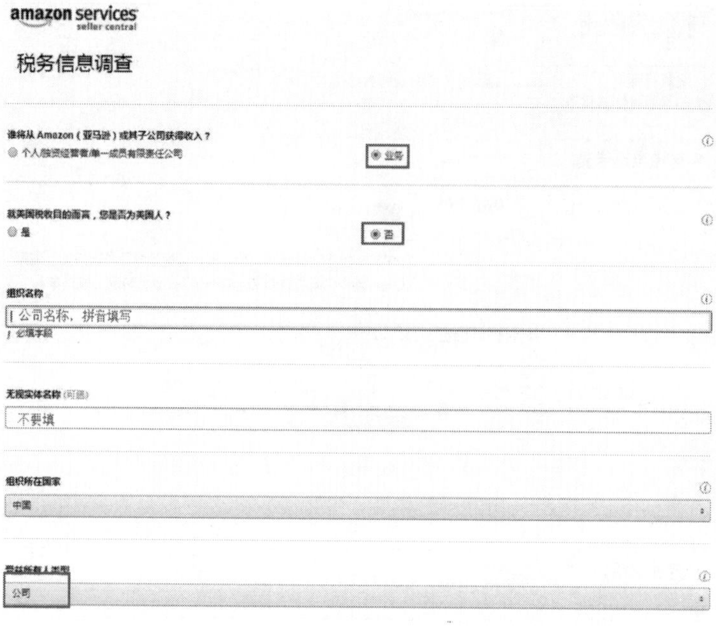

附图 7　进行税务审核(2)

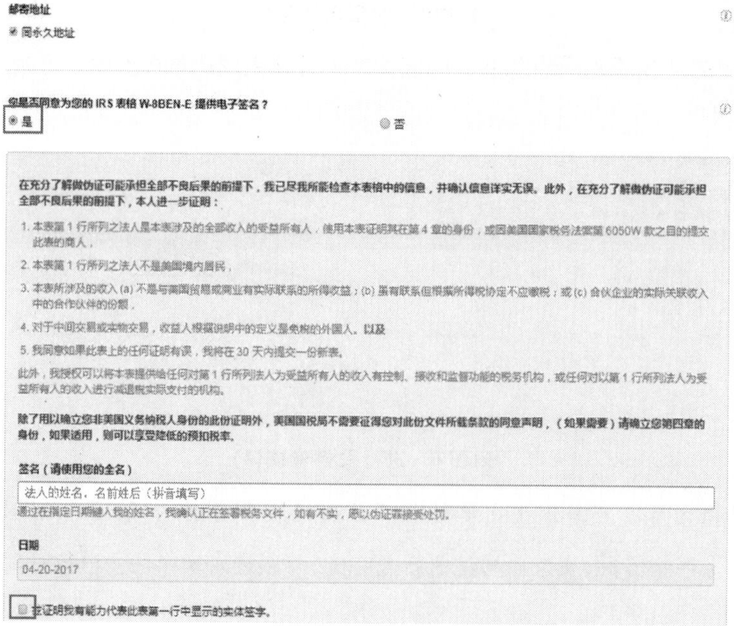

附图 8　进行税务审核(3)

附图9　选择销售产品的性质与类别(1)

附图10　选择销售产品的性质与类别(2)

Part 2 亚马逊全球开店北美站点卖家自注册指南

一、注册亚马逊北美站需要哪些资料

(1)电子邮箱地址(建议使用 Hotmail、QQ 邮箱等,不建议使用网易邮箱)。

(2)三证合一的公司营业执照。

(3)店铺名称(英文名称,卖家自拟)。

(4)双币信用卡(带 Visa、MasterCard 标志,法人代表、股东或其他自然人的都可以)。

(5)收款账户(P 卡、WF 卡、当地银行收款账户等)。

(6)全新的手机号码(法人代表或其他自然人的都可以)。

二、自注册亚马逊北美站具体流程是什么

(1)点击登录亚马逊官方网站(gs.amazon.cn)注册。

(2)输入注册邮箱,之后创建密码。

(3)输入公司名称,并勾选"同意",接受协议。

(4)输入店铺名称,按照营业执照填写公司信息并进行电话验证。

(5)添加双币信用卡信息以及收款账户信息(例如 Payoneer 卡)。

(6)进行美国税号审核。

三、注册流程

1. 选择北美站点进行注册(见附图 11)

注册过程中,所有信息使用拼音或者英文填写。

2. 创建账户,按要求输入邮件地址(见附图 12)

3. 填写公司信息(见附图 13)

4. 使用拼音继续输入卖家信息(见附图 14)

5. 开单、存款(见附图 15)

(1)填写可以支付美元的双币信用卡(有 Visa、MasterCard 标志,任何银行均可)。

附图11 进入注册地址

附图12 输入账户信息

附图 13　填写公司信息

附图 14　输入卖家信息

(2)填写的地址要与银行信用卡预留地址一致。

(3)存款方式填写收款信息。登录卖家的 Payoneer 后台,将美元账户信息复制粘贴到此处。注意,不建议在此步骤直接注册 Payoneer 实体卡,因为实体卡账户要收 29.95 美元/年的费用。建议先使用海猫 Payoneer 卡专属链接注册虚拟 Payoneer 账户。

附图 15　开单、存款

6. 进行税务审核(见附图 16、附图 17)

美国的纳税审核是一个自助的审核过程,它将指导卖家输入身份信息,确认账户是否需要缴纳美国相关税费。大部分身份信息会从卖家之前填写的信息中提取出来预先填入,为了尽可能高效地满足美国税务部门的要求,卖家在审核过程中应确保回答所有问题并输入所需的所有信息。中国卖家也必须完成此审核流程才可完成注册。

完成上述步骤后,卖家账号注册就已完成,可以进入卖家后台进行管理了。

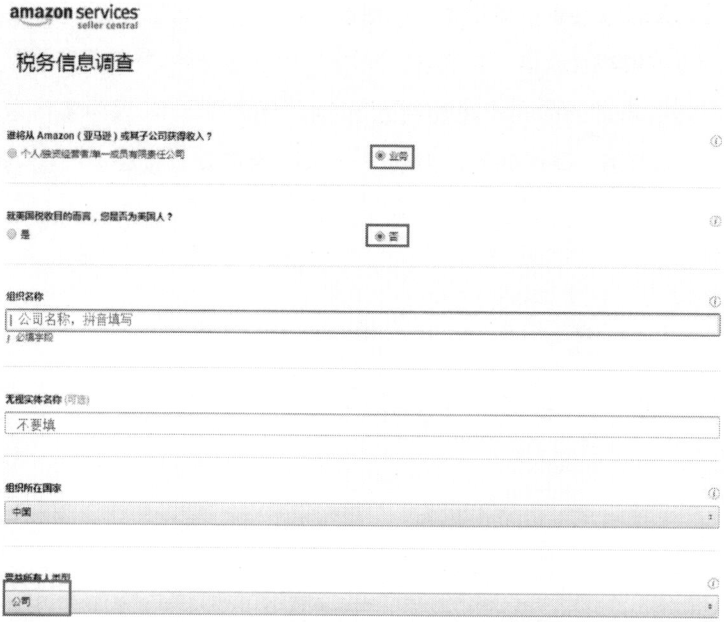

附图 16　进行税务审核(1)

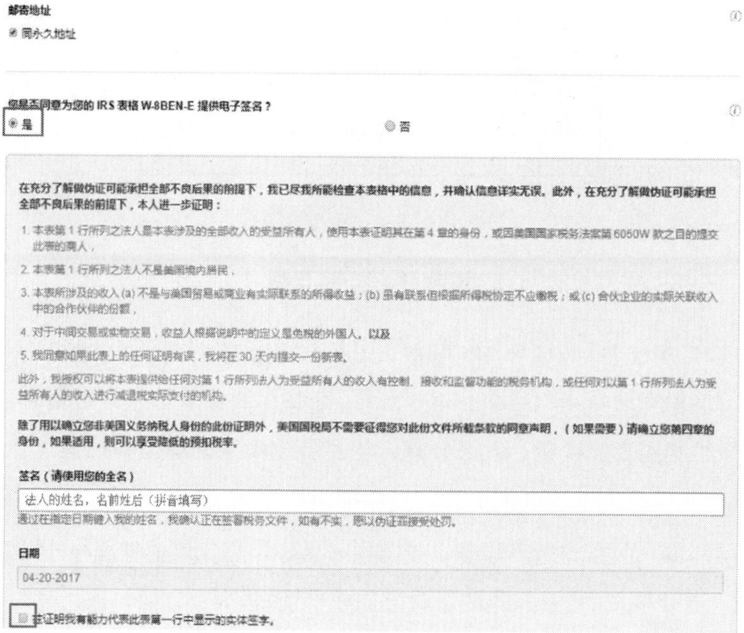

附图 17　进行税务审核(2)

附图 18　完成注册

Part 3　亚马逊全球开店欧洲站卖家注册指南

一、注册亚马逊欧洲站需要哪些资料

1. 亚马逊欧洲站有哪几个国家站点

亚马逊欧洲站覆盖英国、法国、德国、西班牙、意大利五国站点,也就是说,卖家在亚马逊欧洲站注册,可以通过一个欧洲联合账户,同时运营五国站点,简单便捷。

2. 注册亚马逊欧洲站需要哪些资料

(1)注册邮箱(建议使用 Hotmail、QQ 邮箱等,不建议使用网易邮箱)。

(2)三证合一的公司营业执照。

(3)店铺名称(英文名称,卖家自拟)。

(4)法人代表身份证。

(5)占股 20% 或以上的受益人信息(凡占股 20% 或以上的受益人信息都需录入。录入的信息包括身份证号码(护照号码)、名字、邮箱、出生日期、电话、居住地址)。

(6)双币信用卡(带 Visa、MasterCard 标志,必须是法人代表或者股东的)。

(7)收款账户(必须是公司名下的收款账户,P 卡、WF 卡、当地银行收款账户等都可以)。

(8)全新的手机号码(法人代表或者其他自然人的都可以)。

二、亚马逊欧洲站的基本费用

1. 亚马逊有哪几种账户类型

亚马逊账户类型只有两种:专业销售计划(Professional)和个人销售计划(Individual)。两种计划可以相互转换,在费用结构和功能使用权限上略有区别。需要提醒的是专业销售计划并不是只针对公司,个人销售计划也不是只针对个人,两种计划都对公司和个人身份的用户开放。

2. 两种账户类型在收费上有什么区别

下面以亚马逊英国站为例,介绍关于个人销售计划与专业销售计划两种账户类型的收费项目。

(1)费用结构。

$$专业销售计划费用＝月租金＋销售佣金$$

$$个人销售计划费用＝按件收费＋销售佣金$$

(2)费用项目(见附表1)。

附表1　费用项目

账号类型	个人销售计划(Individual)	专业销售计划(Professional)
注册主体	个人、公司	个人、公司
月租金费	免费	25英镑/月
按件收费	0.75英镑/件	免费
销售佣金	根据不同品类亚马逊收取不同比例的佣金,一般为8%~15%	
功能区别	单一上传,无数据报告	单一上传或批量上传,可下载数据报告

注:①收费标准以亚马逊英国站为例。

②销售佣金。卖家为每件所售商品支付的销售佣金。

③月租金。即亚马逊网站使用费,按月收取。可在亚马逊网站查阅相关月租金减免优惠政策。

3. 新卖家适合以个人还是以公司名义进行注册

如果卖家以涉足全球业务、扩大品牌影响力为目标,建议以公司名义进行注册,成为专业销售计划,即专业卖家账户。

三、亚马逊欧洲站的注册流程

注册流程简述如下。

(1)点击登录亚马逊官方网站(gs.amazon.cn)注册。

(2)输入注册邮箱,之后创建密码和输入其他相关信息。

(3)输入公司(个人)所在国,阅读并接受相关协议。

(4)输入公司联系信息。

(5)输入主要联系人信息。

(6)如果是公司注册,输入主要联系人之外的公司受益人联系信息。

(7)添加可用外币交易的信用卡账号及信息。

注册流程如下。

1. 选择欧洲站点进行注册

请注意,注册过程中,所有信息使用拼音或者英文填写,见附图19。

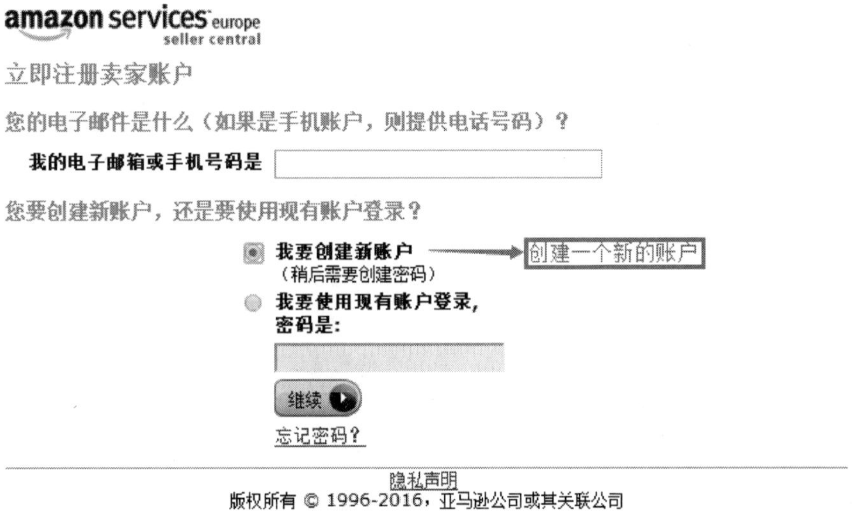

附图19 在欧洲站注册

2. 填写账户姓名,邮件地址,创建用户密码(见附图20)

3. 选择所在国,阅读并同意相关协议(见附图21)

4. 填写公司(个人)信息

(1)卖家分类:务必如实选择公司或者个人选项,否则将需要重新注册。

①以公司名义注册,见附图22。

②以个人名义注册,见附图23。

(2)选择卖家法定名称:填入公司营业执照上的公司名称(拼音)。如果系统将此

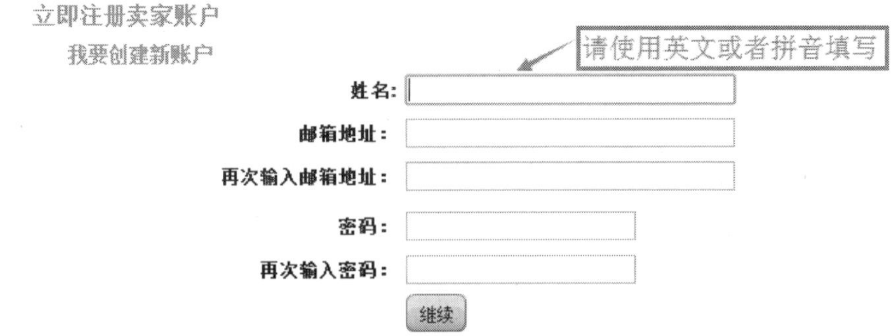

附图 20　填写账户信息

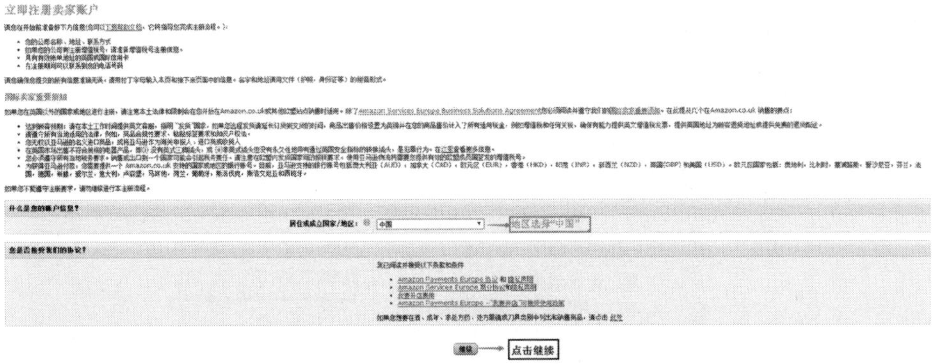

附图 21　阅读并同意协议

项自动改为个人名称，务必重新填写，以显示公司名称，见附图24。

(3)公司地址：该地址应与公司营业执照上的注册地址完全相同。按照中文顺序用拼音填写。如果地址太长，一行写不下可分行填写，见附图24。

(4)增值税(VAT)税号：在税号前添加国家代码，例如"GB"，如果尚未申请增值税税号，请勿勾选。

5. 填写主要联系人信息(见附图25)

6. 填写主要联系人之外的其他受益人信息

根据实际情况，填写公司受益人数量，并填写每位受益人的联系信息。受益人必须是公司所有人或管理者，即直接或间接拥有公司20%或以上股份的股东，或对业务发展有决定权，或以其他形式对公司行使管理权的自然人或者公司。人数必须与实际情况相符。其信息将有可能被验证(见附图26)。

7. 输入信用卡信息(见附图27)

(1)使用可以支付美元的双币信用卡(带 Visa、MasterCard 标志的均可)。

附图 22　以公司名义注册

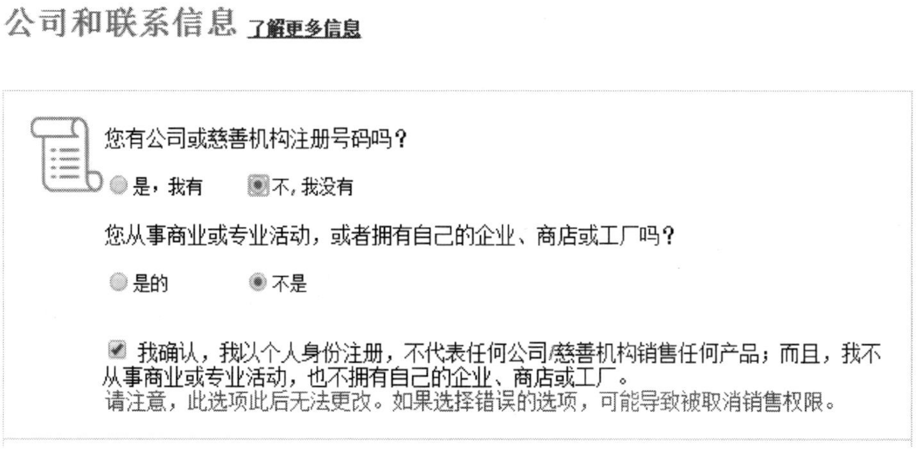

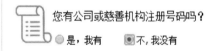

附图 23　以个人名义注册

(2)确认默认地址是否与信用卡账单地址相同。如不同,使用英文或者拼音填写地址。

附图 24　填写卖家信息

(3) 信用卡持有人与账户注册人无须为同一人，公司账户也可使用个人信用卡。

(4) 若填写信息正确，系统会尝试对该信用卡进行预授权以验证该信用卡是否尚有信用额度，持卡人可能会收到发卡行的预授权提醒。

(5) 在注册完成和账户运营过程中，可随时更换信用卡信息。

附图25　填写主要联系人信息

附图26　填写主要联系人之外的其他受益人信息

(6)此信用卡是用于在账户结算时,如果卖家账户结余不足以抵扣相关款项,系统会从信用卡中扣除每月月租费或其他销售费用。

(7)如果收到通知,告知卖家账户中注册的信用卡信息无效,需检查以下信息。

①账单地址。该地址必须与信用卡账单中的地址完全相同。

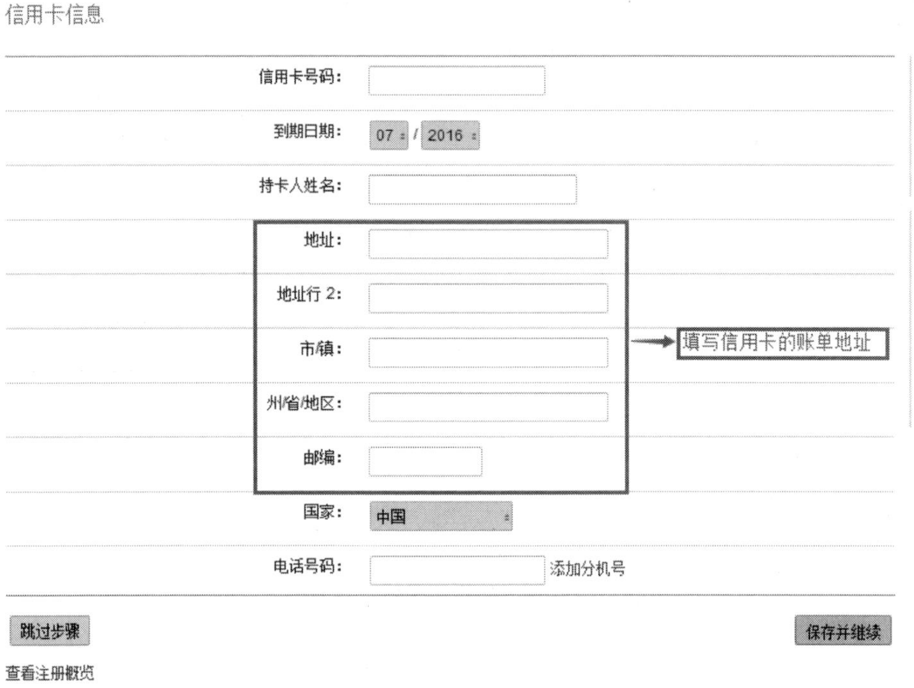

附图 27　输入信用卡信息

②与开户银行核实,确认信用卡尚未过期,有充足的信用额度,且对被拒金额的网上扣款无任何限制。

8. 验证电话号码

通过听取电话或者接收短信获取验证码,见附图 28。

点击"立即与我联系",会接到系统打来的电话,然后电脑上显示 4 位数字,接通电话把 4 位数字输入进去,即可完成验证。很多时候系统会出问题,验证出错,尝试 2 次失败后可换个号码进行验证,3 次不成功需要 1 小时后才能继续。

9. 其他

输入卖家要销售的计划数量和品类等信息。亚马逊会列举一些问题请卖家回答,借此了解卖家的产品性质和开始销售时的数量。基于这些信息,亚马逊会推荐适合卖家的相关工具和信息(见附图 29)。

附图28　验证电话号码

附图29　输入产品相关信息

Part 4　亚马逊全球开店日本站卖家注册指南

一、全球开店日本站注册

1. 注册亚马逊日本站需要哪些资料

(1)注册邮箱(建议使用 Hotmail、QQ 邮箱等,不建议使用网易邮箱)。

(2)三证合一的公司营业执照。

(3)店铺名称(英文名称,卖家自拟)。

(4)双币信用卡(带 Visa、MasterCard 标志,法人代表、股东或其他自然人的都可以)。

(5)收款账户(P 卡、WF 卡、当地银行收款账户等)。

(6)全新的手机号码(法人代表或者其他自然人的都可以)。

2. 亚马逊有哪几种账户类型

亚马逊账户类型只有两种:专业销售计划和个人销售计划。专业销售计划支持更多品类销售,可提供方便的卖家平台工具及销售指导等。如果只是偶尔销售一些商品,可以选择个人销售计划。两种销售计划可以相互转换。

3. 开通亚马逊日本站专业销售计划如何收费

亚马逊日本站专业销售计划账户需缴纳月租金(4900 日元/月)和销售佣金(比例一般为 8%～15%)等。

4. 新卖家适合用个人名义还是用公司名义进行注册

如果卖家以涉足全球业务、扩大品牌影响力为目标,建议以公司名义进行注册,成为专业销售计划,即专业卖家账户。

二、全球开店日本站注册流程

注册流程简述如下。

(1)输入电子邮箱地址及密码创建新账户。

(2)填写营业执照上的公司名称(如果是个人卖家,输入店名),并确认已阅读销售规则及相关的电子协议。

(3)填写卖家基本信息、联系方式等(使用拼音填写)。

(4)添加信用卡信息。

(5)通过电话进行身份验证。

注册流程如下。

1. 选择日本站点进行注册(见附图30)

2. 创建账户,按要求输入邮件地址(见附图31)

3. 填写账户姓名,邮件地址,创建用户密码(见附图32)

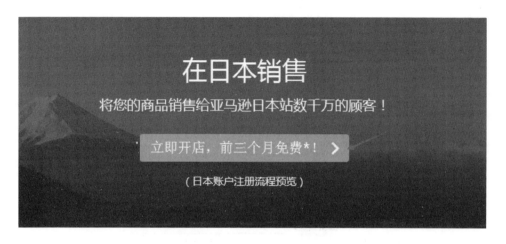

附图30　选择在日本站销售

4. 公司信息

使用英文或者拼音填写公司注册名称(见附图33)。

5. 使用拼音或英文继续输入卖家信息(见附图34)

6. 输入信用卡信息(见附图35)

(1)使用可以支付美元的双币信用卡(带Visa、MasterCard标志的均可)。

(2)确认默认地址是否与信用卡账单地址相同。如不同,使用英文或者拼音填写地址。

(3)信用卡持有人与账户注册人无须为同一人,公司账户也可使用个人信用卡。

(4)若填写信息正确,系统会尝试对该信用卡进行预授权以验证该信用卡是否尚有信用额度,持卡人可能会收到发卡行的预授权提醒。

(5)在注册完成和账户运营过程中,可随时更换信用卡信息。

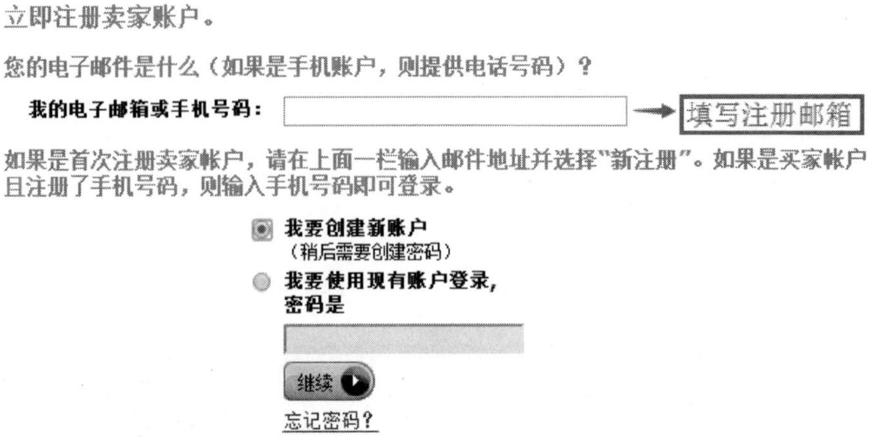

立即注册卖家账户。

您的电子邮件是什么（如果是手机账户，则提供电话号码）？

我的电子邮箱或手机号码： [　　　　　　] → 填写注册邮箱

如果是首次注册卖家帐户，请在上面一栏输入邮件地址并选择"新注册"。如果是买家帐户且注册了手机号码，则输入手机号码即可登录。

◉ 我要创建新账户
（稍后需要创建密码）

○ 我要使用现有账户登录，
密码是
[　　　　　　]

继续 ▶

忘记密码？

附图 31　创建账户

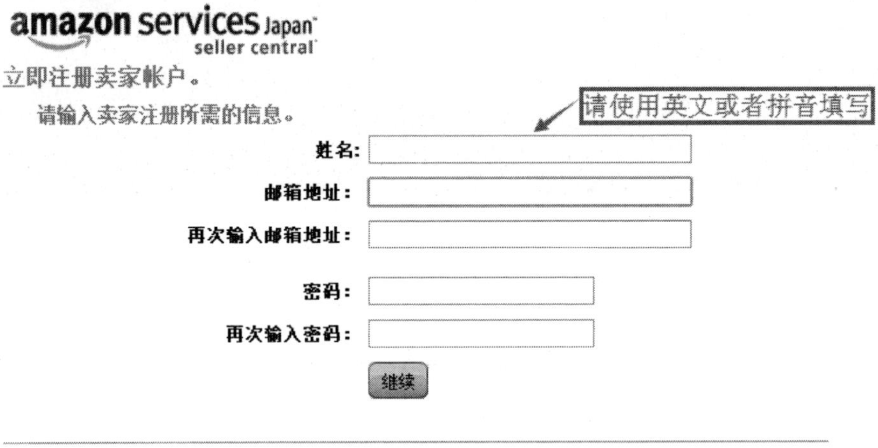

amazon services Japan
seller central

立即注册卖家帐户。

请输入卖家注册所需的信息。　　　→ 请使用英文或者拼音填写

姓名：　　　　[　　　　　　]
邮箱地址：　　[　　　　　　]
再次输入邮箱地址：[　　　　　　]
密码：　　　　[　　　　　　]
再次输入密码：[　　　　　　]

继续

附图 32　填写账户信息

（6）此信用卡用于在账户结算时，如果卖家账户结余不足以抵扣相关款项，系统会从信用卡中扣除每月月租费或其他销售费用。

（7）如果收到通知，告知卖家账户中注册的信用卡信息无效，需检查以下信息。

①账单地址。该地址必须与信用卡账单中的地址完全相同。

②与开户银行核实，确认信用卡尚未过期，有充足的信用额度，且对被拒金额的网上扣款无任何限制。

附图 33　填写公司信息

7. 验证电话号码

通过听取电话或者接收短信获取验证码，见附图36。

点击"立即与我联系"，会接到系统打来的电话，然后电脑上显示4位数字，接通电话把4位数字输入进去，即可完成验证。很多时候系统会出问题，验证出错，尝试2次失败后可换个号码进行验证，3次不成功需要1小时后才能继续。

8. 其他

亚马逊会列举一些问题请卖家回答，借此了解卖家的产品性质和开始计划销售的数量。基于这些信息，亚马逊会推荐适合卖家的相关工具和信息。卖家可以点击右上角的"帮助"按钮，查找卖家想了解的所有关于亚马逊日本站运营的信息。亚马逊同时为卖家准备了帮助卖家账户销售成功的各种培训材料，鼓励卖家花时间学习。同时，卖家可以通过卖家平台的"帮助"按钮，联系亚马逊卖家支持团队，解答卖家的问题，见附图37。

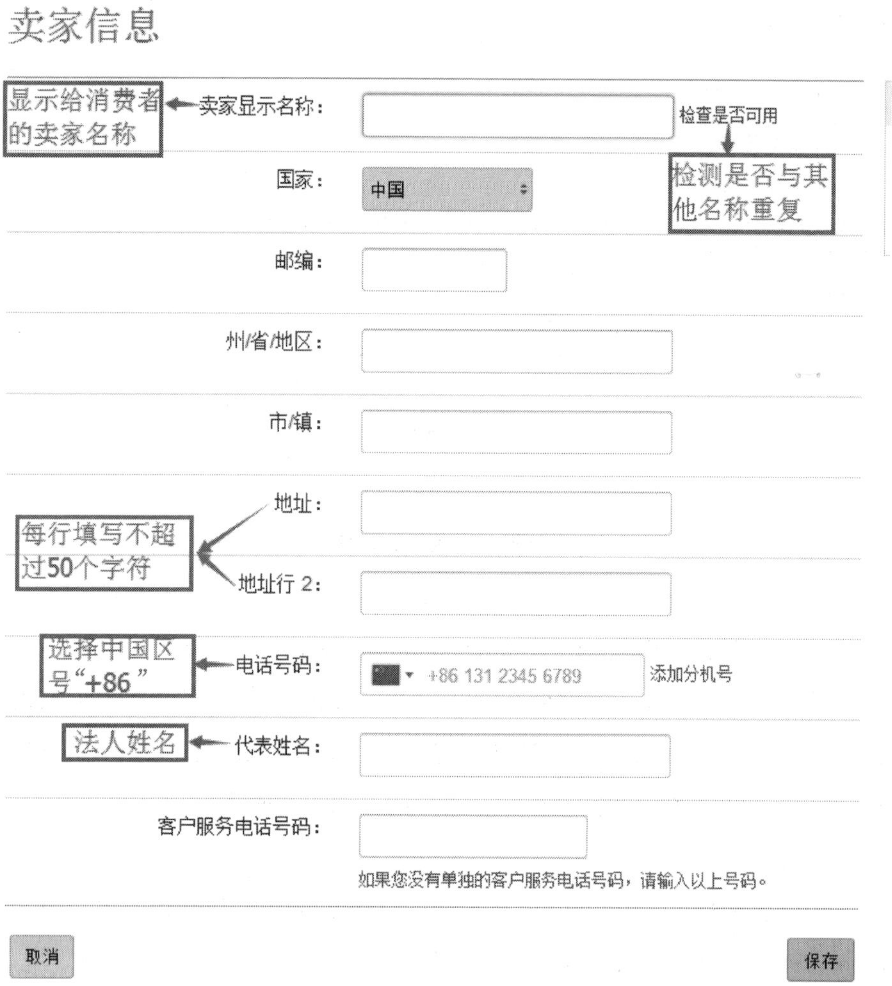

卖家信息

标注	字段	输入	说明
显示给消费者的卖家名称 →	卖家显示名称：		检查是否可用
			↓
			检测是否与其他名称重复
	国家：	中国 ▼	
	邮编：		
	州/省/地区：		
	市/镇：		
每行填写不超过50个字符 →	地址：		
	地址行 2：		
选择中国区号"+86" →	电话号码：	+86 131 2345 6789	添加分机号
法人姓名 →	代表姓名：		
	客户服务电话号码：		

如果您没有单独的客户服务电话号码，请输入以上号码。

[取消]　　　　　　　　　　　　　　　　　[保存]

附图 34　填写卖家信息

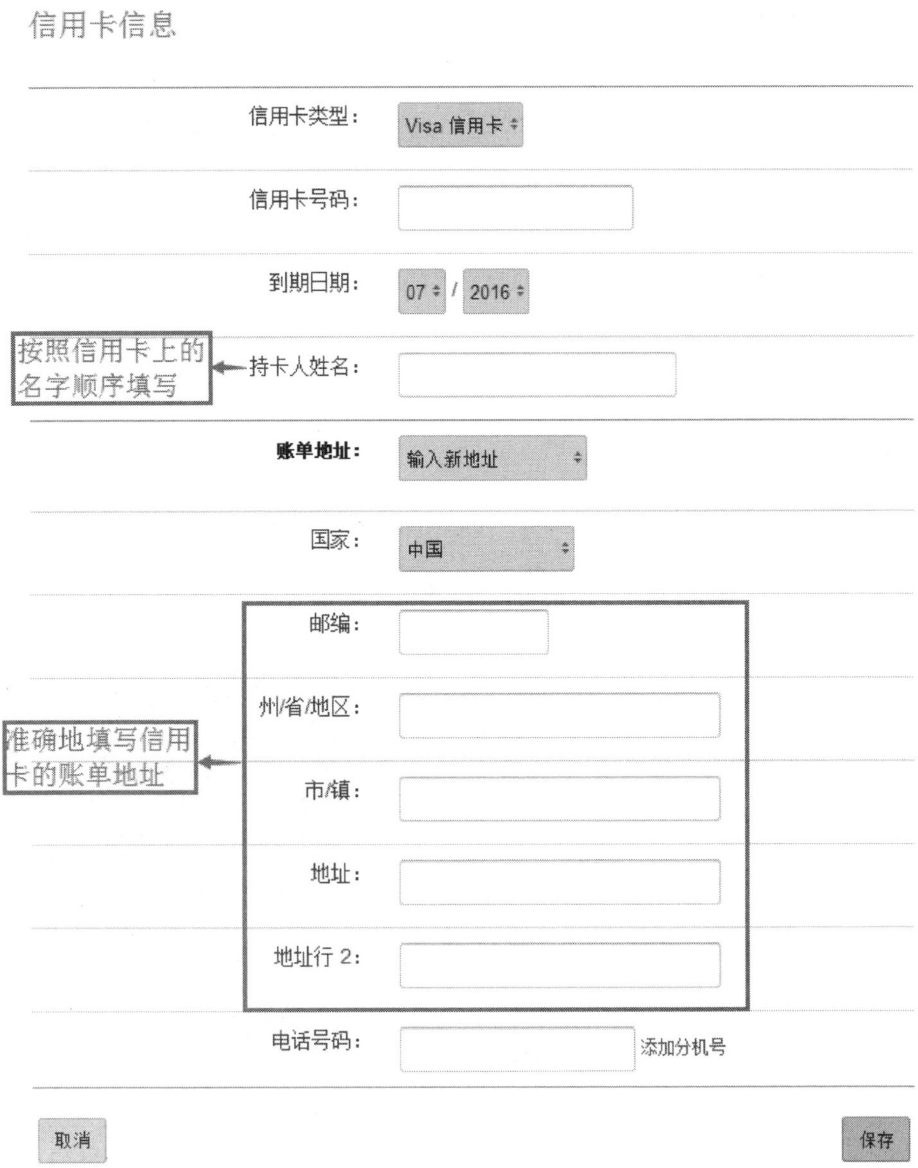

信用卡信息

信用卡类型:	Visa 信用卡 ⇕
信用卡号码:	
到期日期:	07 ⇕ / 2016 ⇕
持卡人姓名:	← 按照信用卡上的名字顺序填写
账单地址:	输入新地址 ⇕
国家:	中国 ⇕
邮编:	
州/省/地区:	← 准确地填写信用卡的账单地址
市/镇:	
地址:	
地址行 2:	
电话号码:	添加分机号

取消　　　　　　　　　　　　　　　　保存

附图 35　填写信用卡信息

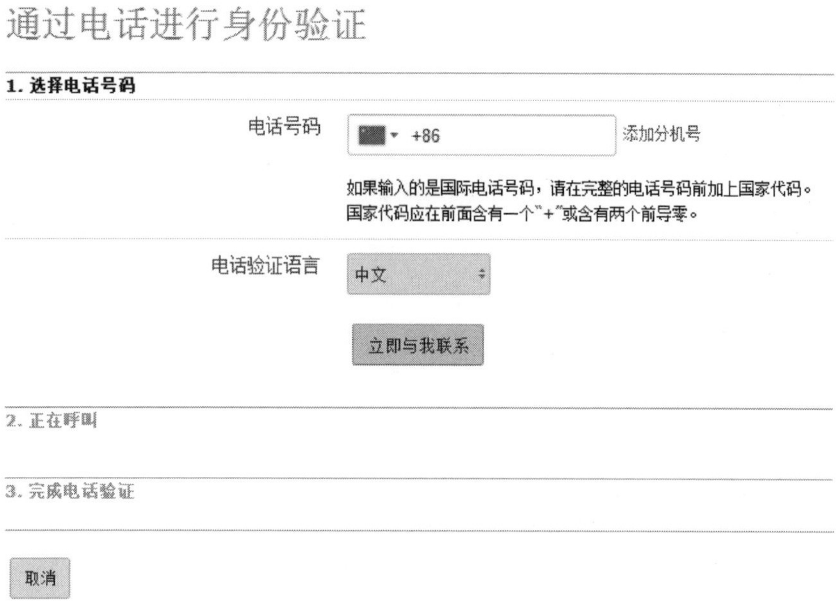

通过电话进行身份验证
1. 选择电话号码
电话号码
+86
添加分机号
如果输入的是国际电话号码，请在完整的电话号码前加上国家代码。
国家代码应在前面含有一个"+"或含有两个前导零。
电话验证语言
中文
立即与我联系
2. 正在呼叫
3. 完成电话验证
取消

附图 36　验证电话号码

amazon sellercentral
入门
展开
主页
搜索
关闭
欢迎使用
新版帮助中心
您从哪里获得商品？
您的商品是否具有条形码、UPC、EAN 或 ISBN 等编码？
您计划上架多少种不同的商品？
您是否有您业务的网址？
上一步

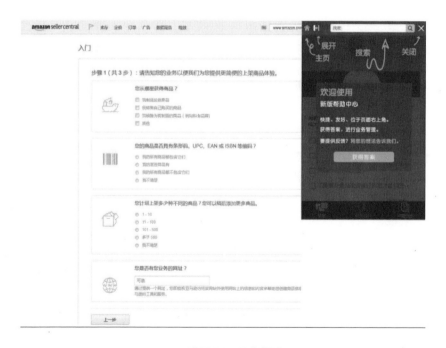

附图 37　寻求帮助